高 等 学 校 教 师 岗 前 培 训 教 材

高等教育
法规概论

教育部人事司 组编

劳凯声 主编

北京师范大学出版集团
BEIJING NORMAL UNIVERSITY PUBLISHING GROUP
北京师范大学出版社

图书在版编目（CIP）数据

高等教育法规概论/教育部人事司组编. —北京：北京师范大学
出版社，2000.6（2024.7 重印）

ISBN 978-7-303-05033-8

Ⅰ.①高… Ⅱ.①教… Ⅲ.①高等教育－教育法令规程－
概论－中国 Ⅳ.①G922.161

中国版本图书馆 CIP 数据核字（1999）第 10529 号

图 书 意 见 反 馈　　　gaozhifk@bnupg.com　010-58805079
营 销 中 心 电 话　　　010-58802135　　010-58802786
北师大出版社教师教育分社微信公众号　　京师教师教育

出版发行：北京师范大学出版社　www.bnup.com
　　　　　北京市西城区新街口外大街 12-3 号
　　　　　邮政编码：100088
印　　刷：北京溢漾印刷有限公司
经　　销：全国新华书店
开　　本：889mm×1194mm　1/32
印　　张：12.5
字　　数：317 千字
版　　次：2000 年 6 月第 2 版
印　　次：2024 年 7 月第 41 次印刷
定　　价：19.70 元

策划编辑：伊师孟　　　责任编辑：倪　花
美术编辑：毛　佳　　　装帧设计：毛　佳
责任校对：李　菡　　　责任印制：马　洁

序　言

教育部副部长　周远清

《中华人民共和国教师法》明确规定："各级人民政府教育行政部门、学校主管部门和学校应当制定教师培训规划，对教师进行多种形式的思想政治、业务培训"。同时规定，教师享有"参加进修或者其他方式的培训"的权利。1995年12月12日国务院颁布的《教师资格条例》规定："根据实际情况和需要，教育行政部门或者受委托的高等学校可以要求申请人补修教育学、心理学等课程"。无论从贯彻落实《教师法》、实施教师资格制度，还是根据教师担任教育教学工作的要求，教师培训都显得非常重要。为此，1996年4月8日原国家教委正式颁布实施了《高等学校教师培训工作规程》，随后又出台了《高等学校教师岗前培训暂行细则》。文件规定，岗前培训是新补充的高等学校教师任教前的职前培训，是国家加强高等学校教师队伍建设，保证提高教师整体素质的重要举措。

教书育人是教师的神圣天职，"师者，所以传道、授业、解惑也。"韩愈的这句名言，说明从古代起，人们就已认识到教师是既当"经师"，又当"人师"。经师教学问，人师则要教行为，教道德，教学生怎样做人。高等学校教师肩负着为社会主义现代化建设培养合格专门人才的重要使命。他们应当既是学术方面的专家，又是培养造就人才的行家。这就要求高校教师应当具备从事教育教学工作所必要的教育法规、教育科学、心理科学等方面的理论知识，树立依法从教的观念和科学的教育观念，熟悉教育活动中的心理现象，懂得教育规律，具备良好的职业道德。高等学校教师岗前培训正是针对这些要求而进行的。它的主要目的在于提高高校教师教育教学工作的技能和水平，使他们能更好地履行教师岗位职责，胜任教育教学工作。

当前，高等教育领域的各项改革不断深化。高等教育面向21世纪教学内容和课程体系改革计划的实施，对高等学校的教育教学工作提出了新的更高的要求，它不仅涉及学科专业本身，而且涉及教育理论与方法，不仅涉及教学内容的取舍和课程体系的构建，而且涉及教学思想和教育观念的更新。因此开展高等学校教师岗前培训已成为进一步提高高校教学和教育质量的一项必要措施。各地教育行政部门和各高校应认真贯彻落实《高等学校教师岗前培训暂行细则》，搞好高等学校教师岗前培训工作。

根据《教师资格条例》规定，担任高等学校教师工作，必须取得依法认定的高等学校教师资格。而取得高校教师资格的条件之一是要学习高等教育学、高等教育心理学等与教师职业关系密切的课程。所以新上岗的教师要学好《高等教育学》、《高等教育心理学》。

好的教材是教学工作取得良好成效的基础。为了有效实施高等学校教师岗前培训，保证培训质量，教育部人事司组织有关专家学者，依据《高等学校教师岗前培训教学指导纲要》，编写了《高等教育法规概论》、《高等教育学》、《高等教育心理学》及《高等学校教师职业道德修养》四本岗前培训系列教材，供各地各高校采用。希望各地各高校注意及时总结，不断改进，使高等学校教师岗前培训不断完善，更趋规范。

1998 年 6 月 19 日于北京

目 录

第一章　绪　　论

第一节　法律与教育

一、法律对教育的功能

在我国，"法"字的古书为"灋"。据《说文释义》："灋刑也，平之如水，从水；廌所以触不直者去之，从廌从去。"《说文》中"廌"字下又作如下解释："廌，解廌兽也，似中，一角，古者决讼，令触不直者。"可见，"法"的字源释义包含有维护公平、铲除邪恶的意思，与公平或正义存在着一种内在的联系。其实，在其他国家，人们也用"正义"、"正直"、"公道"这样一些美好的东西来解释法律，这是自古以来人们赋予法律的一种美好品格和一种对法律的希望。同时，法律又被看作是可以遵循仿效的定式，《尔雅·释诂》说："法常也，律常也。"战国时期的法家先驱管仲曾用"规矩"来比喻"法"，认为"尺寸也，绳墨也、规矩也，衡石也，斗斛也，角量也，谓之法。"就是说法像规矩一样，是判断人们行为的是非曲直的标准。

是的，法律是人们行为时必须遵循的一种"规矩"，是国家制定或认可的、由国家强制力保证其实施的一种社会调节手段。借助于它，一定社会的社会关系和社会秩序才得以建立和维护，社会的结构才得以完整和谐，彼此间的活动才表现得有条不紊，整个社会机体才得以运转灵活。

然而，法律的上述功能在不同的历史时期和不同的国家，其涵义是不同的，也就是说，法律发展的历史过程是同人类文明进

1

步的历史过程相联系的。美国法学家庞德认为，社会控制的主要手段是道德、宗教和法律。在法律发展的早期阶段，这些社会控制要素并没有什么本质区别。古代社会的法律只是以有限的社会控制作为它的调整范围，大部分社会控制是由血亲集团的内部纪律、共同体的伦理习惯和宗教组织的教规去实现的。法律的功能不仅有限，并且以支持少数人的专制独裁，维护等级和特权，容忍法制中的分立主义为己任。法律的发展至今已经历了数千年之久，作为一种高度专门化的社会组织形式，法律与道德、习俗和宗教分离并成为社会控制的主要手段，这是现代社会才出现的事情。由于人类文明的进步，社会现代化的发展，社会生活变得日益复杂。新的社会经济秩序不仅需要法律，而且需要大量的法律；不仅要求法律必须具有强制性、权威性，而且要求法律运用必须具有确定性、一致性和稳定性。现代法律不仅表现为数量的大规模增长，更主要的是表现为法律地位的增强，法律调整领域的扩大，并成为社会控制的主要手段，所有其他社会控制手段只能行使从属于法律并在法律确定范围内的权力。法律的这一变迁过程实质上就是一个法律社会化、社会法律化的过程。现代法制就是在这一过程中形成和发展起来的。

教育活动是在人类的社会生产和社会生活中产生的，反映种族繁衍、社会延续需要的一种有意识、有目的、有计划的社会实践活动。但在人类社会的早期，教育与其说同生产力有关，倒不如说更直接地同政治联系在一起。因为在小农经济的环境里，推动教育发展的主要动力是政治的需要，不同等级之间界限森严，教育的功能受到很大局限，进学校、受教育只是少数人的特权。教育规模狭小，主要是教师、学生及其家长之间的私人活动。国家尽管要影响和控制教育，但这种影响和控制一般都具有幕后的和间接的性质，而不是直接介入教育。在这种情况下，教育与法律之间并没有什么必然的联系，也无所谓教育法。

　　18 世纪中期以来的社会现代化进程给予教育的影响就在于孕育和产生了普及的、社会化的、与现代工业相结合的现代教育这一崭新的教育形态。作为一种高度专门化的人才培养方式，现代教育的教育目的直接受到现代生产发展的影响。新的科学技术在现代生产中的不断应用使更新的、效率更高的生产工具代替了旧的生产工具。现代生产能力的扩大对劳动者提出了更高的素质要求，劳动者必须具备相应的知识水平才能适应这一要求，从而决定了劳动者普遍地接受学校教育,学习文化科学知识的必要。此外，现代生产的发展，就一个具体的劳动过程来说，要求加强微观管理的科学性；而就全社会的劳动分工来说，要求加强宏观管理的科学性。因为无组织、低效率、铺张浪费、经济失调是现代生产的大敌。现代社会的社会生活和生产不能任凭管理者的个人经验，更不能靠管理者的想当然来进行管理，而只能凭借先进的科学知识，才能使社会生活和社会生产有条不紊。于是经济科学、管理科学、法学等方面人才的培养也开始成为现代教育目的一个重要方面。可以说，现代社会中的教育活动，已经与经济发展、人才培养紧紧联系在一起，其目的指向全体社会成员，指向科学知识的传播，指向劳动者和管理者知识水平的提高。现代各国都充分地意识到教育的重要意义，无一例外地通过国家的强制力来推行普及和发展教育的政策。

　　法律在管理和发展教育方面的作用，表现在它规定了国家机构在管理文化教育方面的职权和职责，从而保证教育行政管理坚持按客观规律办事，真正做到有序化和科学化。以国家行政为例，任何国家要对教育进行有序的、科学的教育行政管理，就必须把国家的行政管理置于牢固的法制化的基础上；也只有借助于法律，才能实现国家行政管理的有序化和科学化。

　　此外，现代教育区别于以往任何一种教育的另一特征就是教育教学活动的日益复杂化和有序化，这是教育日益普及化和社会

3

化的一个直接结果。现代社会的发展产生了对人才数量和规格的规定性，同时也产生了对人才培养的规定性，从而形成了现代社会特有的教育制度。这种制度要求废除封建社会培养、选拔人才的做法，扩大受教育机会，广泛培养各级各类人才。这种制度要求打破传统的学校体系，同社会的人才需求结构相适应，把学校纵横联系、统一协调起来，建立统一的教学计划、教材和教学质量标准，形成一个幼儿、青少年、成人教育纵横贯通，学校、社会、家庭密切配合的一体化教育体系。显然，复杂的教育运行过程要做到有序化、科学化，仅仅依靠教师的个人努力是远远不够的。它要求教育工作必须依准于法，体现国家的整体利益，不允许任何人违背它；它要求学校的教育教学活动应有一定的行动方式和程序，一切财物的使用和管理也应有一定的规格和使用规范。只有这样，才能保证学校教育目标、方向的正确以及教育教学活动的连续性和稳定性。从世界各国的教育立法实践看，教育工作规范化、制度化的要求极大地推动了教育法的发展。在教育发展规划的制定，教育经费的筹措、管理，教育方针，学校制度的规定，教育课程、计划的编制，教科书的编写、审定，入学、升学、毕业工作，学位授予，学校教学设施的标准，班级编制标准，教师身份、工作条件、工资、职称，教师编制及培养等领域，法律的规范作用和调节作用都在不断加强。

总之，法律的发展是与社会的发展与进步紧密联系在一起的，它是社会发展的一种要求，体现了一种社会进步。教育法是现代教育发展的产物，是现代国家的一个重要的立法领域。随着现代教育的发展，它不仅表现为法律数量的大规模的增长，而且表现为法律地位的增强，法律调整范围的扩大，以及法律向教育领域的各个方面、各个层次进行的愈来愈大规模的功能扩张。

二、宪法与教育

我们还可以从另一个角度来进一步认识和研究法律和教育的

关系，即从宪法中教育条款的演变和发展来看教育功能和作用的演变以及法律对教育影响和作用的增强。

宪法一词，最早起源于拉丁文，原意是"解决纠纷"、"组织"等意思。在欧洲古罗马帝国的立法中，宪法是指君主颁布的"诏术"、"敕令"、"谕旨"一类的文件，用来区别于当时的市民议会所通过的法律文件。在我国的古籍中，也可见到"宪"与"宪法"这样的用法，最早的如《尚书》中的"监于先王成宪"，《国语》中的"赏善罚奸，国之宪法"，但其涵义仅指典章制度、普通法律，与今天我们所说的"宪法"相去甚远。近代意义的宪法出现于欧洲资产阶级革命胜利之后。资产阶级在反对封建王权统治的斗争中，提出了立宪主义的思想，认为为了防止封建专权重新出现，国家应该有一种反映人民意志的根本法，把有利于本阶级统治的社会制度和国家制度，通过根本法的形式巩固下来，从而对君主和政府的权力作出限制，并使人民能够通过自己或自己选出的代表，参加国家活动。这种根本法就是宪法。最初的宪法是由各个时期通过的各种法律文件构成的，不是统一的、相对完整的国家立法，是不成文法，以英国为代表。1787 年的美国宪法可以说是世界上第一部比较完整的成文宪法。

宪法是国家根本大法，是具有最高法律效力的规范性文件。与普通法律相比较二者的区别在于：

宪法规定的内容与普通法律不同。宪法规定治理国家的最重大的、最根本的原则性问题。我国 1982 年宪法《序言》指出："本宪法以法律的形式确认了中国各族人民奋斗的成果，规定了国家的根本制度和根本任务，是国家的根本法。"这里所说的根本制度，主要包括国体、政体、经济制度的基本原则，社会主义精神文明建设和物质文明建设的基本方针，以及公民的基本权利和义务等。而普通法律只是规定国家生活或社会生活中某些方面的行为规范和某一方面的社会关系。例如，教育法涉及的只是与教育教学活动相关的各种社会关系；民法涉及的只是一定范围内的财产关系和人身关系。其他部门法律也莫不如此。

宪法的法律效力与普通法律不同。宪法具有高于普通法律的法律效力，是国家一切立法活动的依据。例如，我国 1995 年教育法在其第一条即写明该法是依据宪法而制定的，这就是说教育法是依据宪法规定的总的精神和原则、有关教育的条款以及宪法规定的立法权限和立法程序来制定的。所以宪法是教育法的母法，教育法是宪法的子法。教育法必须符合宪法的规定，如果违反了宪法，就是违宪。违宪的法律必须修改或者废除。

宪法制定和修改的程序也与普通法律不同。宪法的上述两个特征，决定了它的制定和修改在程序上比普通法律更为严格。在许多国家，宪法的制定通常要由专门的委员会来起草，并须经最高国家权力机关或制宪机构全体成员的三分之二或四分之三的多数通过，才能生效。我国宪法就是由专门设立的宪法起草委员会起草，由全国人民代表大会通过的。宪法的修改，各国通常也规定了特别的程序，即由立法机关全体成员三分之二或四分之三的多数通过才能生效。在有的国家还须经全民讨论或全民投票表决。联邦制国家还要经过多数成员国的同意，而普通法律则只需过半数通过即可。我国 1982 年宪法第六十四条规定：宪法的修改，由全国人大常委会或五分之一的全国人大代表提议，并由全国人大以全体代表的三分之二以上的多数通过。而普通法律则由全国人大以全体代表的过半数通过。

上述的宪法与普通法律之间的区别，以及宪法在法律体系中所占有的特殊地位，说明宪法是国家的根本大法、母法，是治国的总章程。

教育是一个国家在走上现代化道路时不能不予以重视的一项大规模的社会性事业，因为迄今为止还没有一个国家可以依靠自发的、私营的力量达到普及发展教育的目的。同时，人们对自身发展的关注也在对教育的规定性起着日益重要的影响。教育的日益普及不但促进了人们对自然和社会的认识，同时也促进了人们对自身的认识。丰富的知识积累为人们的进一步发展提供了越来越大的可能性。作为知识外化的一个重要表现，就是人们日益重视自我价值的实现，重视个人价值同社会价值的关系。科学技术的极大进步、生产力水平的迅速提高以及社会整体性的增强打破了以往社会的分散性和封闭性，使社会成为一个紧密联系的完整的系统。在这个系统中，个人的地位和作用极大提高，人的潜能极大发挥，精神生活也极大丰富。人们越来越重视自己的社会存在，越来越重视个人价值的实现。在这种情况下，人们开始把教育当作是个人的一种不可剥夺的基本权利，要求享受一种机会均等的，有助于促进个性丰富和全面发展的，有助于探索和开拓新生活的教育。这些观念上的变化使得教育活动中的各种因素及其相互关系呈现出一种复杂多变的局面，从而影响着宪法的发展趋势。

从18世纪到19世纪上半叶这段时期，资本主义国家的宪法主要是限制绝对君权，保护贸易自由、宣传自由、平等，以发展资本主义经济，维护资产阶级的统治。这一时期宪法的主要职能是组织政治过程和保护个人权利，这种被称为传统—自由类型的宪法的法律特征是相当清楚的。受教育权利虽然被写进了1791年的法国宪法，但作为一种个人权利，并不真正要求每个儿童都进学校上学。此外当时的生产力发展以及学校的规模都还不足以实现普遍的、平等的受教育权利，国家也还无力承担普及教育的重任，因此受教育权利的规定只是从道德理性的角度来强调这一权利的价值。随着19世纪后期和20世纪初期的经济发展以及广大劳动群众的斗争，许多国家的宪法增加了社会权利的内容。受教育权利与良好工作权利、社会安全权利、文化参与权利、健康保障权利以及社会保障权利等一起，被写进了各国的宪法，成为法定的、不容剥夺的公民权利。这些社会权利与传统的个人权利不同，这是一些以国家干预而不是国家弃权为特征的经济、社会和文化的权利，这些权利如果没有国家的积极行动，是不可能得到保障的。受教育到这时才开始转化为普遍的公民权利，并要求国家主动承担义务，积极作为，保证教育的普及和教育机会均等。这种趋势反映在各国的宪法发展上，就表现为越来越强调教育的重要性。这种宪法被称为自由—社会混合类型，以1919年法国魏玛宪法和法国1946年宪法为其代表。例如，魏玛宪法专章规定了教育及学校，包括国家保护艺术和科学研究的自由；接受国民小学教育为国民普遍的义务，就学年限至少8年，其上为完全学校，学生上至18岁为止；国民小学及完全学校对学生完全免费；各邦及自治区应于预算内准备公款，以资助穷困无资者入中学及高等学校；设立私立学校以补充公立学校之不足时，须得国家的认可；各学校应致力于道德教化、国民节操，使人民在德意志民族精神上及国际合作上，能造就健全人格及发展职业才能。魏玛宪法中的这些内容至今还体现在联邦德国1949年基本法中。例如基本法规定人民有自由从事艺术、科学、教育和研究的权利，教育自由应忠诚于宪法；所有教育均置于国家监督之下；开设私立学校之权予以保障等。日本宪法也有如下有关教育的规定：保障学术的自由；国民均享有最低限度的健康与文化生活的权利；国民均有依法律规定适应其能力而受教育的权利，国民负有依法律规定使其所监护的子女接受普通教育的义务，义务教育免费等。

不仅如此，宪法中有关教育条款的数量也呈上升的趋势。例如在美国各州的宪法中，涉及到教育的条款明显呈增加的趋势，据美国教育法教授博尔梅尔（Bolmeier，E. C.）的统计，在1820年以前，加入合众国的各州在其宪法中平均只有一条教育条款。1821年至1860年间加入合众国的11个州在其最初的宪法中平均有5条左右涉及教育；1861年至1880年间加入的4个州平均有9条；

1881 年至 1900 年加入的 7 个州平均写进了 14 条;而 1900 年至 1912 年间加入的 3 个州在其宪法中平均有 17 条涉及教育的条款。这样一种发展趋势不独发生在美国,而是一种世界性的趋势。据荷兰宪法学者马尔赛文(Marseveen H. V.)和唐(Tang G. I. D.)80 年代所作的一项比较研究,在世界各国的成文宪法中,51.4%的宪法规定了受教育权利和实施义务教育;22.5%的宪法规定了教育自由和学术自由的权利。这还不包括普通法系国家英国因无成文宪法而无法统计以及诸如美、德等教育地方分权制国家在州宪法中所作的教育规定。由此可见,在现代各国的宪法中,教育已占有重要的位置,教育不仅被规定为社会经济发展的手段,同时也是个人的一种不可剥夺的基本权利。进学校、受教育、参加文化生活、享受文化成果并参与文化发展的权利作为一种普遍的价值观念和行为规范已经成为人们的共识,并在世界范围内形成一股先进的立法潮流。

三、我国宪法中的教育条款

我国在建国后,由于形势的发展和变化,迫切需要把建设社会主义的共同愿望、我国在过渡时期的总任务,以及为实现这个总任务所必须发扬的社会主义民主和建立高度统一的国家领导制度,用根本大法的形式肯定下来,以适应国家进一步向前发展的要求。1954 年宪法就是在这种形势下诞生的。1954 年宪法是以建国前夕制定的《共同纲领》为基础,又是《建国纲领》的发展,是一部较好的宪法。这部宪法系统地总结了历史经验,特别是新中国成立后五年的革命和建设的经验,明确了我国建设社会主义的伟大目标,规定了我国过渡时期的总任务,并规定了实现这一总任务的具体方法和步骤。宪法确定了贯穿于整个宪法中的两个基本原则,即民主原则和社会主义原则。民主原则体现在以工人阶级为领导、以工农联盟为基础的人民民主专政的一系列规定中;社会主义原则则体现在实现过渡时期总任务,实现国家工业化和完成社会主义改造的一系列规定中。1954年宪法还体现了原则性和灵活性的统一，既要肯定社会主义的全民所有制，又要逐步实行国家资本主义；既要坚持工人阶级领导和工农联盟，又要发展革命统一战线；既要讲公民的权利和自由，又要讲逐步扩大物质保障；既要突出我国是统一的多民族国家，又要强调民族区域自治和照顾少数民族的政治、经济和文化特点。这些规定，都结合原则性和灵活性。

从1954年宪法的颁布到1982年新宪法的颁布，其间经过了20多年的坎坷历程，国家的政治、经济、文化、教育等领域跌宕起伏，风云变幻。1975年，"四人帮"利用修改宪法的机会，竭力塞进他们的极"左"的内容。1975年宪法虽然还保留了1954年宪法中的一些基本原则和制度，但是受到"四人帮"的严重干扰。他们在关于修改宪法的报告中为其实行"全面专政"这样制造舆论："拿国营经济来说，有些单位，形式上是社会主义所有制，实际的领导权并不掌握在马克思主义者和广大工人手中。许多阵地，无产阶级不去占领，资产阶级就去占领。孔老二死了两千多年，无产阶级的扫帚不到，这类垃圾决不会自动跑掉。""四人帮"一方面歪曲无产阶级专政的理论和阶级形势，另一方面又删掉了1954年宪法中规定的一些公民基本权利和其他权利，取消了人民检察机关，删除了人民法院的审判原则。以致在"文化大革命"期间，"四人帮"能够肆无忌惮地践踏宪法，镇压广大干部和群众，这是一个极其深刻、极其严重的教训。

1976年粉碎"四人帮"，我国的形势又发生了重大变化，为了适应新的形势，清除"四人帮"对1975年宪法的影响，因此又对1975年宪法进行了修改，产生了1978年宪法。1978年宪法继承了1954年宪法的一些基本原则，增加了实现四个现代化的任务，强调要发扬社会主义民主、大力发展科学和教育事业，恢复了1954年宪法曾经规定而被1975年宪法取消的一些国家机关的职权和公民的权利。但是，1978 年宪法是在粉碎"四人帮"之后不久产生的，由于当时历史条件的限制，来不及全面总结建国 30 年来社会主义革命和建设中的经验教训，也来不及彻底清理和清除十年动乱中某些"左"的思想对宪法条文的影响，以致这部宪法中还有一些反映过时的政治理论观点和不符合现实客观情况的条文规定。此外，还有许多条文规定还存在不够完备、严谨、具体和明确的问题。

1982 年宪法是中国人民长期革命斗争的历史经验，特别是新中国成立以来新的历史经验的总结。宪法把坚持四项基本原则作为总的指导思想，即坚持社会主义道路，坚持人民民主专政，坚持马列主义、毛泽东思想，坚持中国共产党的领导。四项基本原则是我国革命和建设经验的集中概括，宪法全部内容和条文都体现了这些原则精神，而且在序言中还对它作了明确而集中的阐述，这就使四项基本原则有了宪法原则的性质，成了宪法的灵魂和指导全国人民行动的最高准则。任何偏离、否定和破坏四项基本原则的言论和行动，都是违反全国人民的意志和利益的，也是违反宪法的。

1982 年宪法具有下列特点：它规定了我国人民在新的历史时期的根本任务是集中力量进行社会主义现代化建设，逐步实现工业、农业、国防和科学技术的现代化，把我国建设成高度文明、高度民主的社会主义国家；它强调了社会主义法制原则，规定一切国家机关和武装力量、各政党和各社会团体、各企业事业组织都必须遵守宪法和法律；它对国家制度、经济制度、建设社会主义精神文明、公民的基本权利和义务以及国家机构的设置和职权范围等一系列重大问题，作了极其明确的规定。

教育作为一项国家的、全民的事业，已成为我国社会生活中重要的方面，在社会事业中处于举足轻重的地位。因而，无论从其作为国家的一项事业的角度，还是从作为公民的基本权利的角度，必然会在宪法中得以体现。但由于不同时期，国家的政治经济和社会生活的不断变化，以及制宪者主观意志的改变，使得教育在不同时期的宪法中有不同程度的规定。这种具体规定的不同恰恰反映了教育在国家和社会中地位的变化。这在我国建国以来制定的四部宪法中得到明显体现。

首先，从有关教育条款的数量来看，数量的多少与教育的被重视程度有直接的相关。

1954年宪法是在《共同纲领》的基础上制定的，由序言、四章共一百零六条组成。其中，与教育事业直接相关的规定有五条。即，第四十九条、第五十八条、第九十四条、第九十五条、第九十六条。而且，这五条是集中在《国家机构的职权》和《公民的基本权利和义务》中，在《总纲》中无任何规定。1975年宪法是由序言、四章和三十条组成。其中，对教育作明确规定的有两条。即《总纲》中的第十二条和《公民的基本权利和义务》中的第二十七条。1978年宪法是由序言、四章和六十条组成。其中，直接对教育作出规定的有《总纲》中的第十二条、第十三条、第十四条，第二章《国家机构》中的第三十六条和《公民的基本权利和义务》一章中的第五十一条、第五十二条、第五十三条，共七条。1982年宪法是由序言、四章和一百三十八条组成。其中，与教育事业有直接相关的共十八条。即，《总纲》中第二条、第十九条（共四款）、第二十条、第二十三条、第二十四条（共二款）；第二章《公民的基本权利和义务》中，第三十六条、第四十二条、第四十五条、第四十六条（共二款）、第四十条、第四十七条、第四十九条、第三章《国家机构》中的第七十条、第八十九条、第九十九条、第一百零七条、第一百一十九条、第一百二十二条。

从如上与教育有直接相关的条款数量变化可知，1982年宪法对教育予以了高度的重视，一百三十八条中共有十八条，其次是1978年宪法。而1954年宪法和1975年宪法的教育规定在整个宪法条款中所占比例较小，这在某种程度上反映了当时教育事业的规模还较小，地位还不突出，教育功能的发挥还受到很大局限，国家和社会对教育工作的重视程度远远不及其他各项事业。但是，数量的多少只从感性的、直观的层面反映教育的地位，要从深层次上把握，还必须把视线转移到教育条款的具体内容规定上。条款所处的位置和内容变化更能准确而全面地表征教育在特定历史时期的地位。

其次，教育条款在宪法结构中的地位及其内容的准确与完备程度直接决定着教育在不同历史时期的地位。

不可否认，我国四部宪法的产生，各有其特殊的社会政治经济条件和特殊的认识背景。特别是1975年的宪法，围绕着制定一部什么性质的宪法，坚持什么样的国家制度问题，曾经展开了一场尖锐的斗争，受到林彪反革命集团和"四人帮"的严重干扰，以致在宪法中出现了极"左"的内容。因此，我们必须对每部宪法中有关教育的条款的具体内容加以分析，以把握教育在不同历史时期中的不同地位和作用。

1954年宪法中有关教育条款的内容可分为以下几个方面：

①指明对教育事业的管理实行中央统一领导，并在中央的统一领导下，由各级政府分别管理本行政区域内的教育事业。宪法规定，国务院行使下列职权：……管理文化、教育和卫生工作……（第四十九条）；地方各级人民代表大会在本行政区域内，……规划地方的经济建设、文化建设和公共事业……，保障公民权利……（第五十八条）。

②规定了受教育是公民的一项基本权利。"中华人民共和国公民有受教育的权利"（第五十四条第一款）。

③对教育制度作了规定。即"国家设立并且逐步扩大各种学校和其他文化教育机关，以保证公民享有这种权利"（第九十四条第一款）。

④对教育目标的规定。"国家特别关怀青年的体力和智力的发展"（第九十四条第二款）。

⑤对教育行政关系作了明确规定，体现了"学术自由"的价值取向和鼓励创造性地从事教育工作的政策导向。在第九十五条中指出："中华人民共和国保障公民进行科学研究、文学艺术创作和其他文化活动的自由。国家对于从事科学、教育、文化、艺术和其他文化事业的公民的创造性工作，给以鼓励和帮助"。

⑥规定了特殊社会群体——妇女在文化教育方面的权利。第九十六条明确指出："中华人民共和国妇女在政治的、经济的、文化的和家庭的生活各方面享有同男子平等的权利"。

1975 年宪法中与教育有关的条款仅两条，包括两方面的内容：一是明确规定了国家的教育方针。即，"无产阶级必须在上层建筑其中包括各个文化领域对资产阶级实行的专政。文化教育、文学艺术、体育卫生、科学研究都必须为无产阶级政治服务，为工农兵服务，与生产劳动相结合"（第十二条）；二是规定了受教育是公民的权利。规定："公民有劳动的权利，有受教育的权利。……妇女在各方面享有同男子平等的权利"（第二十七条第二款、第四款）。

1978 年宪法中有关教育的内容有：

①指明了我国科学事业、教育事业的方针。如第十二条、第十三条和第十四条第二款。

②规定各级政府对本行政区域内的文化建设事业实行管理。如第三十六条。

③规定了公民有受教育的权利，对作为特殊主体的妇女也作了特别规定。同时，为保障这一权利的实现，指明了国家的教育制度和任务。如第五十一条和第五十三条第一款。

④与 1954 年宪法的第九十五条雷同，阐明了教育行政关系中，国家鼓励和帮助公民从事科学，教育等创造性工作，并也体

现了"学术自由"的价值取向（参见第五十二条）。

1982年宪法中与教育有直接相关的条款包含如下内容：

①对教育事业的管理方面的规定，明确地规定了举办和管理教育事业的职责以及各级行政管理机构。具体说来：第一，赋予了"人民"以管理者的地位，见第二条第三款和第十五条第一款；第二，指明了教育事业的举办者，以国家为主、同时鼓励集体经济组织、国家企业事业组织和其他社会力量等参与办学，见第十九条第二款、第四款；第三，明确规定了各级国家机关在教育方面的职权，见第七十条、第八十九条、第九十九条第一款，第一百零七条第一款和第一百一十九条。

②关于教育制度的规定。指明了学校教育制度体系的构成，下自学前教育，上至高等教育；除此之外，还对扫盲等非正规教育作了规定。

③阐明了国家对科学、文化事业的政策和价值取向，概括起来，便是"普及、发展、鼓励"。并把公民进行文化、科学、教育等创造性工作的自由规定为一种法定权利，给以鼓励和帮助。参见第二十条和第四十七条规定。

④充分肯定了知识分子在社会主义现代化建设中的地位和作用，规定："国家培养为社会主义服务的各种专业人才，扩大知识分子的队伍，创造条件，充分发挥他们在社会主义现代化建设中的作用"。

⑤详细阐述了教育事业的任务，简单地说，就是普及和提高。其中，"普及"的任务主要有两方面：一是普及初等义务教育，包括第二十四条第一款、第十九条第三款等；二是在社会主义精神文明建设方面，普及教育担负着相当重要的作用。如第二十四条第二款："提高"的任务主要是指通过"发展社会主义的教育事业，提高全国人民的科学文化水平"。具体包括第十九条和第二十五条。

⑥规定了受教育是公民的权利和义务:"中华人民共和国公民有受教育的权利和义务"(第四十六条第一款)。

⑦对残疾人、妇女等特殊社会群体的受教育权作了特别规定:"国家和社会帮助安排盲、聋、哑和其他有残疾的公民的劳动、生活和教育"见第四十五条第三款和第四十八条第一款。其次,还对就业前的公民接受职业教育作了规定,见第四十二条第四款。

⑧对学校的教育目标作了明确规定,见第四十六条第二款。

⑨规定了父母对未成年子女有教育的义务,见第四十九条第三款。

⑩规定了宗教与教育分离的原则,见第三十六条第一、三款。

从上述四部宪法中有关教育条款的内容分析中,可以看出,教育在1975年宪法制定的前后期,几无什么地位可言。除了按照惯例,把受教育作为公民的一项基本权利而予以原则性规定(别无任何具体规定)外,对于教育方针的表述(为无产阶级政治服务)也完全是极左思潮和极左路线的反映,教育完全丧失了其应有的地位,也无法发挥其应有的功能。"文革"期间教育事业所受到的严重破坏便是证明。

其他三部宪法尽管在宏观上,都对一些原则性的教育问题,诸如对教育事业的行政管理、教育制度、教育方针(或目标)、公民的受教育权、教育行政关系及管理的价值取向等作了规定,但1954年宪法和1978年宪法均比较笼统和概括。尽管为了保持宪法的稳定性,要求对其作概括性、原则性规定,但为了适应社会政治经济发展和社会生活的需要,增强其对实践中大量存在的问题的指导意义,又必须对每一基本问题所包含的或实践中亟待予以法律规范的问题作出原则性规定。比如,1954年宪法和1978年宪法都规定"国家逐步增加各种类型的学校",到底可以增加哪些类型的学校?仅仅依靠"国家"来举办和发展教育事业,能达到"普及"和"提高"吗?哪种组织或个人可以举办学校或其他教育形式？等等。这些问题在 1982 年宪法中已得到明确规定。我们知道，宪法的修改与重创主要根源于社会实践和宪政发展的需要。1982 年宪法对教育规定的完备性与准确性恰恰是当时（主要是十一届三中全会以后）教育事业被高度重视的结果。其中，它的诸项规定充分体现了教育作为"战略"地位的确立，这从 1982 年宪法所具有的上述特性上可窥一斑。

第二节 国外教育立法的发展及其功能

教育法同其他法律制度一样，都是历史的产物。教育法并非自古就有，它是伴随着现代社会和现代教育的产生发展而产生发展的。掌握教育法产生的一般规律，将为我们理解教育法的原理、性质和作用提供深厚的基础。

一、国外教育立法发展的一般趋势

从国外教育法制建设较完备的国家的历史经验看，早期的教育立法主要是义务教育立法。大工业生产的兴起与发展使教育与生产劳动日益紧密地联系在一起，为教育的普及创造了客观条件。普及义务教育立法主要是围绕强制性、免费性和公共性三大主题展开的。它涉及到通过法律确立的有关普及教育的各项重要问题上的权利与义务关系，如普及义务教育学校网的设立和管理、教育经费的来源和分配，学校与宗教以及不同利益集团之间的关系，学校与学生、家长之间的关系等等，都必须保证强制性、免费性和公共性的实现。到上个世纪的末叶，西方国家普遍开始加强对行政的控制，把对议会政治的浓厚兴趣逐渐转到了国家行政领域。这个转变从 19 世纪中期开始酝酿，本世纪初开始，30 年代至 50 年代在许多西方国家中达到了高潮。在教育上，这是一个广泛进行教育立法的时期。许多国家由过去对教育的消极作为转变为积极作为，加强了对教育的全面干预和控制。各国纷纷建立和健全教育行政系统，对从初等教育直至高等教育的整个教育系统实施行政管理。教育立法更受重视，大量有关教育的法律相继产生，丰富了教育法制的内容。国家通过法律手段更多地干预教育，从而大大推进了教育的普及与发展。同时，人们对教育的要求也有了很大变化。人们普遍认识到，教育是提高国民素质的工具，小到个人谋生，大到国家进步和民族生存，都有赖于教育的发展与普及。为此不少国家在宪法和其他有关法律中规定了发展与普及教育的国家责任，通过法律保证每一个人都能获得受教育的机会。由于法律对教育的调整作用迅速增强，教育法的内容和调整手段也日益复杂化。为了提高行政效率，同时也为了更好地以法行政，各国除了主要的教育法律之外，普遍都把相当一部分教育立法的任务交由行政机关去执行。各国行政机关通过它所取得的行政立法权，有可能根据需要进行经常性的行政立法活动。从教育法的数量看，行政机关制定的规范性文件数量已大大超过立法机关的立法。

第二次世界大战以来，世界各国的教育由于社会经济和科学技术发展的牵动而呈现出一幅突飞猛进的发展图景，同时交织着挑战与变革。义务教育的年限一次次延长，职业教育的比重不断加强，高等教育出现了大众化的趋势。传统的学制向各个方向延伸，出现了学前教育、研究生教育、回归教育、业余教育等等新的教育领域，学校教育正在向终身教育的方向发展。教育的这一变化大大加强了它的综合社会效应，促进了教育在经济、政治、军事、文化等各个社会领域中的职能的全面发挥。不仅如此，现代教育还从根本上改革了人的面貌，使人的潜能得到极大的发挥，人的精神生活日益丰富。在这种情况下，人们开始把教育看作是个人的一种不可剥夺的基本权利，要求享受一种机会均等的、有利于促进个性的丰富和全面发展的、有助于探索和开拓新生活的教育。教育的这些巨大变化使得教育活动中的各种因素及其相互关

系呈现出一种复杂多变的局面，这就要求把教育看作一个整体和
社会大系统的一个组成部分，把教育法制看作一项综合性的法治
工程，在加强教育法制建设的同时注重教育法治工程与整个社会
工程的协调。这一时期的教育法制建设表现为它自觉地、主动地
适应社会整体发展的需要，全面地进入教育领域，系统地认识它
所调整的对象，合理地调节教育领域中发生的各种社会关系。因
此，教育法在广度和深度两个方面都有了飞跃发展。许多国家在
二战后纷纷制定了教育基本法或具有基本性质的学校总法，并对
已有的教育法规进行整理、汇编，使之系统化，以便更好地协调
本国的教育立法。在这一基础上形成了一个和谐统一、严密完备
的教育法体系，有效地对教育发挥着综合调节作用。不仅如此，这
一时期的教育立法更加明确地确定了教育领域中的各种权利与义
务关系，体现人们在教育方面的价值存在、现实利益和平等要求，
在教育立法上更多地贯彻公平原则，保证与现代社会经济相适应
的教育的价值目标和功利要求的实现，使教育活动这一具有个性
色彩和创造精神的过程的正常进行有了法律的保障。

　　从教育立法发展的历史可以看出，教育法制是现代国家教育
发展的一个重要特征。在许多发达国家，当教育问题关系到国家
的根本利益时，它们都无一例外地求诸法律，法律就成了保证、巩
固、促进和发展教育的一项基本措施。当然，由于社会制度和法
律制度的不同，各国对法的利用以及所强调的侧重点是各不相同
的。但各国的教育法都体现了国家对教育的干预和管理，或者统
称为国家调控教育的原则，这种调控在大多数情况下都是通过行
政行为而实现的。因此，一般都把教育法视为公法，看成是行政
法的一个分支。但是，由于教育管理内容庞杂，从实践的观点看，
很难将它纳于单一的部门。特别是从 50 年代以来，科学技术的迅
速发展以及科学技术与生产的紧密结合带动了经济的空前发展，
使许多发达国家社会关系发生了剧烈的分化和改组，反映在教育

上则表现为：教育事业的急剧膨胀使原来相对显得较为次要的国家与教育的关系变得非常重要；教育内部结构日益复杂，使原来的调整手段相形见绌；教育与社会相互作用的增强以及教育对社会的全面渗透不仅使原来已经存在的教育外部关系日益引起社会的关注，而且造成了一系列全新的社会关系。教育的发展不断提出新的法律要求，法律大规模地向教育的各个层次渗透，一些原来不属于法律调节的社会关系，开始运用法律调节手段。众多的调节教育领域中各种社会关系的法律规范逐渐构成了若干具体的法律制度，如义务教育制度、职业培训制度、高等教育制度、招生考试制度、教育证书制度、学位制度、教师职务评定和聘任制度、课程指导制度、教科书制度、奖学金、助学金、贷学金制度等等。这些法律制度之间相互联系、相互协调、相互制约，构成一类以性质相同的社会关系为其调整对象的法律有机体。实践证明，这样一个法律机制反映了现代教育组织、运行和管理的本质特征和内在要求，对教育事业的发展起到了保证和促进的作用。

二、若干国家高等教育法发展的主要特点比较

（一）高等教育立法的背景

凭借法律制度来实现国家对高等教育的控制和管理是"二战"以来各国高等教育发展的一个重要标志。

第二次世界大战以后的高等教育立法曾有两次大的高潮。第一次发生在 60 年代末期到 70 年代。由于战争的结束，经济的振兴，许多发达国家处于一个全面发展的时期。然而这些国家的高等教育却仍然沿袭旧的办学模式，把相当多的青年拒之门外。另一方面，高等学校内部缺少主动性和活力，压抑了教师和学生参与学校管理的民主要求。到 1968 年，席卷欧洲的学生运动终于震撼了因袭数百年的高等学校传统。法国率先改革高等教育，并于当年 11 月制定公布了《高等教育基本法》。该法明确规定大学是"公共高等教育机构"，其任务是传播知识、开展科研、培养人才、

组织并发展国际合作。该法还第一次规定大学的"自治"传统要与参与相结合，学生、教职工及社会的有关人士均有权以一定的方式参加对高等学校本身的管理。这部法律奠定了法国乃至欧洲各国现代高等教育教学与管理体制的基础，因而具有"世界性"。继法国之后，联邦德国、奥地利、丹麦、瑞典、罗马尼亚等国也纷纷制定了高等教育方面的法律。

第二次高等教育立法高潮发生在 80 年代。由于发达国家普遍发生经济危机，发展受挫，引起各国越来越大的焦虑和不安。他们认为，高等教育的落后和质量的低劣是产生这种现象的原因之一。许多国家寄希望于教育与科技的发展，希冀通过高等教育改革来刺激经济的发展。由此掀起了新的高等教育立法高潮。这些法律对高等教育提出了更高的要求，通过实现"现代化、职业化和民主化"，使高等学校迅速提高办学质量和所培养人才的素质。在这次立法高潮中有的修改了已有的高等教育法，如联邦德国；有的制定了新的高等教育法，如法国、波兰、秘鲁等国。

（二）高等教育法的结构

80 年代，法国根据高等教育改革与发展的需要，制定了两种新的高等教育法案即《法国高等教育法》和《德瓦凯高等教育法案》，前一部法律共六部分六十九条。第一部分"公共高等教育事业"，规定了高等教育的涵义、性质、任务以及实施高等教育的基本原则。第二部分"由国民教育部负责的高等教育的实施原则"，规定了法国高等教育各阶段的入学资格、培养目标及其管理。第三部分科学"文化和职业公立高等学校"共分两章。第一章规定了法国公立高等学校的法人资格及其权利和义务，学校的设置程序以及不同种类公立高等学校如综合性大学、综合性大学之外的学院和学校、高等师范学院、传统的教育机构及在国外的法国高等学校的规格、管理体制。第二章规定了学校内部各种委员会的组成，财务制度、学校的对外关系、学校的行政和财务监督等等。

第四部分"科学、文化和职业公立高等学校的受教育者和教育人员"分为两章。其中第一章为"受教育者",规定了受教育者在学习、享受资助、社会保险和医疗保健等方面的权利。第二章为"教育人员",规定了高等学校教师的种类、权利、工作职责、资格认定、聘用、调动和评价等方面的问题。该章还对高等学校的行政、技术人员、工人和服务人员的任用、工作职责等作了规定。第五部分"高等教育省、地区和全国性机构"规定了高等的若干中介性机构如"高等教育协调委员会"、"高等学校咨询委员会"、"全国高等教育和科研委员会"、"高等学校全国评议委员会"、"高等学校校长联席会议"的组成、职责范围等。第六部分"过渡性规定和最终规定"是该法的附则部分。

《德瓦凯高等教育法案》共六章四十四条,其目次如下:第一章公共高等教育机构;第二章财务制度;第三章高等教育的教学人员和大学生;第四章学习、教育和文凭;第五章章程的制定;第六章过渡性和最终性条款。

联邦德国的《高等教育总法》共七章八十三条。第一章"高等学校的任务"规定了高等学校的任务、高等学校的科研自由、教学自由和学习自由的原则,以及高等学校在学习、教学和科研活动方面的基本规范;第二章"高等学校的入学"对有关高等学校招生入学问题作了规定;第三章"高等学校的成员"对高等学校的教职员工和学生的资格参与权、社团组织以及各类教师的招聘、条件、职责、法律地位、兼职等问题作出了规定;第四章"高等学校的组织和行政管理"规定了高等学校的法律地位、学校与政府的关系、学校内部组织机构的设置、任务等问题;第五章"国家认可"规定了非国立高等学校的国家认可问题;第六章"州教育法的配套问题"规定了该法与各州教育法的协调和配套问题;第七章"联邦有关法律的修改和附则"对该法同其他相关法规、协议的关系问题、生效问题作了规定。

联邦德国是分权制国家，但联邦可以就教育的一般原则问题立法，有制定总纲法的权力，比较而言，联邦德国各州拥有较大的权力，大多数教育法是由州议会制定的。巴伐利亚州的《高等教育法》结构如下：第一编"国立高等学校"，共分十章，依次为"高等学校的法律地位和任务"、"成员"、"高等学校的建制和组织"、"聘任工作"、"学生"、"学习和考试"、"学位、教学权利、教学权限"、"纪律法规"、"学校资产"、"学生后勤管理委员会"；第二编"非国立高等学校"，共分两章，即"一般规定"和"特别细则"；第三编"监督"也分为两章，即"国立高等学校"和"非国立高等学校"；第四编"违法问题和处罚规定"；第五编"过渡性规定和附则"。

由于美国的教育管理主要是州的权力，联邦只有在教育财政拨款的范围内有立法的权力，因此联邦的教育立法一般都是拨款法案，其《高等教育法》也不例外，该法共有八章构成，主要内容为：充实高等学校的社会服务活动以及成人教育活动；扩充高等学校图书馆；改造设施和设备；扩充奖学金；改善师范教育；强化基础薄弱的高等学校等。

墨西哥的《高等教育协调法》较为简略，共三章二十七条。内容涉及适用范围、高等教育定义、目标及联邦政府、州、市与高等学校之间的相互关系、高等教育的经费及其拨款方式等。

（三）高等教育的基本原则

高等教育的基本原则是贯穿在整个高等教育法中始终起作用的指导思想，是制定高等教育法律规范的出发点和理论依据。

联邦德国颁布的《关于制定现代高等教育法和改革高等教育结构的几项原则》规定：

1. 教育事业的发展要切实保证各个层次的毕业生能根据其才能和学校教育水平自由地选择职业和深造单位；

2. 教育体制要分设不同等级，尽可能使个人的修业需求与经济界和社会的需求（尤其是教育事业自身的需求）相接近；

3. 各州拟订教育规划和教育政策时要采用需求研究和需求预测这种细致的程序。在这种程序中，重要的一点是联邦和各州的政府要密切有效合作。

法国《高等教育法》第二条对"公共高等教育事业应做出的贡献"规定了如下原则：

"——发展科研——实施教育的必要支柱——提高全民族和个人的科学、文化与职业水平；

——在国家计划范围内，推动地方和全国的发展，促进经济的飞跃；在兼顾眼前需要和将来的前提下，协助实现就业政策；

——缩小社会和文化的不平等现象，实现男女之间的平等，保证一切有决心有能力的男女公民从事最高水平的文化与科研活动。"

墨西哥《高等教育协调法》第一章总则规定：

"第四条　高等院校所进行的教学、科研和文化宣传职能彼此之间应保持协调和相互补充的关系。

第五条　高等院校的建立、扩大、发展及其相互间的协调，应优先考虑国家、地区和各州的需要及其教学、科研与文化宣传等。

第六条　联邦政策通过公共教育部将与各州政府签定有关协议，以保证师范教育的扩大与发展符合国家教育的方针和目标，满足各州、地区及国家对教员及其他教育专家的需要。"

俄罗斯的《联邦教育法》第一章总则规定国家的教育政策是以下列原则为基础的：

1. 教育的人道主义性质、全人类共有价值、人的生命与健康、个性自由发展的优先性，培养公民觉悟及对祖国的热爱。

2. 联邦文化、教育的一致性，在多民族国家的条件下捍卫体现民族文化和地区文化传统的教育体系。

3. 教育普及性、教育体系对受教育者、培养对象不同发展水平和修养特点的适应性。

4. 在国立和市立教育机构中教育的非宗教性。

5. 教育的自由和多元化。

6. 教育管理的民主性和国家——社会性、教育机构的自由性。

在关于高等教育的基本原则中,"教育自由"原则是一个传统的原则,它体现了西方教育价值观的一个侧面。联邦德国的《高等教育总法》对此作了专门的规定。该法第三条为"艺术与科学、科研、教学与学习等方面的自由"具体内容如下:

"第一款 州及高等学校必须保证高校人员能够行使联邦基本法第五条第三款第一句所赋予的基本权利。

第二款 科研自由主要包括课题的提出,研究方法的研究和研究成果的评价及传播。校主管部门在科研方面只能就科研活动的组织工作、资助事项、科研项目的协调、研究重点的确定等问题作出决议;所作的决议不得损害本款第一句的自由。本款第一句和第二句同样适用于艺术开发项目。

第三款 教学自由主要包括在各自的教学任务范围内开展教学活动,确定教学内容和方法,包括发表科学艺术方面的学术观点的权利,但不得与基本法第五条第三款第二句规定的自由相抵触。学校主管部门在教学方面只能就教学活动的组织工作,学习考试制度的制定和执行等问题作出决议;所作决议不得损害本款第一句规定的自由。

第四款 学习自由主要包括自由选课、自由地选定专业学习的重点,提出和发表科学艺术方面的观点,但不得违反学习考试制度。学校主管部门可以就教学活动的组织和教学工作的正常开展以及保证按有关制度进行学习等作出决议。

第五款 在行使本条第二到第四款的权利时,须注意不得损害他人的权利,并应遵守学校为维持正常秩序而作出的管理规定。"

（四）高等学校的法律地位

确定高等学校的法律地位，是处理国家与教育、学校与社会，以及处理学校内部的各种关系的前提，因此也是各国高等教育法规范的内容之一。

确定高等学校的法律地位必须考虑到国家在高等教育范围内起作用的程度，做到既维护国家的合法权益，又满足高等学校保持它作为自治社会实体的要求。同时还须考虑不同级类学校法律地位的平等问题。为了实现这些目标，必须大大强调学校的自主权，鼓励多样化，充分发挥学校的主动性，使各种高等教育机构办得名符其实，而不是鼓励与大学模式攀比，或用一个办学模式来衡量。这是各国在规定高等学校法律地位时的基本出发点。

联邦德国《高等教育总法》第五十八条规定了德国高等学校的地位，具体如下：

"第一款　高等学校是公法团体，同时也是国家机构。它有权在本法规定的范围内对本校事务进行管理。

第二款　高等学校自行制定的基本章程，须由州政府审批。对拒绝批准的先决条件，须有法律的形式作出规定。

第三款　高等学校无论在处理本校事务还是处理政府事务时，都须实行统一管理。"

德国高等学校的具体的法律地位和法律权利是在州法中规定的。例如德巴伐利亚州《高等教育法》第五条就具体规定了高等学校在处理"本校事务"和"政府事务"中的权限：

"第一款　高等学校以法人的身份处理学校事务，以国家机构的身份履行政府事务。

第二款　如无其它规定，本校事务是指学校方面的一切事务。

第三款　政府事务是指：

1. 公职人员的人事事务和高等学校中不属于一般科研范围

的培训或进修人员的人事业务；

2. 向政府提出校财政计划，报告执行财政的情况，包括对各种所需设备添置计划的审定；

3. 行政管理的组织工作，校房地产的管理、技术装备设施的组建和管理，附属医疗设施的组建和管理，以及财产物资检验机构、经营部门、附属机构和其它有关机构的管理工作；

4. 执行学生入学注册和离校除名的各项规定；

5. 举行国家承认的考试；

6. 制定和执行规章制度；

7. 行使房产使用权；

8. 处理由立法或依法规定的其他事务。"

法国《高等教育法》第三部分为"科学、文化和职业高等学校"，对高等学校的法律地位作了如下规定：

"第二十条　科学、文化和职业公立高等学校是享有法人资格，在教学、科学、行政及财务方面享有自主权的国立高等教育和科研机构。

……

它们是独立的，在履行由法律所赋予的使命的过程中，可以在国家规定的范围内，在遵守自由条约义务的前提下，确定自己的教学、科研及文献资料活动的各项政策。

在本法规定的使命范围内，为了使国内和国外了解其成果，学校可以通过公约的形式，提供有偿服务，利用专利和许可证，出卖自己的产品；并且可以在自己所掌握的生产资源限度内，根据行政法院法令规定的条件，投资和开发公司。"

以上列举的只是针对公立高等学校地位的条款。私立高校是大多数国家高等教育的重要一支。由于私立学校的特殊性，因此各国在规定其法律地位时，与公立学校有所不同，各国对私人办学的自由度宽严不一，但都肯定私立学校的合法性。

　　法国的《高等教育法》规范的主要是公共高等教育事业，对私立学校的问题由 1959 年颁布的《国家与私立学校关系法》来调整，该法明确规定："国家宣布并尊重教育自由、保障正常开课的私立学校行使其自由。""国家承认私立、公立学校在国家教育体系中的相互补充作用。"该法对私立学校的活动也作了限制，例如，"私立学校应着重在职业培训的短期学校方面发展。""对于那些没有通过合同与国家相联系的私立学校，国家的检查只限于校长与教师的资格、学校的义务、公共秩序、遵守社会公德的情况、卫生及社会预防措施"；"而对与国家签订合同的私立学校，受合同的约束的教学应接受国家的检查。"

　　联邦德国对私立高等学校主要在州高等教育法中规定，如巴伐利亚州《高等教育法》第一百十九条规定，非国立高等教育法（教会学校除外）在一般规定及监督的内容和界限方面适用国立高等学校的有关条款。

三、国外教育法的功能

　　国外教育立法的实践表明，尽管在许多国家，教育立法是一个十分有争议的问题，尽管教育的法律管理充满了矛盾，但法律是解决种种问题和矛盾的最有效的机制。国外教育立法对教育管理的功能主要表现在以下几个方面：

　　1. 保证决策过程有序化。从广义的角度看，可以把管理看作是一个不断的决策过程。而法律对决策过程的控制作用，则表现在这样两个方面，即 a. 决策的权限和程序。决策过程本身必须是有组织的和有序的，对于某一个问题，谁有权做出决定，怎样做出决定，都应当由法律来规定；b. 限制对目的和手段的自由选择。一个组织内的决策是一个非常复杂的过程，它包括确定目的和确定达到这一目的的手段等不同的方面，这些都必须受到法律的限制，以防止权力的滥用。许多西方学者认为，从整体看，教育活动可以看作是一个决策的过程，而管理仅是这一过程的一部分。根据英国社会学家帕森斯的分析,教育运行过程可以分为技术的、管理的和机构的三个层次。通过决定目的和手段、权限和程序,法律与这三个层次构成了一种有分有合的关系。如果充分发挥法律的功能,它就能对教育管理作出重大贡献,反之,则会造成危害。

2. 保持集中和分散的合理张力。教育管理权力在教育系统内部上下左右之间的分配,这在许多国家主要都是通过法律来予以严格规定的,由于历史传统和社会制度不同,这种权力分配的法律形式各不相同,但如果根据机构设置的特点和决策权力来划分,主要有集权型和分权型两种典型的模式。而集中和分散的问题,则是不同模式所共同面对的问题。近几十年来,科学技术和社会政治的发展把集中和分散这两个相对矛盾的因素带到教育立法领域的争论中来。一方面,为了促进受教育机会的均等和建立教育质量的统一标准,许多人主张国家更有力地干预教育,加强权力集中;另一方面,为了保障地方的、纳税人的利益,以及更好地适应地方发展的需要,许多人又主张给予地方乃至学校和教师以更大的权力,实行责任下放。

地方主义是教育管理上长期存在的一种倾向,无论是联邦制国家如美国、瑞士等,也无论是非联邦国家如英国和日本,地方主义都有很大的影响。从教育史看,教育地方主义最初起源于西方国家乡村的教区。随着工业化的崛起,对经济的分层管理使得城市利益团体也变得日益重要。到本世纪 70 年代以来,地方主义作为一种反对教育上的经济分层管理的势力复苏了,他们通过社区的力量为自己争得更多的权力,谋求自己的利益。在 70 年代以前,西方大多数国家的社区的教育管理权力仅限于学校的校舍维修等狭小的范围,对教育本身并没有真正的权力。地方主义的兴起使社区逐步获得了决定聘任或解聘教师的权力、为教育征税的权力,同时还能影响教学大纲的制定等。可以说,社区已分享了对教育的控制权。

　　权力的分散意味着教育责任的分担。一般说来，分散的效果取决于社区获得了多少权力，但是也不尽然。在实行教育权力分散的国家中也出现了不少问题和争论，几乎在教育管理的各个环节，例如地方分权的结构、范围、地方自治机构的业务能力、教育经费的筹措、课程设置的规定、学历证书的权威、教育经济的效益等等，都在产生麻烦。例如在美国，教育经费来自各学区的税款。1994 年纽约有 1 000 所学校因教育设施危及生命安全而不能如期开学。据美官方估计，仅改善办学条件一项，全国约需 1 万亿美元，这显然非地方的力量所能解决的。为此克林顿政府已通过法令拨款 50 亿美元用于资助各地方改善教育设施。

　　在集中与分散问题上，目前的发展趋势是，教育管理权限分配方式不同的国家，都在取对方之长，补自己之短。但是要保持集中与分散之间的合理张力并非易事。西方国家教育立法面临的问题乃是：在加强教育管理权力集中的同时，如何使教育更具有地方特点，适应地方发展的需要，并照顾地方利益、团体的利益，以及如何创造一种既具有较高的教学质量和学术水平，又与大众化的现代要求相结合的学校教育模式。

　　3. 保证教学机构的自治。在欧洲，大学自治传统由来已久，它源出于摆脱教会控制以保护学术自由的想法。但是进入 20 世纪以来，在西方国家，学术自由问题仍然是一个未获解决的问题，因为学术自由不光受到宗教势力的干扰，而且还经常受到国家和各种利益集团的干扰。保证学校机构自治的观点已经普及，很多国家都以比利时 1831 年宪法为榜样，把保证学术自由当作一种基本的权利写进自己的宪法中，这个规定意在阻止外界干涉学术事务。然而实际情况却是，很多政府不断地侵犯这个基本权利。许多学者认为，真正的学术自由不仅要求政府不干涉学术事务，同时还意味着由大学自己决定学校的全部课程、自己聘请教职员工、自己管理学校的财务。然而还没有一个国家能给予学校这么多的权力，使学校自治和学术自由获得保证。近几十年来，在一些国家，"教学机构自治"的概念已成为组织学校系统的模式，许多学校试图减少政府对学校的过度干预，因而吸引教师、学生和家长参加学校的管理。这种民主管理的模式在一些国家如德国已作过试验，得出的结论是这种参与对教学机构自治并没有什么实际意义。事实是，教学机构的管理权总是由国家和学术社团分享的。而且，据许多西方学者的观点，即使是这种自治也会受到近年来的权力集中和所谓的大学社会化要求的危害。这些问题都对法律提出了挑战。

4. 保持对教育管理的程序性控制。尽管许多国家的教育管理人员和教师都在抱怨法律的限制日益增加，但教育立法却是世界范围内教育的发展趋势。在许多国家法院通过对教育决策的监督来获得对教育的控制，参与管辖政府的和教学机构的事务。在西方国家的现行法制下，每个公民都可以对政府采取法律行动，因此法院对政府构成了一种真正的监督。但司法控制的程度和方式，不同的国家各不相同。美国、德国、奥地利和瑞士以他们教育管理的法制化而出名，法院对教育管理事务的影响也较大，而其他西方国家对政府提出诉讼的案例较少见。在美国，根据宪法第十四条修正案（合理过程和平等保护）或联邦的有关成文法如人权法案，一个公民可以起诉一个州的立法、或起诉一个学区的董事会的政策破坏了宪法赋予的权利。而在联邦德国，则赋予司法机关以一种对政府和宪法事务的特别的管辖权，以监督政府的行为与联邦基本法是否一致，其中家长的权利和学术自由是监督的主要方面。奥地利和瑞士司法机关对教育事务的管辖权与德国基本上类似。在其他大多数欧洲国家中，司法情况就很不同了。如法国和意大利的司法机关虽然也有专门的行政和宪法管辖权，保护宪法规定的基本权利，但法庭对教育管理却不起重要的作用。英国（英格兰和威尔士）的情况同美国相似，因为同为普通法系，因此与大陆法系国家不同，司法并没有专门的行政和宪法事务的管辖权，只是由普通法庭审理有关的民事侵权案件。

5. 保持对课程的适度控制。在西方国家中，由美国和法国的宪法首先规定的政教分开的做法已经普及各国。这些国家根据宪法规定建立了多元化的教育系统，国家和学校必须在思想意识的冲突中起中立的作用。宪法规定的下列基本自由权利，如宗教自由、自我表达自由、不同种族、性别的平等，反对歧视，以及在以私人财产和市场经济为基础的社会里的自由竞争等条款，对于教育是非常重要的，它们要求学校必须恪守中立。

但是在这些国家，这种国家和学校的中立性并不意味着行政的无所作为。学校的课程大纲就是教育行政机关根据法律所规定基本原则制定的有关教学内容的文件，课程大纲的行政作用就在于为各级各类学校规定统一的内容要求和法定的质量标准，以达到对学校教育的事实上的控制。由于教育行政体制的不同，各国关于课程编订和颁行的责任、权限和具体方法各不相同，课程大纲所具有的法律也各不相同。一般来说，由于课程内容总是要随着社会的变化、知识的更新而不断变化，而对课程的规定不仅条文有限，且极易陈旧过时，因此法规既不可少，又不可将其作用绝对化，这是各国对课程进行控制的一条重要经验。为了适应课程变化的状况，各国对课程的规范普遍是以具有指导性质的法律文件形式出现的。以美国为例，联邦除了对少数对社会经济发展具有直接关系的科目通过联邦拨款法案加以规定外，一般较少直接影响课程的编制。公立初等和中等学校课程计划所包括的所有教学科目的教学大纲是以各州法令的形式制定的。学区教育委员会和学校在自己的权限范围内，都可以编制自己的教育课程计划及基本标准。在英国，根据 1944 年教育法，初、中等教育的课程计划是由教育科学大臣经地方当局和学校董事会直至校长这一纵向系统来制定的。但这只是法律上的规定，实际上教育科学大臣、地方教育当局虽有权制定学校课程计划，但一般都委托各校校长具体编制和实施本校的课程计划。然而英国官方通过皇家督学系统、出版课程指导书以及国家证书考试制度来施加影响，对课程进行实际的控制。

6. 对教师职业进行规范。教师是自由职业者还是政府雇员，这是困扰大多数国家立法者的一个问题。由于教师的身份不甚明了，因此在许多国家教师的法律地位并不十分清楚。许多学者认为，教师既不是真正的自由职业者，也不是典型的政府雇员。同时，教师内部还有很大的地位差别，如乡村小学中的教师与名牌大学中的教授之间就有极明显的差别。至于国与国之间，由于公共服务传统的不同，宗教的因素以及现代传播媒介的兴起等，都在对教师的身份及法律地位发生着不同的影响，从而造成国别之间的差异。尽管如此，各国都试图通过法律的手段把教师职业引向专业化的范畴中去，这正是一种全球性的动向。

把教师视作专业人员意味着要加入这一行必须符合具体的资格要求并由专门的机构和严格的操作程序来决定这种职业资格，这几乎已成为普遍的准则。一个教师不但应掌握学科知识，还必须有教育学的合格证明。这一准则甚至包括大学教授在内，因为一个教授可能是本专业领域的专家，但却不一定是一个称职的大学教师。为此，有一个要求大学教授也要具有教育学合格证明的趋向。对教师职业的训练和考试不是由教师及其组织来决定的，而是由国家的法律和行政法规来决定的，如德国的教师训练法、美国对教师资格证书的行政决定等都属此列。英国则有不同，在那里（英格兰和威尔士），有关教师资格的决定是由校长和视导员作出的。西方国家大学教授的资格认定不同于前述做法，作为享有自治权的教学机构，聘任大学教授的职业条件由大学本身来决定。因为大学就其起源来看就是一个有权决定其成员的教授团体，这个传统延续至今，而且被各国所接受。

教师到底是政府雇员还是自由职业者，长时间来这成了教育立法的一个热门话题。在大多数国家，法律规定的教师地位是矛盾的。公立学校的教师一般都被规定为公职人员，适用国家机构法，被包括在公众服务系统之中，纳入国家行政管理等级制中进行管理，必须履行特定的职责。但同国家公务员比，则在很多方面又具有特殊的地位。以西方国家的立法看，这种地位的特殊性主要表现在法律对学术自由和集体谈判的规定上。作为一个基本原则，法律保护学术自由，官方对教育教学活动仅限于职业标准的监督，这使教师职业更具有自由职业者的特点。但另一方面，教师的集体谈判权又是受到相当严格的限制的，在大部分欧洲国家，集体谈判是被禁止的。在美国，虽然允许进行集体谈判，但法律对这一权利的适用作了严格的规定，对谈判的内容有明确的界限，即仅限于工作条件方面的问题。尽管罢工的权利是被雇佣者的法定权利，但绝大多数国家的教师却无此项权利，这一点使教师职业看上去又类似于国家公务员。

7. 对教育财政进行法律控制。世界上没有一个国家的教育系统是在纯市场原则基础上构成的，因为所有国家的教育经费主要是由学生（或其家长）以及公众资助两部分构成，而不是由学生一方来支付的。在西方国家，有一部分学校教育机构比较接近市场制，那就是私立学校（包括大中小学）以及私营企业中的职业培训学校。私立学校由私人或民间机构举办，因此这些学校的学生必须为其所受的教育付出举办人所要求的费用。但私立学校与学生之间并不是简单的供求函数关系，在许多国家，例如美国、法国和德国，大部分私立学校由宗教组织举办，这些组织为了宗教目的向学校提供资金。在法国、德国和其他一些地方，国家向私立学校提供相当数目的资助。在所有的西方国家，私立学校都是纳入到国家的教育制度中去的，通过考试和学分而与公立学校相融通。在法律的规限和监督下，西方国家已形成了公立学校和私立学校二位一体的统一的学制。在这一体制下的财政机制是：私立学校不完全建立在市场原则基础上，而公立学校也不是真正的福利机构。已经有不少人提出教育的市场原则思想，即教育不是免费的，学生必须支付一部分费用，奖学金不是人人都能享受的，它只给予有才华的学生和社会上的不幸者。这种思想在 20 世纪70 年代提出，并与公立学校系统的担保计划相配套。但人们对这种主张存有争议。

以上是国外教育法功能发挥的若干方面。应该说，教育工作者和政治家对法律都存在着复杂的感受。对于教育工作者来说，他们希望有一个有效的管理，但同时又不想在教育自由方面受到来自管理的干预。这使他们经常处于一种矛盾的境地。而对于政治家来说，他们追求的是效率，特别是追求一种低投入高产出的成果，因此在教育投资上经常态度冷漠。同时政治家们又寄希望于教育的社会化功能，希望通过教育而使下一代认同现存的社会秩序。这也使他们经常陷入矛盾。其实，法律不可能同时满足所有这一切不同的期望，法律能够发生作用的方面乃在于组织决策过程和简化教育管理决策的复杂结构，使之有序化。就此而言，目前各国的教育立法还有负众望，因此教育立法仍然是大多数国家教育管理发展的必然趋势。可以这样说，在许多国家，教育的普及与发展正是在法律的保护和促进下才得以实现的，而教育的法制化本身必然会进一步促进法律的形式合理化和功能普遍化，从而使法律有可能在新的范围内施加影响。

第三节　我国教育立法的沿革与展望

我国建国后的法制建设，是在废除建国前的旧法的前提下开展起来的，是在总结我国革命根据地法制建设经验的基础上成长起来的。这一发展进程历经风风雨雨。教育立法工作同样也经历了一条曲折而漫长的发展道路。

一、建国以来教育立法的沿革

1949 年 1 月，中国共产党发表了《废除伪宪法、伪法统等八项条件的声明》，2 月又发布了《关于废除国民党六法全书与确定解放区的司法原则的指示》，宣布废除旧法，建立新法。伴随着这样一个转折，开始了我国社会主义的法制建设。

1949 年 9 月，在北京举行了中国人民政治协商会议，制定并通过了中华人民共和国的建国纲领，即《中国人民政治协商会议共同纲领》。其中关于教育的条文为新中国的教育规定了基本的方向和政策。10 月 1 日，中华人民共和国成立。为了彻底推翻帝国主义、封建主义和官僚买办主义的统治，人民政权彻底废除了国民党政权的旧法律，代之以人民自己的法律。在教育方面，从帝国主义手里收回了教育主权，妥善接收了全国的学校；取消了国民党反动派对学校的法西斯教育和特务统治；建立起社会主义的教育制度。这一时期的教育立法是围绕着这一任务展开的。1949 年 12 月，成立不久的中央人民政府教育部召开了第一次全国教育工作会议，会议通过的决议根据《中国人民政治协商会议共同纲领》的规定，以老解放区的教育经验为基础，吸收旧中国教育有用的经验，学习苏联教育的先进经验，为新中国的教育建设规定了明确的发展方向。1950 年 12 月，政务院颁布了《关于处理接收美国津贴的文化教育救济机关及宗教团体的方针的决定》。1951 年 10 月，政务院颁布了《关于改革学制的决定》。1952 年 9 月颁布了《关于接办私立中、小学的指示》，还陆续颁布了幼儿园、小学、中学和中等专业学校的暂行规程。高等教育方面于 1950 年颁布了《高等学校暂行规程》和《专科学校暂行规程》。内容所及包括教育事业的计划管理、中小学教育的改进与发展、课程改革、学校领导关系、师资的管理、培养与调配等各个方面。这些教育法规有力地配合了解放初期的学制改革、旧学校的接管与接办、贯彻革命的思想政治教育、实行向工农开门的方针、进行院系调整等项教育工作。

1954 年,第一届全国人民代表大会第一次会议通过了新中国第一部宪法,这部宪法是在共同纲领的基础上产生的,同时又是对共同纲领的发展。共同纲领所规定的各项原则被肯定下来,成为宪法的根本原则。同时,作为我国第一部社会主义类型的宪法,1954 年宪法含有两项基本原则,即社会主义原则和民主原则。宪法对于教育的规定,充分地体现了以上的宪法原则。

但是,由于认识上的原因,在我国,从建国之初就一直存在着一种轻视、忽视法制的倾向。虽然 1954 年宪法促成了法制建设的高潮,但法制观念并没有在各级干部和人民群众中植根,不守法的倾向没有得到有力的纠正,以致一遇风浪就遭受重大挫折。

1958 年,为了纠正学习苏联经验过程中出现的缺点,创立适合中国情况的社会主义教育制度,在全国开展了以勤工俭学、教育与生产劳动相结合为中心的教育革命。这场改革在一定程度上突破了苏联教育经验的局限性,为教育的发展开拓了新的途径。但同时也出现了"左"的错误,必要的法规制度遭到破坏,出现了无政府主义的盲目状态。例如教师和学生参加生产劳动过多,忽视了课堂教学与教师的指导作用,打乱了正常的教学秩序,降低了教学的质量。此外,在改革中不适当地开展了"拔白旗"、批判"反动学术权威"的群众运动,伤害了知识分子的积极性。因此从1961 年起,对教育进行了调整、巩固、充实、提高,通过总结经验,制定条例,纠正实际工作中的失误。教育部按照中共中央的指示,于 1961 年草拟了《教育部直属高等学校暂行工作条例》(简称《高教六十条》)和《全日制中学暂行工作条例》、《全日制小学暂行工作条例》(简称《中学五十条》、《小学四十条》),总结了建国以来,特别是 1958 年教改以来的正反两方面经验,为各级学校工作规定了明确的工作方针。

1966 年,"文化大革命"爆发,国家的立法工作完全停顿,50

年代以来制定的一批法律、法规丧失了权威性，司法工作也失去了其应有的独立性。法律不仅没有可能向社会生活各个领域进行渗透，反而受到各种非法律手段的侵蚀和支配。"人治"成为当时的最高抉择。一直到1976年粉碎"四人帮"以后，颠倒的历史才重新颠倒过来。教育界在拨乱反正的基础上，恢复了学校的教学秩序，重新颁发了大、中、小学《工作条例》。特别是十一届三中全会提出了党的工作重点的转移，并着重强调了健全党规、党法和民主集中制，提出了加强社会主义民主和法制建设的任务。这标志着法制建设在经过长期的曲折和徘徊之后，终于进入划时代的新时期，教育立法也出现了崭新的面貌。1982年12月，第五届全国人民代表大会第五次会议制定了新的宪法，这是我国法制建设史上最重要的里程碑。1982年宪法规定了国家的法制原则，它庄严宣布："一切国家机关和武装力量、各政党和社会团体、各企业事业组织都必须遵守宪法和法律。一切违反宪法和法律的行为，必须予以追究。任何组织或者个人都不得有超越宪法和法律的特权。"这一规定树立了宪法和法律的权威，反映了人民的意志，是建国30多年法制建设经验和教训的总结。宪法有关教育的规定，为教育法的制定，为依法治教提供了最高的宪法依据。除此之外，在教育方面，1980年2月，第五届全国人民代表大会常务委员会第十三次会议通过了《中华人民共和国学位条例》。这是建国以来由最高权力机关制定的第一部有关教育的法律。1986年4月，第六届全国人民代表大会第四次会议通过了《中华人民共和国义务教育法》，它以法律的形式规定国家实施九年义务教育。这一法律对提高民族素质，推进社会主义现代化建设，加强教育法制都有重要的影响。1993年10月，第八届全国人民代表大会常务委员会第四次会议通过了《中华人民共和国教师法》。这部法律明确了教师在我国社会主义现代化建设中的重要地位，对教师的权利、义务、任用、考核、培训和待遇等方面作了全面的规定，是我国教师队伍建设走向规范化、法制化的根本保障。1995年3月，第八届全国人民代表大会第三次会议通过了《中华人民共和国教育法》，这标志着我国教育法制建设进入一个新的发展时期。它对于确保教育在国民经济和社会发展中的战略地位，落实国家优先发展教育的重大决策，促进教育的改革与发展，实现建立社会主义市场经济体制和社会主义现代化建设的宏伟目标，具有重大的现实意义和深远的历史意义。1995年5月，第八届全国人民代表大会常务委员会第十九次会议通过了《中华人民共和国职业教育法》，这部法律对发展职业教育，提高劳动者素质，促进社会主义现代化建设起着规范的作用。1998年8月29日，第九届全国人民代表大会常委员会第四次会议通过了《中华人民共和国高等教育法》，这部法律明确了高等教育的方针、任务及基本原则与制度，并对高等学校的设立、组织和活动、教师和学生、及高等教育的投入和条件保障作出了规定。

除此之外，80年代以来国务院还制定了十几部教育行政法规，如《残疾人教育条例》、《教学成果奖励条例》等，并对建国以来制定的数百件教育行政法规进行了整理和汇编工作。各地有权制定地方性法规的人民代表大会及其常务委员会，也根据自己所辖地区教育发展的需要和可能，颁布了一系列地方性法规，大大丰富了教育法的内容。

二、我国高等教育立法的进展及其面临的挑战

我国的高等教育立法工作是从"文革"后才逐步走上正轨的。1979年全国人大常委会通过了《中华人民共和国学位条例》，这可以说是建国以来第一部由最高权力机关制定的有关教育的法律。从1986年起，制定《高等教育法》的工作提到了议事日程。经过十几载的努力，1998年8月，第九届全国人民代表大会常务委员会第四次会议终于庄严通过了《中华人民共和国高等教育法》。这标志着我国高等教育立法已经取得重大进展。《高等教育法》的颁

布，使我国高等教育工作开始全面置于《高等教育法》的规范之下，为高等教育领域内的全面依法治教提供了基本的法律依据。《高等教育法》共八章六十九条，涉及面很宽，内容很丰富，在全面调整各类高等教育关系的同时，抓住了现阶段高等教育改革和发展中的突出问题，作出了有针对性的规定。在对关系到高等教育改革和发展全局的一系列重大问题作出原则性规定的同时，《高等教育法》还明确了法律责任，加强了法律的可操作性，保证法律的顺利实施。

此外，国务院也制定了一批涉及高等教育的行政法规，如《高等教育管理职责暂行规定》、《普通高等学校设置暂行条例》、《学校卫生工作条例》、《学校体育工作条例》、《教学成果奖励条例》、《高等教育自学考试条例》等。原国家教育委员会在其职权范围内也制定了《高等学校教师职务条例》、《普通高等学校招生暂行条例》、《高等学校培养研究生工作暂行条例》、《普通高等学校本科专业设置暂行规定》、《成人高等学校设置暂行规定》、《各类成人高等学校招生暂行规定》、《关于开展大学后继续教育的暂行规定》等一大批规章。地方人民代表大会和地方政府也制定了不少有关高等教育的地方性法规和规章。这些法律、法规的制定和施行，结束了我国教育工作无法可依的局面。

但是，我国的高等教育立法还面临着一系列挑战。如前所说，改革导致高等教育领域内的社会关系发生深刻的性质变化，相当一部分原先属于行政管理领域的行政法律关系，开始发生性质上的变化，成为在平等基础上的法人、公民之间的民事法律关系，同时，还产生了大量需要运用法律加以调整的新的关系。在这种情况下，旧的调整手段与变化了的新关系、新问题之间必然会产生冲突和矛盾。举例来说，由政府举办的高等学校中的教师问题，就是一个处在改革与变化中的复杂问题。在《教师法》通过以前，按照我国的人事管理制度，教师职业并不是一个专门的社会职业。它与其他许多职业一起并称为"国家工作人员"或"干部"。这是一个以国家编制为确认标准、依法从事国家公务的人员群体。我国旧刑法第八十三条对国家工作人员的定义是"一切国家机关、企业、事业单位和其他依照法律从事公务的人员"。根据这一规定，高等学校的教师显然也是包括在其中的。高等学校教师在一个过于笼统、缺乏科学分类、概念含义不清的庞大的国家工作人员队伍中处于较低的社会地位，其职业特点未得到充分肯定。80年代以来，随着国家人事制度的改革与发展，国家公务员制度开始确立，对国家机关中行使国家权力，执行国家公务的人员依法进行科学管理。新的国家公务员制度把原先的"国家工作人员"中的一部分，即"国家机关中行使国家权力，执行国家公务"的这一部分人员分离出来。在这种情况下，如何确定教师的身份和法律地位，如何设置教师的权利和义务，以及如何处理政府、高等学校与教师三者之间的关系就成了法律直接面对的一个问题。1993年通过的《教师法》第三条规定了教师的身份，即"教师是履行教育教学职责的专业人员"。这样一个规定把教师确定为一个专门性的社会职业，这在一定程度上体现了高等学校教师的职业特点，使教师管理从一般的人事制度中分离出来，有利于建立和完善科学的高等学校教师管理制度。但是，由于教师人事制度在我国正处于改革和调整之中，许多措施和做法往往带有过渡的性质。从改革与立法的角度看，还有不少应予进一步解决的问题。

例如，关于高等学校教师的法律地位问题，在国家公务员制度实施以前，教师与国家机关工作人员适用同一类人事管理制度，因此，高等学校教师的法律地位与公务员有很大的相似之处。《教师法》并没有明确规定教师的法律地位，只是在规定教师的工资待遇时，同国家公务员作了一个比照，规定"教师的平均工资应不低于或者高于国家公务员的平均工资水平，并逐步提高"。由于教师的法律地位未予明确界定，因此给法律的制定和实施带来了很大的困难，在调整教师与学校的关系时产生混乱，使法律的规定无法在实践中得到实施。

又如，关于高等学校教师的任用问题，在传统的人事管理体制下，学校与教师之间的关系实际上是国家与教师之间的关系，符合高等学校教师资格者由行政部门分配或调配到指定的高等学校任教并由其决定他的职务晋升，高等学校只是根据行政机关的授权对教师进行管理，由此决定了特定的，由教育行政机关、高等学校与教师三者之间所构成的行政法律关系。从当前高等学校教师人事管理制度改革来看，国家对教师的任用正从过去的直接管理向间接管理的方向发展，国家只对教师资格进行控制。作为一种过渡形式，《教师法》规定了教师的聘任制，其第十七条规定，学校和其他教育机构应当逐步实行教师聘任制。教师的聘任制应当遵循双方地位平等的原则，由学校与教师签订聘任合同，明确双方的权利、义务和责任。但这种做法仅具有过渡的性质，因为在这种聘任关系中，学校与教师所构成的乃是平等基础上的法人、公民之间的横向型法律关系。这与现行的具有纵向型行政法律关系特征的教师任用和管理制度显然是矛盾的。尽管法律规定了教师的聘任制度，但实际上学校本身并无权根据合同辞退一位教师，教师也没有自我选择单位的自由。所以这种聘任制并不是真正意义上的聘任制。

再如，关于高等学校教师合法权益的保护的法律程序规定看，现行法律中已作规定的有《教师法》中关于教师的申诉制度。该法第三十九条规定，教师对学校或其他教育机构做出的处理不服的，可以向教育行政部门提出申诉。教育行政部门应当在接到申诉的三十日内，作出处理。以上规定的出发点还是把教师纳入到传统的行政管理关系的框架中去考虑的。如果考虑到教师管理关系正在发生的变化，考虑到教师聘任制正在改变原来的教师与国家之间关系的性质，那么教师的权利保护仅仅靠现有的申诉制度就远远不够了，必须根据教师纠纷的性质变化，规定新的诸如仲裁、诉讼等调整手段，使教师的合法权益得到有效的法律保护。

第二章　教育法的原理

第一节　教育管理与教育法制

一、现代国家对教育的管理

对教育的社会管理是现代国家的一种基本功能和活动，是由行使国家权力的主体对社会公共事务所进行的一种组织和管理。国家对社会的管理功能体现了国家在社会生活中的作用及基本方向和目标，在不同的时代，不同的国家，这种功能的性质、大小和范围都是不同的。在现代社会以前的很长一段历史时期，教育主要是一种家庭的职能和权利，父母对其子女的教育，最初是通过家庭生活来进行的。在出现了专门的教育机关和专门的教师职业后，教育又部分地委托给了学校和教师来进行，但父母对其子女的教育仍负有全部责任。由此可见，教育在很长的历史时期内并没有成为国家管理的对象。在 19 世纪中叶以前，传统的国家行政主要是指警察行政、外交行政、财务税收行政、军事行政等方面，一般并不涉及教育。教育管理形成相对独立的社会控制系统并纳入到国家行政之中，这需要特定的条件。具体地说，从 19 世纪末开始，由于教育的迅速发展与普及，教育开始成为对社会发展具有举足轻重意义的社会性事业。许多国家在发展生产、管理经济和社会以及维护自己的政治统治的过程中，越来越深刻地认识到国家控制教育的重要性。因为没有一个国家能在纯粹自发的基础上普及教育，普及教育总是伴以各种社会化、国家化的形式开展起来的。这就要求把过去一直属于私人、地方或教会管辖范围的学校集中到国家手中,从而使国家直接干预和调控教育发展,有效地发挥国家管理教育事业的作用成为历史的必然。因此,随着19世纪以来教育的迅速普及与发展,欧美各资本主义国家纷纷对原有的国家行政体制作出相应的变革,把教育管理纳入到国家活动之中,用行政的手段发展公立学校体制,确立义务性的国民教育制度,这就是近代史上的教育国家化趋势。尤其是本世纪以来,随着教育规模的不断扩大,教育制度的日益完善以及教育财政开支的迅速增加,教育管理的组织作用和强制作用也越来越突出。各国政府普遍加强了对教育的责任,从物资、人力、内容等方面进行社会管理,全面组织和发展教育事业。这种国家的教育行政权,包括制定教育政策;对有关部门和各级各类学校进行检查和监督;对人才需求、学校发展、专业设置、招生分配、师资培训等进行预测和规划;组织教育体制的改革;对学校师资及管理人员的人事管理,等等,几乎涉及教育活动的各个环节,并且这种国家行政的职能正向着扩大化的趋势发展。

现代教育的这种社会化和国家化以及国家管理教育的产生是一种进步的趋势。100多年来的教育发展史证明,教育没有社会和国家的重视和扶植很难取得持续、长足的进步。当然,在现代社会,国家行政的性质和内容决定于国家的性质和制度,利益相矛盾的各阶级之间的斗争始终是围绕争取统治和管理社会的权力而展开的。因此,现代各国的教育管理,其性质和内容都是由该社会形态中占统治地位的生产关系和社会制度所决定的。但是许多国家在管理教育事业,促进教育普及方面是作了一番努力的,这反映了教育的社会化、国家化本身是现代社会、现代教育发展的必然趋势。尽管国家管理教育的一切形式都要适合统治阶级的需要,然而教育管理必然会要求自身具有形式的合理化和功能的普遍化,从而使教育有可能在新的范围内得到普及与发展。

总之,国家对于教育的行政管理权,其目的就在于全面组织和发展教育事业。世界上任何一个国家，无论其教育行政的体制形式如何不同，无论其实行集权制还是分权制，都必须在全国范围内从物资、人力、内容等方面对教育进行社会管理，以便提高教育效益，更有效地发展和普及教育。因此，随着社会生产力的不断提高和科学技术的迅速进步，随着教育事业规模的不断扩大和受教育程度的日益提高，国家教育行政的权力在不断扩大，管理内容也越来越复杂，这几乎已成为一种国际动向。即使是在教育方面实行自由政策的一些国家，也在加强国家的教育行政权力，逐步向中央宏观控制集权化和教育行政多层结构化的结合发展。

我国宪法规定，发展和管理教育是统一的国家权力的一部分。宪法第十九条规定，国家发展社会主义教育事业，提高全国人民的科学文化水平。国家举办各种学校，普及初等义务教育，发展中等教育、职业教育和高等教育，并且发展学前教育。国家发展各种教育设施，扫除文盲，对工人、农民、国家工作人员和其他劳动者进行政治、文化、科学、技术、业务的教育。但是统一的国家权力必须通过明确的责任制，通过不同国家机关的分工合作才能实现。我国的国家机关按其性质划分，主要有国家权力机关、国家行政机关、国家司法机关等。其中国家权力机关具有全权性质，对于教育管理具有最高的和最终的决定权。在教育方面，它的主要职权是：制定国家的教育政策和法规、任命和罢免国家教育行政机关的领导人、决定教育发展规划和教育经费的预算、监督法律、法令的遵守和执行等等。国家行政机关和司法机关是从属于国家权力机关的执行机关，执行国家权力机关所制定的路线、方针、政策，接受国家权力机关监督。国家行政机关在教育方面的主要职权是：实施国家有关教育的政策和法律；发布有关教育工作的行政法规、规章、命令和指示；制定教育事业的发展规划和计划；指导教育改革工作；统筹和监督国家机关各部门的教育工作。国家司法机关在教育方面的主要职权是：审判有关教育的民事案件和刑事案件，对应当承担民事责任的行为人依法追究其民事责任；对情节严重构成犯罪者，依法追究其刑事责任，以维护教育法制和教育秩序，保护学校的合法权益，保护学校师生的教育权利、人身权利和其他权利，保障国家的社会主义教育事业的顺利进行。此外，我国从1982年开始建立行政诉讼制度，人民法院受理法律规定可以起诉的行政案件，特别是1990年10月1日生效实施的《中华人民共和国行政诉讼法》使我国的行政诉讼制度更加全面和统一，这就使法院的受案范围除了民事案件和刑事案件之外，还包括了行政诉讼案件，从而扩大了司法机关对于教育的管理职能。

此外，为了保证国家有关教育的政策法规的实施，我国的国家教育权还包括对各级各类教育事业和教育行政机关及其工作人员、学校教育机构及教师的监督权。为了实施国家对于教育的这一监督权，我国形成了一个包括内部监督和外部监督、职能部门监督、执政党监督和人民群众监督相结合的监督体制。其中包括：权力机关对教育的法律监督和工作监督；行政机关对教育的行政监督；司法机关对于教育的司法监督；教育督导机关对于学校的工作监督，以及执政党和人民群众对于教育的社会监督。近年来国家对于教育的这种监督体制日益完善，其监督作用也普遍加强，这对我国教育事业的健康发展起到了重要的作用。

二、以法治教与教育法制

法律是社会生活的规范，它跟随着社会生活的需要而产生，又跟随着社会生活的变迁而变迁。社会意识和社会组织的不断变动，使得法律和制度也不断演进。因此，各个时代有各个时代的法律。在现代社会产生以前，法律并不是独立的社会要素，而是附属于行政的一种辅助手段。这种倾向反映在国家、政府对社会的控制上，就表现为重行政、轻法治。如我国历史上，在大一统的封建专制政权和严密的宗法制度下，法律在社会中所涉及的范围和所起的作用都是极其有限的。在这样一个封建专制的国家中，存在着一个超乎一切法律之上的至高无上的权力，这就是君权；封建君主一人拥有至高无上、主宰一切的权力，这就造成了封建社会的专制独裁。

在世界历史的发展中，法治是与工业化、现代化相互交织并相互促进的。随着封建社会内部的资本主义经济成分的产生和发展，封建制度逐渐成为生产力发展的障碍。资产阶级在取得统治地位以后，为了维持社会政治、经济和社会生活的稳定与发展，提出了法治原则，并把它提到了很高的地位。资产阶级的思想家认为，法治原则是全部国家制度和社会制度的基础。根据这一原则，国家机关的一切活动都应以法律为依据，不能超出法律所规限的范围。这一原则还要求法律面前人人平等，反对封建特权。由此可见，法治作为一种观念和实践，完全不同于封建社会单纯依靠君主专权来治理国家的人治。特别是本世纪以来，法律与社会的接触面迅速扩展，并且大规模地向社会结构的各个层次渗透，社会生活的各个领域都先后运用法律这一手段来调节各种社会关系。许多过去并不属于法律调整的社会关系，也逐步纳入了法律解决和处理的范围。一批批新兴的法律部门不断涌现，法律结构和法律技术也在不断更新。法治作为一种观念和实践反映在教育上，就是把教育纳入法律调节的领域，严格按法律规范运转。国家依法管理教育，公民依法享有受教育权利，学校依法从国家与社会取得经费，学校内部按各种严格的规章制度运行，各项工作都有明确的规范，组成多维的协调一致的法律调整系统。

法制，简言之就是国家的法律制度。在我国，狭义的法律是指宪法和全国人民代表大会及其常务委员会制定的法律。广义的法律则除此之外还包括国务院制定的行政法规，省、直辖市、自治区人民代表大会及其常委会、省、自治区人民政府所在地的人民代表大会及其常委会和法律规定的较大的市的人民代表大会及其常委会制定的地方性法规，民族自治地方制定的自治条例和单行条例等。至于法律制度，则是指法律的制定、适用、遵守、监督以及实施保障等一系列制度。

然而，现代法制不仅仅是静态意义上的一套法律和法律制度，就其更深层的涵义来说，现代法制是指按照民主原则把国家事务制度化法律化，并严格地依法办事的一种治国方式。它要求国家必须有法律，人人都应在法律之下，不允许任何人置身于法律之上而不遵守法律。为此，法律功能必须普遍化，必须具有自主性、权威性。因此，法律就是一个国家法律上层建筑的整个系统，是以现行法为核心的包括相应的法律意识和法律实践这样一些相互联系、相互作用、相互补充的系统。在这个系统中，核心因素是现行法系统，叫做法律系统，另外还包括一系列法律实践（法律的制定、适用、遵守、监督、保障及法律解释等法律实践活动）以及与现行法相适应的法律文化（法律观念、法律意识、法律价值取向）。在这个意义上，"法制"、"法治"、"法律化"是通用的，它不仅是法律发展的现代形态，同时也是衡量社会形态是否实现现代化的重要尺度。

教育进入法律调节领域，这是现代社会与现代教育的必然要求。在现代社会产生以前，由于经济生活落后，社会交往隔绝，不同等级之间界限森严，因此教育的功能以及由此而产生的受教育机会、教育制度、教育内容等都不能不受到极大的限制。受教育机会为少数人所有，主要为社会的政治需要服务。学校的规模狭小，主要是教师、学生、家长之间的私人活动，调整相互之间的关系并不需要法律这种手段，因此也就不存在现代意义上的教育法制。

教育法制是现代社会对教育的一种新型的调控组织形式，是伴随着教育的普及发展而形成和发展起来的一个法律调节领域。一百多年来，教育已逐步发展成为一项规模最大的社会性事业，对社会的发展起着举足轻重的作用。这就从客观上要求扩大国家直接干预和调整文化教育发展的职能，更有效地发挥国家管理教育事业的作用。然而，如果没有具有强制作用的法律的支持，教育的国家化几乎是不可能的。因此，凭借法律制度来实现国家的计划、指挥、协调和控制就是各国教育走上现代化的一个标志。

教育法制就是以一套完备的教育法律法规为核心的，包括相应的法律实践和法律文化在内的法律系统，这是一个以行政法为主体，民法相配合，辅之以必要的刑法手段，并以其他法律手段为适当保障手段的完整的教育法律调控机制。

健全的教育法制应当有如下几个基本特征：

(1) 有完善的法制保证贯彻国家对于教育的基本方针、原则，明确教育的地位和作用，规定教育的根本任务，使各级各类教育的培养目标、学制、各级各类学校的规格及基本的管理制度规范化，为教育行政管理提供明确的依据和目标。

(2) 有完善的法制保障公民的受教育权利和全面发展的权利，使之不受任何机关，组织和他人的侵犯。在公民受教育权利受到损害时，有相应的法律措施予以救济。

(3) 有完善的法制保障学校的教学环境和教学秩序，改善办学条件，保护学校、教师和学生的合法权益。

(4) 有完善的立法制度和包括法律、行政法规，地方性法规在内的比较完备的教育法规体系，保证教育工作的各个方面都有法可依，不同法律效力的法规协调发展，真正发挥其调节作用。

(5) 有明确的法律责任规定，做到执法必严、违法必究，有效地保护教育事业的健康发展，追究并处理违反教育法的行为。

(6) 有完善的法律监督制度，对教育法的实施情况进行有效的监督，同一切违法与犯罪行为作斗争。

(7) 有与现代法治社会相适应的法律文化，维护教育法所体现的价值原则，革除人治时弊，力促观念和思维方式的更新与转变，使现代社会的教育观念、法律观念融入人们的行为之中，形成实施教育法的良好文化氛围。

要达到以上目标，不仅需要制定一套完备的法律，而且要在法律的遵守、适用、监督、宣传以及相应法律文化的建设等方面花大力气为之奋斗。可以说这是一项巨大的社会性的法治工程。

建立完备的教育法制，实现以法治教，这是我国社会主义教育事业发展的客观要求，也是我们总结历史上的经验教训得出的深刻结论。我国从鸦片战争起，就不断遭受到帝国主义列强的侵略和掠夺，沦为半殖民地半封建的国家。无论是清政权还是北洋军阀或国民党反动派，都是实行专制、反对法制的。因此，可以说，现代意义的法制在中国从来没有得到过独立的发展。产生于这一环境中的中国现代教育制度及其立法，从一开始起就不能不打上半殖民地半封建的印记。清末和民国时期制定的各种教育法规。形式上以对西方国家教育法规的抄袭或模仿为外衣，实质上是封建性质的、是为他们的专制独裁服务的。

新中国的诞生结束了我国半殖民地半封建社会的历史，建立了社会主义制度，为我国社会主义教育的普及发展创造了很好的机会和条件。但是从建国一直到"文化大革命"结束为止，教育法制建设却经历了曲折而不平坦的道路。建国初期，我国社会主义的教育制度是以革命战争时期的根据地经验为基础，并且参照苏联的模式建立起来的。但是，在经历了建国初期短暂的几年过渡之后，并没有出现类似苏联 50 年代那样的自觉的教育立法活动。相反地，从 1957 年起，教育立法工作基本上处于停滞状态，就连解放初期制定的一批法规也逐渐丧失了权威性。尤其是"文化大革命"的十年，本来就已处于停顿的法制建设遭到了更大的破坏。学校的正常教学秩序被破坏。学生的学习权利和教师的教育权利遭到践踏，连起码的人身权利都得不到保障，政策、行政命令、领导人的言论在许多领域中取代了法律的职能。出现这种现象，既有深刻的社会经济根源和传统的法律文化的影响，也有我们对法律职能的认识上的片面性和实践上的失误。历史的经验告诉我们，教育的发展需要一个良好的环境，需要法律的保障，一个法制完备的教育体系才是富有效率的、充满活力的教育体系。因此，在发展我国的社会主义教育事业的同时，必须十分重视教育立法，建立和健全社会主义的教育法制。从 80 年代以来，我国的教育立法有了很大的进展，但是对比某些发达国家，我国的教育法制建设仍然相当落后。因此，建立健全教育法制仍是我国教育立法的首要任务。

第二节　教育法在法律体系中的地位

教育法是教育法制的主体部分，是教育法学研究的主要对象。如何认识教育法在法律体系中的地位问题，这是一个从逻辑的和实践的角度来理解教育法，认识其性质的问题，它对教育法的预测、规划、教育法的制定、实施以及法律规范的整理、汇编都有直接或间接的意义。

由于教育法体现了国家对教育的干预和管理，或者统称为国家调控教育的原则。而这种调控在我国，在大多数情况下都是通过行政行为实现的。因此教育法就其基本性质而言，可以界说为"调整教育行政关系的法规的总称"。这样来理解教育法，可以使我们的立法工作避免放任自流、动荡不定，避免不能容许的重复以至混乱，从而使法律体系保持统一性和相对稳定性。现代世界各国都制定了大量有关教育的法律，但大多数国家的法学家一般并不将教育法作为独立的部门法看待，这并不是偶然的。

一、教育法地位问题的回顾

法律体系是由不同法律部门的现行法律规范所组成的统一整体。一个国家的现行法律规范尽管在形式上多种多样，在具体内容上各不相同，在功能上也存在差异，但它们并不是杂乱无章的。若干相关的法律规范构成了法律制度；相关的法律制度又构成一个法律部门。所有这些法律制度与法律制度之间、法律部门与法律部门之间，既存在着差别，又互相联系和制约，共同构成了一个内在协调一致的有机整体。

法律体系是指一国的现行法律整体内部划分而言的，影响各国法律部门划分的因素是多方面的，经济因素、法律传统的不同决定了各国法律部门分类上的不同特点。例如，罗马法以来的公私法分类学说对西方资产阶级的法律，尤其是大陆法系具有深刻的影响，二者的区分和对立构成了资产阶级国家现代法律制度的两个基本组成部分，部分法则是根据这一标准划分的。按照划分公法和私法的标准，教育法一般被视为公法，是行政法的一个分支。但也有不同看法，《大不列颠百科全书》就说："大量有关公共卫生、教育、住房和其它公共事业的实体法，从逻辑上看，可以被认为是行政法整体的一部分；但从实践的观点来看，由于它的内容庞杂，很难纳于单一的体系"。

公私法分类学说把国家和个人明确区分，把公法视为共同的国家利益的体现，把私法视为私人利益的体现。列宁在创建新的苏维埃法律体系时曾指出："我们不承认'私法'，在我们看来，经济领域中的一切都属于公法范围，而不属于私法范围。"[1] 苏联法律体系的部门划分标准主要依据是法律调整的对象，以及法律调整的方法。现行法律体系由国家法（宪法）、行政法、民法、经济法、劳动法与社会保障法、环境法、刑法、诉讼程序法、军事法9个部门组成。教育法属于行政法的一个组成部分。

我国在长期的封建社会中，并没有正式的部门法分类。直至清末沈家本修订法律，才结束了"诸法合体"的状况。解放前的

---

① 列宁：《列宁全集》，中文 2 版，第 36 卷，587 页，北京，人民出版社，1990。

法律分类一直采用大陆法系的分类模式,《六法全书》(指宪法、民法、商法、刑法、民事诉讼法、刑事诉讼法)的分类根据就是大陆法学家的部门法分类方法。解放后,我国社会主义的法律体系随着社会主义建设的发展,逐步地形成和发展起来,并且日趋完善。我国现行法的部门大致有:宪法、行政法、刑法、民法、经济法、劳动法、婚姻法、刑事诉讼法、民事诉讼法、组织法等。按这一划分方法,教育应归入行政法之中。

各国的法律分类虽然各不相同,但教育法属于行政法曾经是普遍被人们所接受的主张,在50年代以前并无不同意见。50年代以来,由于科学技术的长足进步以及生产力水平的迅速提高,世界上大多数国家的社会关系都出现了剧烈的动荡和分化,它同样反映到教育领域中来。教育事业的急剧膨胀,使原本相对来说显得较为次要的国家与教育的关系变得非常重要;教育内部结构日益复杂,使原来的调整手段相形见绌;教育与社会相互作用的增强以及教育对社会的全面渗透,不仅使原来已经存在的教育外部关系日益引起社会的关注,而且造成了一系列全新的社会关系。教育发展不断地提出新的法律要求,法律大规模地向教育的各个层次渗透,一些原来不属于法律调节的社会关系,开始用法律调节手段。众多的调节教育领域社会关系的法律范围逐渐构成了若干具体的法律制度,如学校制度、义务教育制度、职业培训制度、招生、考试制度、学位制度、教师聘任、职称评定制度、课程指导制度、教科书制度、奖学金制度和补助金制度等等。这些法规制度彼此间互相联系、互相协调、互相制约,构成一类以共同的社会关系为其调整对象的法规有机体。教育的这一引人注目的变化在许多国家法律界产生了对于教育法地位的不同意见。例如,日本法学界在60年代教育法学产生和发展的过程中,就出现了两种对立的主张,即"教育行政法规说"和"教育制度独自法说"之争。①

　　"教育行政法规说"是传统的主张，它导源于"国家教育权"论，代表者是圣心女子大学校长相良唯一，他认为教育是国家和地方公共团体的事业，是国家行政的一部分，因此"教育法规也就是有关教育行政的法规"。②"教育制度独自法说"则强调教育具有行政法的调节手段所不能制约的独特性。这一主张的代表者是东京都大学教授兼子仁，他认为教育与教育行政不能完全等同，教育制度特有的法理构成了教育法特有的体系和领域。因此教育法规是固有法规，在现行法制中教育与教育行政应具有法的公离性。③由于对教育法地位的认识不同，因此对教育法的体系和分类也就表现出很大的差异性。"教育行政法规说"主张教育法的体系与分类应以国家教育法规和地方公共团体（即地方政府）教育法规两大基本部分。与此相反，"教育制度独自法说"主张教育法规的体系与分类应以教育活动与教育制度的内在逻辑为基本依据，分为教育基本法规、有关学校教育和社会教育制度的法规、有关教育职员的法规、有关教育行政与财政的法规等等。从当前出版的各种教育法学著作看，日本教育法学界普遍倾向"教育制度独自法说"。

　　我国在解放后的很长一段时期内，由于法制不完备，在法制工作实践中并没有明确的部门法分类。各种法学著作一般都套用苏联50年代的部门法分类，教育法被归入行政法之中。1978年党的十一届三中全会后，随着社会主义法制的健全，部门法体系问题逐步受到法学界的重视。对于教育法的归属，目前主要有三种不同的主张。相当一部分学者仍持传统的观点，认为教育法就其

① 〔日〕永井宪一，今桥盛胜：《教育法入门》，8～15页，日本评论社，1985。
② 〔日〕相良唯一等：《教育法的基础知识》，11～12页，明治图书，1960。
③ 〔日〕兼子仁：《教育法》，有装阁，1963。

性质和内容而言，应归属行政法，是部门法的一个分支。这种主张可见于当前出版的一些法学著作中。另一种主张认为，教育法不应归入行政法，应另行考虑。中国社科院政治学所所长吴士英等学者建议我国社会主义部门法由以下十个部门法组成：①宪法；②行政法；③民法；④经济法；⑤劳动法和社会福利法；⑥自然资源法和环境保护法；⑦文教科技法（又可称智力开发法）；⑧刑法；⑨司法程序法；⑩军事法。① 他们认为文教科技法"主要涉及文化、教育、科学技术方面的法律，其目的都在于智力开发，因而又可称为智力开发法。在我国，迄今为止，这方面的法律为数有限且极为分散。从尊重知识、尊重人才、重视文教科技等各种因素来考虑，亟应加强这方面的法律。这一部门法中主要包括以下并行的、第二层次的部门法：教育法、科学法、版权法、专利法、发明奖励法、新闻法、出版法、文艺法、广播电视法、文物保护法等。"这种主张把文教科技等领域划分为一个独立的部门法，教育法在这个部门法中的地位仍属于部门法的一个亚支。何瑞琨同志则进一步主张，我国教育法应是一个独立的法律部门；他认为"教育法以特有的教育关系作为调整对象，有特有的法律关系和法律基本原则，并有相应的处理方式，因而它成了现代国家法律体系中不可缺少的一个独立的法律部门，教育法在法律体系中独立地位的确立，对法律体系的完善和发展，对教育法制的建设，都有很重要的意义"。②

二、教育法在我国法律体系中的地位

从以上对法律体系的划分的历史回顾可以看出，一国的法律体系是以本国的全部现行法为基础的，而任何一个国家的法律总

① 吴士英，沈宗灵主编：《中国社会主义法律基本理论》，北京，法律出版社，1987。

② 何瑞琨编著：《中外教育法知识》，8页，沈阳，辽宁大学出版社，1987。

是随着社会关系的变化而变化的，因此部门法的划分不是一成不变的。但是任何一种划分方法都必须以一定的标准和原则作为基本依据，否则这种划分就无法进行。那么，我国部门法划分的标准是什么？依据这些标准，教育法到底应否成为一个独立的部门法呢？

　　根据法学理论的基本原理，划分部门法的标准主要是法律所调整的社会关系，即调整对象，其次是法律调整的方法。事实上，除了以上两个因素外，该类法规的数量、即将制定的法规的性质与数量、法律体系本身发展的需要等等，也是划分部门法应予考虑的因素。根据以上标准来衡量，我国教育法所涉及的法律关系，随着我国教育事业的发展，其内容和范围日益广泛，从法律实践的观点看，尽管已很难纳于任一法律部门。但就其基本的和主要的方面看，教育法体现了国家对教育的干预和管理，或者统称为国家调控。在我国，大多数情况下都是通过行政行为实现的。因此教育法就其基本性质而言，可以界说为"调整教育行政关系的法规的总称"。这样来理解教育法，可以使我们的立法工作避免放任自流、动荡不定，避免不能容许的重复以至混乱，从而使法律体系保持统一性和相对稳定性。现代世界各国都制定了大量有关教育的法律，但大多数国家的法学家一般并不将教育法作为独立的部门法看待，这并不是偶然的。

　　但是，从另一方面看，教育法主要涉及发展教育方面的法律，其目的都在于管理、保护和促进智力开发，这就要求从尊重知识、尊重人才出发制定这方面的法律，从而使教育行政关系不同于一般行政关系。因此它与行政法的关系，就不是简单的母法与子法、总则与分则的关系，而应当是居于宪法之下的，以一个总法、若干个部门法律、数十个行政法规以及因需要而定的一批政府规章和地方性法规构成的相对独立的一套法规。此外，随着教育的发展，教育领域内的各种社会关系日益错综复杂地结合起来，教育法所调整的对象与范围不可避免地会同其他法律部门发生交错。如果我们囿于以上定义，对教育法的理解仅止于调节教育行政关系，其结果必然是教育领域中的很多方面变得无法可依。因此，教育实践对教育法划界提出的要求是必须善于区别必要的交错和不能容许的重复和混乱。

在实践中，人们经常把教育法看作是综合性的法律部门。例如美、德等国的教育法学著作一般都不把教育法归于单一的法律部门，而把它看成是有关教育的各种法规的总和。在我国，也有人根据上述理解，把教育法界说为"国家机关依照法律程序制定的有关教育的法律。"① 这样一个泛指的或广义的教育法定义，它从一个侧面反映了从事实践的人们对教育领域的法制建设的基本理解。在这里，教育法的意思基本等同于教育立法。一般地说，这种理解也是容许的，人们通常也是根据这一定义来汇编教育法规，来编写教材和开课的。但是，这一泛指的或广义的教育法定义并不是严格意义上的教育法定义，它并不是调整教育领域全部社会关系的法律。事实上，其他很多部门法都在不同程度地对教育领域内的社会关系进行调节。因此，从逻辑上说，上述定义与被定义者的外延是不相等的。不认真研究这一问题，必将导致对教育法地位理解的歧义性，无助于我们理解和掌握我国的现行教育法规，也无助于我国教育法规体系的规划和制定。

三、从教育法的调整对象看教育法的特殊性

由于划分部门法的标准主要是依法律所调整的对象以及法律调整的方法。因此，为了进一步认识教育法的性质及其在我国法律体系中的地位，有必要对教育法的调整对象及其方法作些分析。

1. 教育法的调整对象

法律是以人们之间的各种各样关系作为自己的调整对象的，

① 《中国大百科全书》教育卷，第169页。

同一社会性质的社会关系，由于涉及到不同社会领域而分为不同种类。因此，社会关系的不同领域便构成了划分部门法的首要的和最重要的标准。凡是调整同一种类社会关系的法律规范，便划归为同一法律部门，如调整行政关系的法律规范构成了行政法部门，调整民事关系的法律规范构成了民法部门，调整劳动关系的法律规范构成了劳动法部门，调整婚姻家庭关系的法律规范构成了婚姻法部门，如此等等。由此可见，衡量一个法律部门能否独立，关键是看其所调整的社会关系在整个社会关系体系中的地位如何。具体而言，在判别教育法是否有条件独立时，我们必须考虑的是，教育领域的社会关系有否独立的内涵；这种社会关系的稳定性如何；它的存在对社会发展的影响如何；此类关系对新的法律手段的依赖性如何等等。

教育法调节的社会关系，主要涉及下述几个方面：学校与行政机关的关系、学校与教职员工的关系、学校与学生的关系、学校与社会的关系等等。这些关系尽管错综复杂，但依据其特征的不同可以分为两类，即具有纵向隶属性特征的教育行政关系和具有横向平等性特征的教育民事关系。这种归类方法可见于日本的教育法学著作中，他们一般将教育法所确认和调整的社会关系分为第一法律关系和第二法律关系。第一法律关系是指国家、自治体（即地方政府当局）、教育行政机关、学校、教员、社会教育机关教职员以及教育有关的机关之间职能、权限与责任、义务所构成的法律关系，这类关系一般都属于行政法律关系；第二法律关系包括国家、自治体、教育行政机关、教育机关与青少年、学生、父母、国民、研究者、出版社之间矛盾纷争所构成的法律关系，这类关系中的相当一部分属于民事法律关系。① 可见行政关系和民事关系是教育领域中普遍存在的两类社会关系。

---

① 〔日〕今桥盛胜：《教育法与法社会学》，25～28页，三省堂，1983。

教育行政关系是国家行政机关在实施其教育行政过程中发生的关系。这一关系反映的是国家与教育的纵向关系，其实质是国家如何领导、组织和管理教育活动。国家的教育行政职能是由国家行政机关具体实施的，因此在这里，国家行政机关的存在及其教育行政职能的行使是这一关系发生的先决条件。没有国家行政参与其间并起主导作用，不具备行政性质和因素的教育社会关系不是教育行政关系。但是也有例外，学校虽然不是行政机关，但在内部也存在一定的行政关系，因此也要受行政法律规范的确认的调节。

教育行政关系和一般的行政关系相比，虽有共同的特征，但又有很大的差异性。这是因为学校活动是在民主化、科学化的要求下进行的，参与这一活动的主体教师、科研人员以及学生都是脑力劳动者，从事着精神领域中的创造性活动。它要求有一个心情舒畅、宽松和谐的环境，要求尊重知识、尊重创见和实践、尊重人的智慧和才干。这一特点在高等学校中尤其突出。因此，教育行政关系与一般行政管理之间的领导与服从、命令与执行的隶属关系不同，它必须同时体现教学民主和学术民主。实现这种关系主要通过国家宏观指导的管理运作机制来达到，国家通过制定大政方针、培养目标、规划教育事业的发展规模、拨发教育经费以及对学校要作的评估、督导等措施来调控指导学校工作。学校则成为具有自主办学地位的独立实体，具有人事、财政乃至专业设置、教材选用等实权。同时学校必须依靠广大师生和社会各个方面，实行民主办学。教育行政关系的上述特征，是教育活动客观规律的体现，它要求法律在调整这方面的关系时，不能将它与一般的行政关系同等对待。

与教育行政关系不同，教育民事关系则是在不具有行政隶属关系的学校与行政机关、企事业组织、集体经济组织、社会团体、个人之间，在教育活动过程中发生的社会关系，这类关系涉及面颇广。但也有一些具有明显教育特征的民事关系，往往并不属于民法的调整范围。在我国，这类关系伴随着近年来教育体制改革的发展而日益突出。例如由于扩大了学校的办学自主权，学校有权与外单位合作，建立教学、科研、生产联合体。在办学体制上，除了国家办学外，鼓励集体、个人和其他社会力量办学。在新的体制下出现的关系和矛盾中，各主体之间一般并不具有行政隶属关系，因而构成了一类特殊的具有民事性质的社会关系。为了维护学校的合法权益，巩固和发展社会主义教育。仅有民法是不够的。必须有教育法和民法来共同完成这一任务。此外，近年来时有发生的各种学校纠纷，其中相当一部分属于民事纠纷，大多是由民事法律规范不健全以及人们法制观念淡薄而发生。其结果是学校财产遭受损害，学校环境受到干扰，教学活动受到影响。为此，有必要制定学校保护法规，通过制定行为规范，解决学校与其他单位、个人之间的纠纷，制裁侵害学校权益的违法行为。

2. 教育法的调整方法

法律的调整方法，一般解释为国家在调整社会关系时所采用的各种法律手段和方式。它包括：确定法律所调整的社会关系的不同主体；确定这种主体之间权利和义务关系的不同形式；确定法律制裁的方法。

法律所调整的社会关系主体也就是法律关系主体，或称法律关系的当事人，他是指参与某一法律关系，并且在这一关系中享有权利和承担义务的人或组织。与其他法律关系一样，教育法律关系也必须有双方当事人才成立。由于教育法调节的社会关系有两种不同的情况，因此这一关系主体的确定也就有两种不同的情况。教育行政机关的主体通常包括国家行政机关、学校、教职员工、学生。在这里，国家行政机关是必不可少的主体一方，因为教育行政关系是在国家的教育行政管理活动中产生的，主体的一方必定是行政机关。但在某些情况下，学校可以作为法律授权单位行使行政职能,如我国《学位条例》规定学士、硕士、博士学位由国务院授权的高等院校和科学研究机构授予,学校的这一学位授予职能是一种行政职能,是由国家行政机关授权才发生的。教育民事关系的主体通常包括国家行政机关、学校、企事业单位、集体经济组织、社会团体和公民,这一关系的主体都是公民和法人,主体一方只要不违法,就可以自由选择相互对方。国家行政机关在这里也是具有人格意义的民事主体,例如政府部门与学校采取委托培养人才的方式来完成某项人才培养计划所构成的合同关系,就属于这种情况。

教育法对于主体间的权利义务关系的确定,也因调节对象的不同而表现为不同的形式。在教育行政关系中,为了有效地行使行政职能,实现行政目的,因此行政机关作为主体一方处于领导的地位,另一方则处于服从的地位。双方主体所处地位的不对等性决定了主体的权利义务设定上的行政法特征。而在教育民事关系中,主体双方的地位则是平等的,其目的在于保护公民和法人的合法权益,维护教育活动的正常秩序,发展我国社会主义的教育事业。因此,这一关系中的主体的权利与义务设定,就具有民法特征。但是,教育法中的受教育权利与义务是一类较为特殊的权利义务,很难归入上述两类权利义务关系中,因而构成一个需要专门加以研究的问题。

教育法对违反教育法的行为所给予的法律制裁,也有其自身的特点。因为教育法虽然仍保留了国家强制力的形式,但这种形式的适用范围和强度,与其他法规相比已大有不同。教育法在其实施上不仅要通过国家强制力与社会强制性相结合的形式来保证其实施,因而表现为一种比较容易、比较简单和比较自然的事情。当然,并不是说教育法不须运用法律制裁的手段,对于违反教育法的行为,必须依照有关的教育法律、法规的规定,追究行为人的法律责任,给予法律制裁。例如,玩忽职守,造成教育事业重大损失的行为；不按规定核拨教育经费或者挪用教育经费的行为；未经批准擅自设立、变更、撤销学校或者招生的行为；在国家考试或者招生中营私舞弊的行为；滥发或者伪造学历证书、学位证书及其他证书的行为；用危险房舍设施进行教学及其他活动，造成人身伤亡的行为；侵害学校、教师、学生合法权益的行为；对受教育者滥收费用的行为；妨碍适龄儿童、少年接受义务教育的行为，等等。从以上的违法行为来看，违反教育法的法律责任既有行政责任，也有民事责任，其中情节严重，构成犯罪的，还依法追究行为人的刑事责任。我国的《义务教育法》在其实施细则中规定了对违反义务教育法的行为人的处理方式，即批评教育、行政处分、行政处罚、经济处罚，这些都属于行政制裁的范围。然而并不是只有行政制裁才适用于违反教育法的行为，依照其他法律的规定应当承担民事责任或刑事责任的，应当追究行为人的民事责任或刑事责任，直至给予民事或刑事制裁。由此可见，从理论上说教育法的制裁方法尽管属于行政制裁的范围，但从法律实践看则还应包括民事制裁和刑事制裁在内。

综上所述，我国教育法所调整的社会关系，从当前看仍以教育行政关系为主，教育法的调整方法也属于行政法的范围。因此教育法理应归属行政法。但从发展的眼光看，随着教育领域各个层次的渗透，教育法调整对象的广泛性、复杂性正日益显现，因而在实践中必将越来越难以完全归入行政法部门体系之中。随着教育立法的发展，教育法从行政法中独立出来的可能性也是存在的。

第三节　教育法的法源

法律渊源简称法源，出自罗马法的 fontes juris，指法律的源泉。人们往往从不同的意义来理解法律渊源这一概念，因此含义有所不同。如有的理解为产生法律内容的原因或依据；有的理解为法律的资料来源，有的理解为解决法律的原动力；有的理解为制定法律的机关；有的理解为法律演进的源流等等。但在法学著作中，人们一般都是从形式意义来使用法律渊源这一概念的，它指的是根据法律效力的来源不同而形成的法律类别。

法律渊源是法律规范区别于其他社会规范如道德规范、社团组织规范的一个重要标志，只有体现国家意志并具有代表这种意志的某种特定形式的社会规范，才是由国家强制力保证的，具有普遍约束力的法律规范。任何一个国家的法律都有自己特定的表现形式，国家政治法律制度不同，文化传统不同，则这种法律的表现形式也呈现出极大的差异性。

教育法是由众多的教育法律规范组成的，通常有两种情况：一种是有关某一方面教育活动的规范形式为单一法规，例如《中华人民共和国教育法》、《中华人民共和国教师法》等；另一种是有关教育活动的规范性条款包括在其他法律规范之中，例如教育法中有关行政管理和行政处罚的部分就属于这种情况。

根据宪法规定的原则，我国教育法法源大致包括以下几种：

宪法 宪法是国家的总章程，是我国一切立法的依据。《宪法》由全国人民代表大会（即国家最高权力机关）制定，具有最高的法律地位和法律效力，是最高层次的法律渊源。其他形式的法律、法规都必须依据宪法制定，并为贯彻宪法服务，不得与宪法相违背，否则归于无效。

宪法作为教育法的法源，可以从两个方面去理解：一是规定了教育法的基本指导思想和立法依据；二是直接规定了教育教学活动的基本法律规范。

（1）宪法规定了教育法的基本指导思想和立法依据

①规定了社会主义现代化建设必须坚持四项基本原则（序言）；

②规定了国家机构实行民主集中制原则（第三条）；

③规定了社会主义法制原则（第二、五条）；

④规定了有关国家根本制度和任务的许多原则（第一、二、二十七条等）；

⑤规定了各民族一律平等、保障各少数民族的合法权利和利益、帮助各少数民族地区加速经济和文化的发展，各民族都有使用和发展自己的语言和文字的自由，都有保持或者改革自己的风俗习惯的自由等项原则（第四条）。

（2）规定了教育教学活动的基本法律规范

①规定了教育的国家管理原则（第十九条）；

②规定了公民的受教育权利（第四十六条）；

③规定了从事教育工作的公民，有进行创造性工作的自由（第四十七条）；

④规定了父母的教育义务（第四十九条）；

⑤规定了教育管理的权限。在第八十九条、一百零七条和一百一十九条，规定了国务院、县级以上地方各级人民政府和民族自治地方的自治机关领导和管理教育工作的权限。

以上可见，我国宪法是教育法的基本法源。

法律　《宪法》规定，全国人民代表大会和全国人民代表大会常务委员会均有权制定法律。这里所说的法律，不是指广义的法律（即各种法律规范的总和），而是指由国家最高权力机关及其常设机构所制定的规范性文件，即狭义的法律。

在我国，这种法律形式是整个社会主义法律的重要的法律渊源之一，其法律地位和法律效力仅次于宪法，依据法律制定机关和调整对象的不同，法律又可分为基本法律和基本法律以外的法律两种。

基本法律是全国人民代表大会制定和发布的，通常规定和调整某一方面带根本性、普遍性的法律。《宪法》第六十二条规定：

全国人民代表大会有权"制定和修改刑事、民事、国家机构和其它的基本法律。"《刑法》、《民法》、《婚姻法》以及《全国人民代表大会与组织法》、《国务院组织法》等法律都是基本法律。我国的《中华人民共和国教育法》是由第八届全国人民代表大会第三次会议通过的，也属于基本法律。

基本法律以外的法律是由全国人民代表大会常务委员会制定和发布的，通常规定和调整的对象较窄、内容较具体的一类法律。《宪法》第二十七条规定：全国人民代表大会常务委员会有权"制定和修改应当由全国人民代表大会制定的法律以外的其它的法律。"例如《环境保护法（试行）》、《文物保护法》等等都属于这类法律。《教师法》、《职业教育法》、《学位条例》等都是由人大常务委员会通过的，也属于基本法律以外的法律。《义务教育法》虽然是由六届人大第四次会议通过，但就其调整的对象和所规定的内容看，显然属于基本法律以外的法律。与基本法律相比，这类法律的调整对象、一般面较窄，内容也较基本法律具体。

基本法律和基本法律以外的法律，都具有同等的效力，都渊源于宪法，其效力低于宪法，而高于国家最高权力机关及常设机关以外的其他国家机关制定的规范性文件。

法律所规定的通常是社会关系中某些基本的和主要的方面。教育关系，属于社会关系中的一个基本的和主要的方向。凡属调整教育关系的基本法律规定，针对全国性教育方针、基本原则、基本制度的法律确认，对全国范围性质的教育行政机构和学校之间的法律关系的确认，对教育法律关系主体基本权利和义务的设定以及对教育行政管理进行调节、监督的基本规定等，一般皆须由国家最高权力机关制定相应的法律。我国的教育立法由于历史的原因，至今仍有一定的缺口，还落后于实际的需要。按照教育法系统化的要求，我国教育领域中尚须制定的法律还有：高等教育法、成人教育法、教育经费法等等。只有制定了完整的教育法律，才能实现以法治教，保证各级各类教育事业健康协调地发展。

行政法规 行政法规规章泛指国家行政机关制定和发布的规范性文件。这是国家行政机关依据国家宪法和法律的规定而行使其职权的一种表现，也是使其行政权得以通行的必要措施。《宪法》第八十九条规定了国务院有权"根据宪法和法律，规定行政措施、制定行政法规，颁布决定和命令。"根据这一规定，国务院根据需要并在自己的职权范围内有权制定和发布各种行政法规和其他规范性文件。这些规范性文件都是依照法定程序，直接、间接依据宪法和法律而制定的，都是不同范围内和不同程度上具有法律约束力。它们内容广泛、数量众多，在实际工作中起主要作用，是教育法数量最多的一类法源。

这类规范性文件一般用条例、办法、规定、章程、指示、决定、通知等名称。它是国家最高行政机关行使行政权的一种表现。它的实施依靠国家的行政权力和行政措施，违反者负有行政的或经济的责任，如涉及刑事责任，由司法部门依法追究。

根据《宪法》，国务院还有权发布命令和决定，其中属于规范性的命令和决定，也是法源之一。

国务院作为我国最高权力机关的执行机关，它在教育方面所制定、发布的法规、决定和命令等规范性文件，对全国范围内执行宪法和法律中有关教育方面的规定具有重要意义。从建国到1984年，国务院先后制定了130多件有关教育的法规。如《政务院关于改革学制的决定》（1951年）、《国务院关于推广普通话的指示》（1956年）、《中共中央、国务院关于教育工作的指示》（1958年）、《中共中央关于普及小学教育若干问题的决定》（1980年）等等。其内容不仅涉及到我国教育的管理、经费、教育人事制度，而且还包括各级各类学校的教育方针、内容等问题。随着我国教育事业的发展变化，特别是教育体制改革以来，这些法规在适用情况有了很大变化。近年来国务院法制局对1984年以前发布的行政法规进行了一次全面的清理。其结果是，在 100 多件法规中，继续有效的约占三分之一，其余 90 余件法规已不适用。例如，《国务院批转教育部关于推广辽宁朝阳农学院经验和有关政策问题的请示报告的通知》、《国务院批转教育部关于办好"七二一"大学几点意见的通知》等，无论在基本原则上还是在具体内容上，都与当前的教育体制改革相抵触，必须予以废止。经清理后认为继续有效的教育法规，已被国务院有关部门收入《中华人民共和国现行法规汇编·教科文卫卷》，公开出版。

随着教育体制改革的发展，近年来国务院又相继制定了十几部教育行政法规，如《残疾人教育条例》、《教学成果奖励条例》、《教师资格条例》等。此外，还有一批法规列入了立法规划，如《学校国防教育条例》、《少数民族教育条例》、《学制条例》、《社会力量办学条例》、《教育督导条例》、《学校保护条例》、《教职工代表大会条例》、《校办产业管理条例》、《师范教育条例》、《继续教育条例》、《教师职务条例》等。

地方性法规 《宪法》第一百条规定："省、直辖市的人民代表大会和它们的常务委员会，在不同宪法、法律、行政法规相抵触的前提下，可以制定地方性法规，报全国人民代表大会常务委员会备案。"根据这一规定，地方性法规是指省、自治区、直辖市的人民代表大会，省、自治区的人民政府所在地的市和国务院批准的较大的市的人民代表大会所制定的规范性文件的法律形式。根据宪法规定，地方性法规的立法目的在于根据本行政区域的具体情况和实际需要，实施宪法，法律和行政法规，其前提是不得同宪法、法律和行政法规相抵触。地方性法规在制定、发布时须报全国人民代表大会常务委员会备案。地方性法规的名称，通常有条例、办法、规定、规则、实施细则等。地方性法规只在本行政区域内有效。例如，1984 年 6 月，江苏省六届人大二次会议通过的《江苏省普及初等义务教育暂行条例》，同年 9 月福建省六届人大常务委员会通过的《福建省普及初等义务教育暂行条例》，1985 年 7 月上海市八届人大四次会议审议通过了《上海市普及义务教育条例》等，都属于这类法规。

自治条例和单行条例 自治条例和单行条例属于自治法规。在我国，自治法规由民族自治地方的人民代表大会及其常委会制定和发布。《宪法》第一百一十六条规定："民族自治地方的人民代表大会，有权依照当地民族的政治、经济和文化的特点，制定自治条例和单行条例。自治区的自治条例和单行条例，报全国人民代表大会常务委员会批准后生效。"在这些自治条例和单行条例有关教育的内容，也是教育法的法源。

政府规章 《宪法》第九十一条规定：国务院"各部、各委员会根据法律和国务院的行政法规、决定、命令，在本部门的权限内，发布命令、指示和规章"。《地方各级人民代表大会和各级人民政府组织法》第三十五条第（一）款规定："省、自治区、直辖市以及省、自治区的人民政府所在地和经国务院批准的较大的市的人民政府，还可以根据法律和国务院的行政法规，制定规章。"根据以上两条规定，国务院所属各部、各委员会有权发布规章命令和指示，其中，凡内容属于规范性的，都是教育法法源的组成部分，这类规章的法律效力，低于国务院的法规、决定和命令，其内容不得与宪法、法律及法规相抵触，这类法规主要是就国家有关教育的法律、行政法规的实施问题制定相应的实施办法、条例和细则等规范性文件，以保证有关法律、法规的实施。省、自治区、直辖市以及省、自治区的人民政府所在地和经国务院批准的较大的市的人民政府所制定的规范性文件的法律形式，也都是教育法规的法律形式之一。

建国以来，我国教育的最高行政机关（原教育部、高教部）先后发布了一系列部门性质的法规性文件。如《幼儿园暂行规程（草案）》（1952 年）、《小学暂行规程（草案）》（1952 年）、《中学暂行规程（草案）》（1952年）等等。此外，教育主管部门还会同有关的部、委等联合发布了许多有关教育的规范性文件。如《中、小学体育工作暂行规定（试行草案）》（教育部、国家体委，1979年）、《托儿所、幼儿园卫生保健制度（草案）》（卫生部、教育部，1980年）等。据不完全统计，建国以来以《规程》、《条例》、《办法》、《规定》、《制度》等法规性名称发布的教育文件，不下百种。这些法规性文件，涉及到教育方针培养目标、学校教育制度、各级各类学校办学规章，以及教育行政、人事、经费、基建、物资管理等领域。它是我国各种教育事业开展工作的基本依据。这类文件，不仅数量多，内容广，而且其适用情况非常复杂。由于实际情况发生了变化，有些规范性文件已经失效，有些则是部分失效部分有效，还有一些继续有效。对此有关部门已经对建国以来发布的部门性质的法规性文件进行了一次全面的清理。

我国地方政府制定规章的工作也有了较大的进展，各地有制定规章权的人民政府，陆续制定了一批有关基础教育、职业技术教育、成人教育、高等教育等各个领域的地方政府规章。这些教育规章是整个教育法规体系的重要组成部分，是国家法律、行政法规的具体化和重要补充。地方政府规章的完备和健全，有助于国家教育法律、行政法规的实行，也为国家的教育立法工作打下了良好的基础。但是，目前这类规范性文件无论是数量还是质量都还存在不少问题。许多属于地方性法规规范范围的关系和问题却由地方政府制定规章来加以规定和调整，而一些需要地方政府制定规章的关系和问题又无适用的规范。同时，科学性、规范性也是一个较突出的问题。这些都应在加强规章制定工作的过程中予以解决。

以上我们讨论了我国教育法的法源，它是由宪法、法律、行政法规、地方性法规、自治性法规以及政府规章组成。这些由不同国家机关制定，具有不同法律地位和效力的法律渊源，构成了我国多种类、多层次的教育法体系，我们正确认识它们之间的相互关系，对于了解教育法的特点，对于教育法的制定和实施都是十分必要的。

　　长期以来，由于我们对法律渊源的问题重视不够，研究不够，因此法律渊源体系中存在着不协调、不规范的问题。例如，根据宪法，地方性法规只能由省、直辖市级的国家权力机关及其常设机关制定，但在现实生活中，有些地方行政机关也往往制定和颁布属地方法规性质的文件。有些属于一般社会规范性质的乡规民约、居民守则等，本应由乡村或城镇的群众自己去拟定，而有的地方国家权力机关却将它纳入自己的议事日程加以制定和发布。再如，法规名称的使用上也不规范、不标准，法律、行政法规、地方性法规、自治法规，都有称"条例"、"决定"的，至于其他规范性文件的名称更存在混用、重叠的问题，人们仅从名称上很难判断这种法规属于何种法律渊源，具有何种法律效力，是哪一级机关制定的等等。这些问题的存在，对于法制的协调发展，对于维护法制的统一和尊严都是极为不利的。1982年宪法，已经为我国法律渊源的规范化、科学化奠定了基础，但还必须以具体的法律来加以规定。当前，至少可以考虑进行这样两个方面的工作：一是用立法的形式进一步明确规定和划分地方国家权力机关和行政机关规范性文件的种类范围及其权限；二是用立法的形式明确地规定各种规范性文件的专有名称，使不同法律渊源的规范性文件的名称规范化，并对它们加以严格区分。

第三章 教育法的内容、结构和体系

第一节 教育法的内容

只要存在着国家和政府，就会有行政管理活动，就要制定有关行政机关及其行政管理活动的各种法律规范，作为设置行政机关及其行政管理活动的依据和准则。在这里，法律规范构成了法律的主要内容。教育行政管理所涉及的范围是非常广泛的，几乎包括了教育领域的各个方面。但是，如果没有各种教育行政管理活动的法律规范，国家的教育事业就不可能有秩序地运转，整个教育系统就会出现混乱，社会生活就会遭到破坏。我国的教育法，从根本上说是为巩固和发展我国的教育事业服务的，因此，教育立法的任务就在于，用法律的形式，对教育领域内各部门以及教育部门与社会其他部门之间的相互关系进行明确的规定，确保教育行政管理有法可依，有法必依，执法必严，违法必究，以形成一个合理的、符合经济和社会发展需要的教育结构，保证不同级别，不同类别和不同形式的教育事业以社会经济为基础协调发展。根据这一目的，我国众多的教育法律规范可以归纳为两个方面的基本内容，即教育行政管理的主要机构设置、职权范围；教育教学活动的基本制度。

一、我国教育行政管理的主要机构设置和职权范围

我国教育事业的主要行政机构，中央一级是教育部，它是国务院的组成部分，在国务院领导下管理全国教育事业。各省、直辖市、自治区、地区、自治州和县、市设教育委员会或教育厅

（局），负责管理本地区的教育事业。教育事业的管理，实行统一领导，分级负责的原则。

根据我国现行的法律、法规，我国各级教育行政机关的主要职责是：

（1）贯彻执行党中央的教育方针、政策，国家有关教育的法律以及国务院制定、发布的行政法规、决定和命令，制定和发布教育工作的部门性质的行政规章，以及命令、指示和各级各类教育事业的发展规划；

（2）制定教育教学基本文件，指导、监督和检查各级各类学校的思想政治工作和教学业务，组织教材建设，提高师资质量，组织生产、供应教学仪器，提供现代化教学手段。在各级各类学校中开展体育、卫生工作；

（3）组织和领导高等学校学生的招考和调配工作，推动和指导高等学校的科学研究和学术交流；

（4）负责来华留学生、出国留学生的管理和教育方面的外事工作；

（5）根据国家财政计划，分配教育经费，检查使用情况。

以上是我国教育行政管理的主要机构设置和基本职权。根据我国目前的教育结构，还构成了教育系统内部的领导关系，这一领导关系的基本分工如下：

①学前教育一般由企业事业单位自办，或由街道、居民委员会等基层组织等举办，教育行政部门负责业务指导并设示范性的学前教育机构。

②全日制各级各类教育，其中高等学校实行双重领导，归口管理。国家教委和各省、直辖市、自治区教育行政部门管理综合性大学、多科性工业大学和高等师范院校。工、农、医、财经、政法、艺术、体育等高等学校由中央或省级有关业务部门为主负责管理。

中等专业学校和技工学校由有关业务部门和教育部门双重领导，以业务部门为主。

中学由市、县，小学由市设区或县教育行政部门领导。其中农村学校由县、乡两级共管，乡管学机构要在乡政府的直接领导和县教育行政部门的指导下行使职权。

各厂矿、企业、事业、农场等设的子弟学校或其他专业学校，由所在单位领导。业务上接受当地教育行政机构的指导。

③广播、电视、函授教育由教育部门和广播电视部门联合举办。函授教育由教育部门管理。

④职工教育由国务院设职工教育委员会，地方设各级职工教育委员会，负责制定职工教育的重大方针、政策，统一规划，并检查执行情况，协调各方面的工作。职工教育所设的各级各类学校一般由工矿企业、事业单位负责管理，各级职工教育管理机构负责督促、检查和协调。

⑤各级各类干部学校由各部门、各系统、各社会团体领导管理。

⑥特种学校包括聋哑学校、工读学校等为特殊目的而举办的学校，其中聋哑学校由教育部门管理，工读学校由教育部门、公安部门和共青团三方面领导，以教育部门为主。

在上述的教育结构中，相应地存在四大行政系统，除了各级人民政府设置的教育行政部门构成的系统外，国务院所属各部、委、局和各社会团体的教育行政部门，地方各级政府各部门、各系统的教育行政部门，以及基层企事业单位和其他经济组织的教育行政部门，这三大系统都分别负责管理本系统所属的各级各类学校。

二、我国教育基本制度

教育制度是一个非常宽泛的概念。从广义上来理解，教育制度指根据国家的性质所确立的教育目的、方针和开展教育活动的各种机构（包括教育行政管理机构及各类教育机构）的体系和运行规则的总和。按照这种理解，事实上一整套教育法就是关于中国教育制度的整体的宏观的法律表述。狭义的教育制度常指有组织的教育和教学的机构体系及各级教育行政组织机构。在制定1995年《教育法》的时候，按照我国的立法传统，在法律的结构上采取总分结构的形式，即将法律所要规范的不同方面分为不同章节加以表述，这样可以使结构明晰，重点突出，条理清楚。关于我国教育的目的、任务、方针及教育活动的若干重要原则等具有纲领意义的条文都放在总则中予以表述，同时把我国教育行政组织机构及职权划分也归入了总则一章，《教育法》将我国实行的有组织的教育和教学体系及其密切相关的外延集中在第二章中予以规定，构成我国教育基本制度。

《教育法》规定的教育基本制度是从我国教育的实际出发，根据立法的需要来考虑的。1995年《教育法》第二章具体规定了国家实行学校教育制度，九年制义务教育制度，职业教育制度和成人教育制度、教育考试制度、学业证书制度、学位制度、扫除文盲教育制度、教育督导制度和教育评估制度。这些制度是我国建国以来，特别是改革开放以来逐渐发展和形成的现代教育制度的结晶，是最主要的、最基本的教育制度。它构成了具有中国特色的社会主义教育制度的框架，并为确立我国的终身教育体系奠定了基础。对这些制度在法律上予以明确的规定，对于为公民提供广泛的受教育机会，保障公民受教育的权利，保障国家教育目标的实现，具有重要的意义。

我国教育基本制度是在长期的教育实践中发展形成的，是民族传统和国际经验相结合的产物。教育产生于人类的生产活动，原始形态的教育在生产劳动和生活中进行。人类发展到奴隶社会开始出现了学校教育。我国是世界上最早产生学校教育的国家之一，大约在夏代就产生了专门的教育机构。"夏曰校，殷曰序，周曰庠；

学则三代共之。"至春秋末期，出现了私学与官学并存。其后又产生了专为儿童进行启蒙教育的蒙学或蒙馆。在西方，古希腊时代即设立了体操学校、文法学校、弦琴学校等。经过漫长的发展，到资本主义社会，才形成从小学到大学的比较完整的教育体系。由于资本主义生产的需要，出现了普通教育和职业教育的分流，并相继建立了教育证书制度，学位制度等一系列教育制度。我国清末，1903～1904年间，借鉴了外国的近代教育制度，颁行"癸卯学制"，开始建立了完整的近代学校教育制度。其中就包含了普通教育和职业教育（实业学堂）。1935年中国颁布《学位授予法》，但并未真正施行。新中国建立以后，对旧教育制度进行了改革，确立了教育的社会主义性质。为了保障广大劳动人民受教育的权利，不仅扩大了普通教育的规模，还大力发展了职业教育和成人教育；在广大的城镇和农村进行了扫除文盲教育。教育的发展极大地促进了社会主义建设事业的发展。从70年代末以来，我国实行了改革开放，确立了教育在国家发展中的战略地位。为了加速教育发展，建立和完善现代教育制度，我国进行了大规模的教育改革，其深度和广度都是空前的。在此期间相继制定和实施了一系列的法规和条例。这些法律、法规和条例的制定和实施，推动了教育事业的改革和发展，建立和形成了我国现代教育基本制度框架，并使之逐步趋于完善。

我国教育基本制度又是与社会主义政治、经济制度及生产发展水平相适应的。任何一国的教育制度都受其社会政治、经济制度的制约，并服务于政治和经济。我国是一个社会主义国家，我国教育的根本目的是提高全民族的素质，促进社会主义物质文明和精神文明建设。我国教育基本制度的确立就是为了保证这一根本目的的实现。

我国现阶段还是一个发展中国家，发展经济是国家的中心任务。要把经济搞上去，除了国家要制定正确的方针和政策之外，必须依靠科学技术和高素质的人才，而发展科技和培养人才都必须依靠教育。我国的经济结构和产业结构正走向多元化，对人才的需求提出了多层次、多规格的要求。我国的教育基本制度正是从适应这种多样化要求出发，发展多层次、多种类型的教育，以满足社会经济和文化的不同要求。我国的经济发展水平还不高，人口多、教育的需求大和国家经济实力弱的矛盾将在一长时期内存在。因此必须调动各方面的力量，发挥各方面的积极性，举办各种类型的教育，方能有效地利用一切资源，发展教育事业。这也从另一方面提出了教育多元化的客观要求。

我国的教育多元化体制是和我国经济发展水平与社会需求相适应的。但多元化不等于任意性，教育必须符合一定的规格要求，保证一定的质量标准。为此我国制定了一系列的国家教育标准，并建立了相应的考试制度、证书和学位制度、教育督导和评估制度。其目的就是为了保证教育活动的有序性、规范性，确保教育的质量，并使之符合一定的国际贯例，达到国际认同的标准。这也为我国的开放政策提供了条件保障。

我国教育基本制度为我国公民个性的全面发展提供了现实的保障。教育的基本功能是促进人的身心发展，即个性的全面发展。教育也有促进社会发展的功能，二者是相互联系的，统一的。教育即是通过培养人来促进社会的发展，又是按社会的需要来培养人。人的发展是社会发展的基础。

马克思关于人的全面发展的理想是共产主义的终极目标之一。人的全面发展只有在合理的社会制度下才能实现。我国是一个社会主义国家，保障人民享有充分的受教育的权利，最大限度的促进人的发展，是社会主义的重要特征之一。我国不仅建立了从幼儿到成年人的完整的学校教育系统，而且发展了多种形式的职业教育和成人教育，为我国人民提供尽可能多的受教育机会。我国推行的义务教育制度就是要保证每一个儿童和少年都受到必要的德、智、体等方面的基础教育，为其进一步的发展打下基础。

人的全面发展是一个历史的概念，人的发展程度受社会生产力发展水平的制约。《教育法》所确立的教育基本制度是和我国现阶段生产发展水平相适应的，为人的发展提供了现实的保障。随着我国社会主义建设事业的发展，我国的教育制度亦将不断发展和完善。

人的全面发展又是一个终身的过程。随着社会的不断进步，人们为了适应劳动的更替和职业的变动，以及满足自身精神生活和文化生活的需要，学习和发展将贯穿于人的整个一生。未来的教育将具有终身化的特征，即社会应该为任何人，在任何时候提供他所需要的学习机会。由于经济发展水平的限制，实现这一目标可能需要一个漫长的过程。我国教育基本制度正是以此为发展目标，并为此目标的最终实现奠定了基础。

我国教育的基本制度分述如下。

（一）学制

学制即学校教育制度，亦称学校系统，指一个国家各级各类学校的体系。包括它们的性质、任务、入学条件、学习年限及相互关系的总和。学制是一国教育制度的主体。

近现代学校教育通常按照受教育者的不同年龄及其身心发展的不同阶段施以不同性质的教育。大多数国家都把教育分为初等教育、中等教育、高等教育几个不同的阶段，这是符合受教育者身心发展规律的。

我国近代学制始于清末的"癸卯学制"。这个学制将学校教育从纵的方面分为三段六级：小学教育9年，中学教育5年，高等教育6至7年；从横的方面分为普通学堂、师范学堂、实业学堂，分别施行普通、师范和职业教育。虽然由于当时的历史原因，整个学制年限偏长，但它也奠定了我国新学制的基础。辛亥革命后，1912至1913年颁行"壬子癸丑学制"，将小学教育缩短为7年，中学教育缩短为 4 年。学制年限有所缩短。1922 年推行学制改革,颁行"壬戌学制",确定了小学至中学阶段的"六三三学制",高等教育也缩为 4 至 6 年。以后则基本沿用此制。新中国成立后,1951年政务院颁布《关于改革学制的决定》,为了加速教育的发展和扩大劳动人民及其子女受教育机会,小学教育改为五年一贯制,增加了业余的初等和中等教育,建立了工农速成初等和中等学校。此后随着国民经济的发展,教育结构的调整,学制亦有所变更和发展,逐步建立了从幼儿教育到研究生教育的比较完整的学校教育系统。

《教育法》规定:"国家实行学前教育、初等教育、中等教育、高等教育的学校教育制度",构成了不同层次而又互相衔接的学校教育系统。不同层次的教育担负着不同的任务。从教育的不同性质和目标指向来看,我国教育又分为普通教育和职业教育。普通教育实施一般的文化科学知识教育,其任务是为社会培养劳动后备力量和为高一级学校输送合格新生。职业教育是指有明确的职业目标,实施有关的职业知识和职业技能的教育。其主要任务是为就业做准备。职业教育需要以一定的普通教育为基础。初等教育实施普通教育。中等教育以上阶段既有普通教育也有职业教育。我国规定小学 6 年和初中 3 年为义务教育阶段。公民在受完义务教育之后,一部分人即可就业,一部分人进入高一级的学校。

我国现行学制系统的阶段划分及其衔接关系可表示如图。不同教育阶段对应于不同的年龄段,但在实践中对受教育者的年龄限制具有很大的灵活性。除了学前教育和义务教育阶段的年龄特征较强之外,教育制度中的年龄限制已日趋淡化。未来的教育也将逐步过渡到终身教育体系。

学前教育,属学校教育的预备阶段,教育对象为三周岁以上学龄前的幼儿。他们的生长发育和心理特征都处于未成熟阶段,尚无自我保护和自理生活的能力,需要依赖成人的保护和照料。这

年龄

29		
28	高	
	等	研究生教育
	教	
22	育	大学，独立学院（本科） 高等专科学校
18		中等学校专业 技工学校
	中等教育	普通高中，职业中学
15		普通初中，初等职业学校 义务教育阶段
12	初等教育	小 学
6		
	学前教育	幼 儿 园
3		

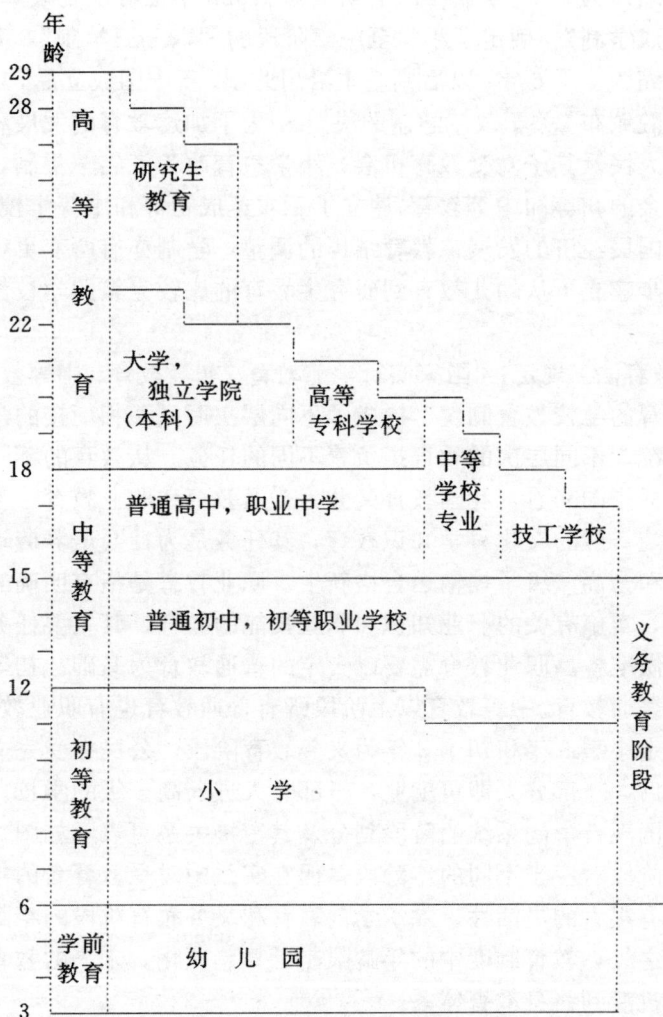

中国现行学制系统图

决定了学前教育应实行保育和教育相结合的原则。其教育任务是对幼儿进行粗浅知识和技能的教育，发展他们的思维、想象、语言表达等能力，培养他们的学习兴趣，求知欲望和良好的行为习惯。实施学前教育的机构主要是幼儿园。有的小学校附设学前班提供入学前的预备教育，其年限1至3年不等。

初等教育，又称小学教育，是国家学制系统中学校教育的第一阶段。其任务是对6至12岁的少年儿童进行德、智、体、美、劳诸方面的全面基础教育，培养他们具有初步的自我管理及分辨是非的能力，具有阅读、书写、表达、计算的基本知识和基本技能，具有初步的观察、思维、动手操作和学习的能力，养成良好的学习习惯、锻炼身体和讲究卫生的习惯，发展较广泛的兴趣和健康的爱美情趣，为接受高一级的教育做好准备。实施初等教育的机构为小学。学习年限为5至6年。

中等教育，是在初等教育基础上继续实施的中等普通教育和职业教育，在整个学校教育系统中有承上启下的重要作用，分为初级中等教育和高级中等教育两个阶段，学习年限各为3年。教育对象主要是12至18岁的少年。他们处在由少年向成年人的过渡期。这个时期是人生的一个重要发展阶段。这一时期的教育对受教育者身心的发展和人格、个性的形成具有十分重要的影响。对国家而言，中等教育的数量和质量在很大程度上直接决定一个国家劳动者的素质，对于经济建设和社会发展有着重要的作用。中等教育的任务是培养少年养成良好的品德和个性品质，具有分辨是非和自我教育的能力，掌握必要的文化科学技术知识和某些基本的劳动生产技能。实施普通教育的机构是普通初级中学和普通高级中学，主要担负为高一级学校输送合格新生以及培养劳动后备力量的任务。实施职业教育的机构是初等职业学校、职业高中、中等专业学校、技工学校。这些学校既要进行必要的文化科学技术知识教育，也要开展一定的职业技能的训练，担负培养初、中级专业技术人员和技术工人的任务，为公民的劳动就业做准备。

高等教育，属学校教育的最高阶段。由于近代学科的分化，在高等教育阶段常局限在某一专门的学科领域，进行该学科领域的高深知识的学习和研究，因此一般认为高等教育是中等教育基础上的专业教育。但同时又由于学科也存在综合性以及对人才全面素质的要求，也要进行一般知识的教育。高等教育的任务是培养高级专门人才，发展科学、技术和文化。它体现了一个国家文化、科学、技术及教育的最高发展水平。

我国高等教育分为高等专科教育、本科教育、研究生教育三个层次。高等专科教育的修业年限一般为2至3年，培养掌握本专业的基础理论、专门知识和职业技能，具有相应的实践能力，能胜任职业技术工作的专门人才，实施专科教育的机构主要有高等专科学校和职业大学。本科教育的修业年限一般为4至5年，培养掌握本门学科的基础理论知识、基本技能和专业知识，能独立担负与专业有关的实际工作和具有初步的科学研究工作能力的专门人才。实施本科教育的机构主要是大学和独立设置的学院。研究生教育是在本科教育基础上对知识领域的进一步加深和拓宽，并着重进行科学研究的训练，又分为硕士研究生和博士研究生两个层次。培养能独立从事科学研究工作和担负本专业实际工作，能在本门学科或专门技术上做出创造性成果的高级专门人才。硕士、博士研究生的修业年限各为2至3年，或直攻4至5年。大学各独立学院中具有较高学术水平，并经有关机构批准的学科、专业可实施研究生教育。某些专门的科学研究机构经批准也可实施研究生教育或与大学联合培养研究生。

学制系统内各级各类教育具体制度的规定权限属于国务院或国务院授权的教育行政部门。教育首先是国家的事业，要保证国家教育目标的实现，国家必须对一些有关的重要制度做出明确规定。《教育法》规定："国家建立科学的学制系统。学制系统内的学校和其他教育机构的设置、教育形式、修业年限、招生对象、培养目标等，由国务院或者由国务院授权教育行政部门规定。"

我国现行的学校教育系统是一个复杂的系统，既有阶段和层次的划分又有教育性质和类型的划分。此外，按教育时间来划分，有全日制、部分时间制和业余制；从教育形式来划分，有面授、函授、广播电视教育等；从教育对象来划分，有学龄期教育、成人教育等。本节所叙述的学校系统主要是指根据受教育者身心发展规律，以教育程度来划分的、实施全日制教育的学校系统，这是整个学制系统的主体。除此之外，我国还建立了从初等教育到高等教育的一系列成人教育机构，以部分时间制和业余制为主，为成年人适应工作的需要和求得自身的发展提供各种不同类型和形式的教育。关于成人教育的性质和任务将在以后的章节中叙述。正因为我国学制系统存在复杂性和多样性，为了保证教育质量和培养人才的规格要求，国家必须制订相应的规范和标准。各级各类学校及其他教育机构的设置要件、审批机构、审批办法、变更程序，教育形式的种类及确认，招生的指向和范围，修业年限，培养目标和质量标准，只有国务院或其授权的教育行政部门才有权规定。《教育法》为国家制订这些规范和标准提供了法律依据，同时也为我国教育制度的改革和发展留有余地。

（二）义务教育制度

义务教育是国家根据法律规定对适龄儿童和少年实施的一定年限的强迫的、普及的、免费的学校教育。属基础教育阶段。其目的是使儿童和少年接受必要的社会道德规范、文化基础知识、社会生活和生产经验的教育，使其成为合格的公民，为适应和参与社会生活做准备。义务教育具有强制性，国家、社会、学校和家庭都必须依法保障适龄儿童、少年接受义务教育的权利。任何妨碍或者破坏义务教育实施的行为都是违法的，都要依法承担法律责任，受到法律制裁。义务教育具有普及性，所有适龄儿童、少年，除依法允许缓学或免学的以外，都必须完成规定年限的教育。义务教育具有公共性，必须由国家设立或批准的学校实施，由国家实行监督；教育经费由国家负担。因此义务教育是免费教育。公民接受一定的基础教育是促进个体社会化的必要途径，是社会健康发展的保证。世界上大多数国家都以法律规定了儿童和少年必须接受一定年限的义务基础教育。一国基础教育的普及程度和义务教育的年限受其经济和教育发展水平的制约。我国《教育法》规定："国家实行九年制义务教育制度。"即包括初等教育和初级中等教育，总的义务教育年限为9年。目前我国小学和初中阶段的学制有"六三制""五四制""九年一贯制"，作为过渡性的还有"五三制"。不管是哪种学制，只要完成初中阶段教育，就可视为完成了九年义务教育。《义务教育法》规定小学的入学年龄为年满6周岁。条件不具备的地区，可以推迟到7周岁入学。由于我国各地方经济、文化发展极不平衡，各地的经济能力和教育基础都有较大差距，实行九年义务教育制度，要从各地实际情况出发，分阶段有步骤的推进。国务院关于《中国教育改革和发展纲要》的实施意见，对我国义务教育的发展目标和实施步骤都作了明确规定。

《教育法》规定了国家、社会、学校和家庭对保证义务教育的实施所负有的责任："各级人民政府采取各种措施保障适龄儿童、少年就学。适龄儿童、少年的父母或其他监护人以及有关社会组织和个人有义务使适龄儿童、少年接受并完成规定所限的义务教育。"

为了保证义务教育的实施，要在国务院的领导下，对义务教育实行地方负责，分级管理。地方各级人民政府应当合理设置小学、初级中等学校，使儿童、少年就近入学，还要为盲、聋哑和弱智的儿童、少年举办特殊教育学校。实施义务教育所需事业费和基本建设投资，由国务院和地方各级人民政府负责筹措，予以保证。对家庭经济困难的学生，政府应设立助学金予以资助。国家还要采取措施加强发展师范教育，培养和培训义务教育所需师资。地方各级政府对妨碍和破坏义务教育的行为及不履行义务教育责任的家庭和个人要进行批评教育和惩处。

社会各界，包括企业、事业单位、社会团体和公民个人，都要保证和积极促进义务教育的发展。国家鼓励企业、事业单位和其他社会力量依法举办实施义务教育的学校和自愿捐资助学。任何组织或个人都不得招用应当接受义务教育的适龄儿童、少年做工、经商或从事其他雇佣性劳动；不得扰乱教学秩序，不得利用宗教进行妨碍义务教育的活动。全社会应当尊重教师。

学校是实施义务教育的主体，必须贯彻国家的教育方针，努力提高教育质量，使儿童、少年在德、智、体等方面全面发展。学校除按国家规定收取一定杂费外，不得自行制定收费项目和标准。对于国家拨付的义务教育经费，任何人不得侵占、克扣或挪用。学校教师不得体罚学生。学生受完义务教育，学校要发给相应的证书。

父母或其他监护人必须保证适龄子女或被监护人接受规定年限的义务教育。不履行此项义务的将被视为违法，要受到批评教育，并由当地人民政府责令其送子女入学。儿童、少年因身体原因需要免学、缓学的，其父母或监护人应当提出申请，由有关政府部门批准后方可免学或缓学，不得自行辍学。

（三）职业教育制度和成人教育制度

职业教育和成人教育实际上都是我国学制的重要组成部分。前者是指一定的教育性质和目标指向而言，后者是指特定的教育对象而言，并非各自分离的教育系统。它们和我国全日制普通教育互相联系、互相融合，构成一个统一的有机整体。在"学制"一节中已经谈到一些有关职业教育和成人教育的问题。在《教育法》中对职业教育和成人教育以单独一条的形式作出规定，是因为从我国当前生产力发展水平和社会需求的状况来看，在教育结构发展战略的选择上，要大力发展职业教育；而从我国当前的教育发展水平、成人受教育的状况，以及现行的教育管理体制诸因素来看，大力发展成人教育也是我国教育发展的一个重要方面。《教育法》的此条规定是建立和完善职业教育制度和成人教育制度的依据。

积极开展职业教育是培养大量应用人才和提高劳动者素质的一条根本出路。根据我国经济和社会发展的需要，要逐步做到使新增劳动者基本上能够受到适应从业岗位需要的基本职业技术训练，在一些专业性技术性要求较高的劳动岗位，就业者能受到系统严格的职业教育。

我国职业教育包括职业学校教育、职业培训和职前培训。根据各地义务教育普及程度和实际条件的差别，我国职业学校教育分别实行小学后、初中后、高中后与普通教育的分流，以培养适应不同需要、不同层次的劳动者和专门人才。除正规的职业学校教育之外，还应大力发展多种形式的短期职业培训，使已就业者不断提高文化素质和职业技能，以适应技术的发展和变化。对小学后、初中后、高中后未能升学的青少年进行就业前培训，使各种职业岗位逐步做到"先培训，后就业"，"先培训，后上岗。"

为了大力发展职业教育，必须充分调动全社会的力量。《教育法》规定"各级人民政府、有关行政部门以及企业事业组织应当采取措施，发展并保障公民接受职业学校教育或者各种形式的职业培训。"这就从法律上确定了各级人民政府、有关行政部门和企事业组织的职责和义务。为此，各级政府要贯彻统筹规划，积极发展的方针，充分利用当地的资源条件和产业优势，因地制宜地办好各类示范性职业学校或职业培训机构，鼓励行业、企业、事业组织办学和各方面联合办学，鼓励民主党派、社会团体和个人办学。还要利用广播、电视等手段开展职业教育。各级政府、各级财政部门、各有关业务主管部门及厂矿企业要从财力和政策上支持职业教育的发展。

成人教育是指对除了学制系统内正规全日制学校中的青少年学生之外的所有成年公民实施的各种类型和形式的教育。其主要任务是对没有受完初等、中等教育的劳动者进行基础教育；对已经就业或需要转换工作岗位的人员进行岗位培训；提高已在职人员的文化程度和专业水平；对专业技术人员进行大学后继续教育；为满足公民精神文化生活的需要开展丰富多彩的社会文化和生活的教育。大力发展成人教育，将使我国亿万劳动者的思想道德素质和科学文化素质不断提高，使经济和社会的发展具有更加坚实的人才基础。这对于把我国建设成为高度民主、高度文明的社会主义现代化国家具有重要的战略意义。未来的教育制度将具有终身性的特点，公民在其一生中都应根据需要获得教育机会，这是高度文明社会的重要标志，我国成人教育的发展，将为此创造条件。

新中国成立以后，政府对成人教育十分重视。随着社会经济的发展，我国已建立起从初等教育到高等教育的成人教育体系，兴办了除正规的全日制普通学校之外的大量的成人初等、中等和高等教育机构，并形成了一套行之有效的指导方针，这就是：成人教育要本着学用结合、按需施教和注重实效的原则，把大力开展岗位培训和继续教育作为重点。要根据成人的特点开展多规格、多层次、多功能和多种形式的教育，实行集中与分散相结合、正规与非正规教育相结合，学历教育与非学历教育相结合。

为了发展成人教育事业，国家鼓励政府部门、企业事业组织、社会团体和个人举办各级各类成人教育机构。在未普及初等义务教育的地区，要把普及初等教育和扫盲教育、普及科学技术的教育结合起来；成人中等和高等学校，既要办学历教育也要办非学历教育，要特别注重与行业、企业的紧密联系，着重开展岗位培训和职业技术教育；普通高等学校也要利用自己的条件和优势开展成人业余和函授高等教育；各地都要广泛利用广播、电视等手段推动成人教育的发展。

（四）教育考试制度

国家教育考试制度是国家教育管理制度的重要组成部分，国家教育考试是指由国家批准实施教育考试的机构根据一定的考试目的，按照国务院教育行政部门所确定的考试内容、考试原则、考试程序，对受教育者的知识和能力进行的测定和评价。是检验受教育者是否达到国家规定的教育标准的重要手段。我国现行的国家教育考试包括：按国家规定进行的统一入学考试，如中考、高考；学历认证考试，如高等教育自学考试、中等专业教育自学考试；水平考试，如普通高中毕业会考、汉语水平考试、外语水平考试等。

实行国家教育考试制度是实施国家教育标准，保证教育质量的重要措施。在当前办学体制和教育形式日益多样化的情况下，为了保证各级各类教育的规范性和健康发展，国家必须制订一定的教育质量标准并对教育质量实行监控。国家教育考试就是重要的监控手段之一。国家通过对考试目的、考试内容的规定，可以有效地引导教学改革，促进教学质量的提高。

实行国家教育考试制度，对保障受教育者的合法权益具有重要的意义。国家进行统一的入学考试，对于公民获得非义务教育阶段的受教育机会，提供了一种公平竞争的条件和公正选拔的手段，最大限度地保证了公民教育机会均等的权利。国家举办的各类水平考试或自学考试，总之，只要通过了规定的国家教育考试，他的学业就能得到国家和社会的认可，从而在就学、就业、升迁等方面受到同等对待。这就使公民的权益得到了保护。

由于国家教育考试对于保证教育的健康发展和保障公民的权益都有重大的影响，因此必须在制度上保证考试的科学性、公正性和权威性。

《教育法》规定："国家教育考试由国务院教育行政部门确定种类，并由国家批准的实施教育考试的机构承办。"即只有国家教育部有权确定国家教育考试的种类，其他部门无权决定。国家教育考试的种类是根据教育事业改革和发展的需要来确定的，并将随着教育事业的发展而变化。为了建立和完善国家教育考试制度，由国务院教育行政部门制定和发布有关行政法规和法规性文件，对教育考试的种类、科目和内容、考试的组织和实施等分别作出规定。国务院教育行政部门也可授权省级教育行政部门进行某些类别考试的改革试点（如高中会考制度），组织该省行政区域内的教育考试。

承办国家教育考试是一件严肃的工作。只有经过批准的机构才有权承办教育考试，任何组织和个人不得擅自举办国家教育考试。在现阶段，国务院教育行政部门和省级教育行政部门都设有专门的考试机构，负责组织和实施国家教育考试。部分高等教育机构经过批准也可承办某种特定的国家教育考试。未经批准擅自举行的"国家教育考试"，将被视为违法，其考试成绩是无效的。《教育法》所作的此项规定，有力地维护了国家教育考试的权威性。

（五）学业证书制度与学位制度

学业证书是颁发给受教育者的表明其受教育程度及其达到的知识水平和能力水平的凭证，通常与国家的学制系统相联系。受教育者受完不同阶段或不同类型的教育，可获得相应的学业证书。为了保证学业证书严肃性和有效性，受教育者必须经过一定的考试或考查，鉴定合格者，方能获得学业证书；只有经过国家批准和认可的教育机构或教育考试机构才有资格颁发学业证书。

实行学业证制度是保证教育活动有序进行，保证教育质量的重要手段，也是国家教育管理制度乃至人事管理制度的重要支柱之一。获得某种学业证书，通常是个人进入高一级学校学习或从事相应职业的必备条件，也是用人部门选拔和录用人员的重要依据。学业证书无论是对个人还是对社会都有十分重要的作用。因此国家必须建立和完善学业证书制度，以保证学业证书的公正性和权威性。

我国的学业证书包括学历证书和非学历性证书。

学历证书是学业证书的主体，是学制系统内的教育机构对完成学制系统内一定阶段的学习任务的受教育者所颁发的文凭，分毕业证书、结业证书、肄业证书三种。凡经正式注册取得学籍的学生，学完教学计划规定的全部课程，考试成绩及格（或修满学分），德育、体育考核合格，准予毕业者，可获得毕业证书。按照中国的学制系统，完成不同阶段和级别的学习任务者，可分别获得小学毕业证书、初中毕业证书、高中毕业证书，中等专业学校毕业证书、高等专科毕业证书、大学本科毕业证书、硕士研究生以及博士研究生毕业证书。在高等教育阶段，对于学完教学计划规定的全部课程，但有一门以上课程不及格，未达到毕业标准者，可发给结业证书；具有正式学籍，其学历已达一年以上，而未完成整个阶段学习任务中途退学者，可发给肄业证书。

非学历性学业证书有成人高等教育试行的《专业证书》及其他各种培训、学习计划完成后颁发的写实性学业证书。《专业证书》制度，是由用人单位根据工作岗位的需要，有针对性地选拔已在专业技术岗位或专业性较强的管理岗位上工作的人员，为使其达到上岗任职所要求的专业知识水平，有目的地进行专业知识教育的一种教育证书制度。《专业证书》是学员经过学习，考试合格，表明已达到岗位所要求的大专层次专业知识水平的一种证明。它不等同于大专毕业证书，也不能作为岗位培训合格证书，只在本行业、本专业的工作范围内运用，仅作为评定、聘任专业技术职务、管理和其他职务的任职资格的依据之一。《专业证书》反映了人才培养的多规格的要求。各种写实性学业证书体现了成人教育的多样性、灵活性和实效性的特点，学员经过一定的培训和学习，获得相应的证书，可以作为适应某种工作的证明。

《教育法》规定："经国家批准设立或者认可的学校及其他教育机构按照国家有关规定，颁发学历证书或者其他学业证书"。这就意味着学业证书的发放是一种国家特许的权力。教育行政部门在审批学校或其他教育机构的设立申请时，要审核其是否达到国家规定的教育标准，一旦批准设立，就同时赋予其发放相应学业证书的权力。任何未经批准和认可的机构，擅自招生和发放学业证书，任何教育机构擅自发放超过其层次和职能范围的学业证书，都是违反国家规定的。这些做法破坏了国家教育标准的完整统一，不利于教育事业的健康发展，教育行政部门有权对其依法惩处。

学位是国家或国家授权的教育机构授予个人的一种终身的学术性称号，表明学位获得者所达到的学术或专业学力水平。学位制度是世界上大多数国家在高等教育阶段所通行的一种教育制度，也是国家的一种学术管理制度。它对促进科学专门人才的成长，促进各门学科学术水平的提高，促进文化科学、技术和教育事业的发展有重要作用。

我国于 1980 年颁布《中华人民共和国学位条例》，1981 年开始施行，从此建立了我国学位制度。我国学位分学士、硕士、博士三级，按哲学、经济学、法学、教育学、文学、史学、理学、工学、农学、医学、军事学 11 个学科门类授予。高等学校本科毕业生、研究生毕业生，成绩优良，达到规定学术水平者，可分别授予学士、硕士、博士学位。《学位条例》关于学位获得者应达到的学术水平的规定是：学士学位获得者应较好地掌握本门学科的基础理论、专门知识和基本技能，具有从事科学研究工作或担负专门技术工作的初步能力；硕士学位获得者须通过硕士学位课程考试和硕士论文答辩，表明其在本门学科上掌握坚实的基础理论和系统的专门知识，具有从事科学研究工作或独立担负专门技术工作的能力；博士学位获得者须通过博士学位课程考试和博士论文答辩，表明其在本门学科上掌握坚实宽广的基础理论和系统深入的专门知识，具有独立从事科学研究工作的能力，在科学或专门技术上做出创造性成果。学士学位由国务院授权的高等学校授予；硕士学位、博士学位由国务院授权的高等学校和科学研究机构授予。非高等学校研究生毕业生亦可以同等学力向有学位授予权的机构申请硕士、博士学位，通过课程考试和论文答辩，表明已达到相应学术水平者，亦可获得相应学位。

负责领导和管理全国学位授予工作的机构是国务院学位委员会。主任委员、副主任委员和委员由国务院任免。国务院学位委员会按学科设若干学科评议组。高等学校及实施研究生教育的科学研究机构，必须按学科、专业进行申请，经国务院学位委员会学科评议组审核通过，报国务院批准公布，才能具有学位授予权。获得学位授予权的高等学校或科学研究机构称学位授予单位。为了保证所授学位具有应有的学术水平，国务院学位委员会要对所申报的学科、专业从学术力量、教学工作质量、科学基础等方面进行综合考查。严格按照规定的条件予以审定，国务院对于已经批准有权授予学位的单位，在确认其不能保证所授学位的学术水平时，可以停止或撤销其授予学位的资格。

为了做好学位授予工作，学位授予单位要设立学位评定委员会，并组织有关学科的学位论文答辩委员会，按照规定的程序对学位申请者进行考核和评定，学位论文答辩委员会负责审查硕士和博士学位论文，组织答辩，就是否授予硕士学位或博士学位作出决议。学位评定委员会对学位论文答辩委员会报请授予硕士学位或博士学位的决议作出是否批准的决定。决定授予硕士学位或博士学位名单，报国务院学位委员会备案。学位授予单位在学位评定委员会作出授予学位的决定后，发给学位获得者相应的学位证书。

在我国学习的外国留学生和从事研究工作的外国学者，可向我国的学位授予单位申请学位。按照与中国的学位申请者相同的审核程序，评定合格者，授予相应的学位。

为了表彰那些对世界人民的进步事业、对加强中国人民和世界人民的友谊以及对中国的社会主义建设事业做出了重要贡献的国内外卓越的学者或著名社会活动家，设有名誉博士学位。经学位授予单位提名，报国务院学位委员会批准，授予名誉博士学位。

80年代初以来，我国实行的学位制度主要是学术性学位，即所培养的高层次专门人才的规格主要是学术型、研究型的。随着社会经济的发展，对人才培养规格提出了多样化的要求，特别是需要加强高层次的应用型人才的培养。从80年中期以后，对学位制度进行了某些改革和发展，增设了应用性、实践性较强的"专业学位"，如"工商管理硕士"学位、"医学（临床）博士"学位、"教育专业硕士"学位等。这些专业学位的建立，有利于使我国人才培养向多样化发展，以适应社会主义建设的多种需要。

（六）扫除文盲制度

扫除文盲教育是为使不识字或识字少的成年人获得初步的阅读、写字、计算能力而进行的最基础的文化教育。1953年中央扫除文盲工作委员会规定：不识字或识字在500字以下者为文盲；能识500字以上，而未达到扫除文盲标准的为半文盲。1993年修订的《扫除文盲工作条例》规定：个人脱盲的标准是，农民识1 500个汉字，企业和事业单位职工、城镇居民识2 000个汉字；能够看懂浅显通俗的报刊、文章，能够记简单的账目，能够书写简单的应用文。

我国是一个发展中国家，由于人口多，经济力量和教育基础都比较薄弱，在我国成年人中尚存在很大比重的文盲和半文盲。据1990年全国人口普查统计，15周岁以上的文盲和半文盲达1.8亿，主要集中在农村，70%以上是妇女。如此众多的文盲和半文盲的存在，是我国社会主义建设事业的一个严重制约因素。要使我国的经济建设转到依靠科技进步和提高劳动者素质的轨道上来，就必须努力提高全民族的思想道德和科学文化水平。为此，1994年全国教育工作会议把在本世纪末基本普及九年义务教育，基本扫除青壮年文盲作为我国社会主义现代化建设的奠基工程，列为今后一个时期教育事业发展的"重中之重"。根据我国各地存在较大差别的情况，制定了分区规划、分类指导、分步实施的原则。确定了到本世纪末使青壮年中的非文盲率达到95%左右的目标。

要达到在本世纪末基本扫除青壮年文盲的目标，是一项十分艰巨的任务，为此必须在各级政府的领导和组织下，动员全社会的力量，大力开展扫盲教育。《教育法》规定："各级人民政府、基层群众性自治组织和企业事业组织应当采取各种措施，开展扫除文盲的教育工作"。从法律上明确规定了政府和各类社会组织在扫盲工作中的责任。

地方各级人民政府应当加强对扫除文盲工作的领导，制定本地区的规划和措施，组织有关方面分工协作，具体实施，并按规划的要求完成扫除文盲的任务。地方各级教育行政部门应当加强对扫除文盲工作的具体管理。城乡基层单位的扫除文盲工作，在当地人民政府的领导下，由单位行政领导负责。村民委员会、居民委员会应当积极协助组织扫除文盲工作。各类教育机构，特别是实施义务教育的中小学，应积极参加扫除文盲工作，使"日校办夜校，一师任两教"。鼓励社会上一切有扫除文盲教育能力的人员参与扫盲教育活动。地方教育行政部门要积极组织培训扫盲工作的专职人员和教师，组织编写教材和读物，组织扫盲工作的经验交流和奖励先进的活动。

扫除文盲教育所需经费采取多渠道办法解决。乡、镇人民政府、街道办事处、村民委员会及企业事业组织要积极筹措，农村征收的教育事业费附加应当安排一部分用于扫盲教育，地方各级人民政府要给予必要的补助。鼓励社会力量和个人自愿捐资助教。

各地要将扫盲教育和普及初等义务教育统筹规划，同步实施。扫除文盲教育应当讲求实效，把学习文化同学习科学技术知识结合起来，在农村把学习文化同学习农业科学技术知识结合起来，采取各种形式巩固扫盲教育的成果。

要把扫盲工作任务完成得好坏作为考核县、乡人民政府、基层群众自治组织、企业事业领导人工作成绩的一项重要内容。对未按规划完成扫盲工作任务的单位，由地方各级人民政府处理。地方各级人民政府应定期向上一级人民政府报告扫盲工作的情况，接受检查、监督。

《教育法》规定："按照国家规定具有接受扫除文盲教育能力的公民，应当接受扫除文盲的教育"。《扫除文盲工作条例》规定："凡年满15周岁以上的文盲、半文盲公民，除丧失学习能力的以外，不分性别、民族、种族，均有接受扫除文盲教育的权利和义务"。这是因为，提高全民族的思想、道德和文化素质是国家实现社会主义现代化的基础，也是国家发展的重要目标之一。不能设想一个存在大量文盲的国家能够实现现代化，能够建设成为一个具有高度文明的国家并立于世界强国之林。所以每一个公民，接受教育，提高自身的素质，既是一种权利也是一种义务，公民必须根据自身的条件，积极参与和接受扫除文盲教育。丧失学习能力的是指那些因生理和心理缺陷而失去接受扫盲教育能力的公民。对丧失学习能力者的鉴定，由县级人民政府教育行政部门组织进行。对在规定期限内具备学习条件而不参加扫除文盲学习的适龄文盲、半文盲公民，当地人民政府应当进行批评教育，并采取切实有效的措施组织入学，使其达到脱盲标准。

扫除文盲实行验收制度。扫除文盲的学员由所在乡（镇）人民政府、城市街道办事处或同级企业、事业单位组织考试。考核内容包括识字、阅读、记账、书写等方面，须采用省级教育行政部门统一组织命题或认可的试卷。经考试合格，达到脱盲标准的，发给"脱盲证书"。

基本扫除文盲的企、事业单位，由所在地人民政府验收。基本扫除文盲的地方，由上一级人民政府验收。其标准是：下属每一个单位 1949 年 10 月 1 日以后出生的年满 15 周岁以上人口中的非文盲人数，除丧失学习能力的以外，在农村达到 95％以上，在城镇达到 98％以上；复盲率低于 5％。基本扫除文盲的单位，应当普及初等义务教育。

（七）教育督导制度和评估制度

教育督导是政府对教育工作进行宏观管理的一种重要形式，是政府依法治教，对教育工作实行行政监督的有效手段。教育督导的任务是：县以上各级人民政府对下级人民政府的教育工作，下级教育行政部门和学校的工作进行监督、检查、评估、指导，保证国家有关教育方针、政策、法规的贯彻执行和教育目标的实现。教育督导的范围，现阶段主要是中小学教育、幼儿教育及其有关工作。根据需要也可对上述范围之外的教育工作进行督导。

为了组织和实施教育督导工作，县级以上各级人民政府都要设立教育督导机构。

国家教育部行使国家教育督导职权，设立国家教育督导团在国家教育部党组领导下负责管理全国教育督导工作。国家教育督导团由总督学、副总督学及国家督学组成，总督学由国务院任命。国家教育督导团的职责是：对国家有关教育工作的方针、政策、法规的执行情况进行监督、检查；主要就省、自治区、直辖市人民政府及有关职能部门对中等及中等以下教育及有关工作的管理情况进行监督和评估。向国务院和国家教育部反映情况，提出建议；拟订有关教育督导工作的法规和重要的规章制度；制订有关教育督导工作的方针、计划、办法和指导方案，组织实施全国性的教育督导工作；指导地方各级教育督导工作；指导督导人员的培训和教育督导理论研究工作。

地方县以上教育督导机构的组织形式及其职责，由各省、自治区、直辖市人民政府确定。各级教育督导机构应设专职督学，也可根据工作需要聘请兼职督学。

督导机构或督学根据国家有关方针、政策、法规进行督导，其职权有：列席被督导单位的有关会议；要求被督导单位提供与督导事项有关的文件并汇报工作；对被督导单位进行现场调查。对违反方针、政策、法规的行为，督导机构或督学有权予以制止。督导机构或督学完成督导任务后，应向被督导单位通报督导结果，提出意见和建议。被督导单位如无正当理由，应当接受其意见和建议，并采取相应措施改进教育工作。督导机构完成督导任务后，应向本级人民政府、教育行政部门及上级督导机构报告督导结果，提出意见和建议，并可向社会公布。

被督导单位或人员如有阻挠或破坏督导工作的行为，督学如有滥用职权、违反政策和法规的行为，都要视情节轻重给予行政制裁。

目前我国教育督导工作的重点是九年义务教育和扫除青壮年文盲教育。我国的教育督导制度从 90 年代初开始试行，尚须在总结经验的基础上进一步完善。

教育评估是指各级教育行政部门或经认可的社会组织，对学校及其他教育机构的办学水平、办学条件、教育质量进行的综合或单项考核和评价，是政府对教育机构实施宏观管理的重要手段。由于现代教育评估是以科学的调查和分析方法为基础的，其评价结果有较高的可信度和有效度，因而对政府的科学决策具有十分重要的意义，同时，它也是推动学校和其他教育机构进行改革，提高教育质量和办学水平的一种有效机制。

目前我国所进行的教育评估的类型主要包括合格评估、水平评估和选优评估。在评估的内容方面又可分为综合评估和单项评估。在实施评估的方法上又可分为政府机构组织的评估、社会评估以及教育机构的自我评估。

合格评估是国家和教育行政部门对新建学校的基本办学条件和基本教育质量鉴定认可的制度。一般在批准建校招生五年后,或有第一届毕业生时进行。目前主要对象是普通中等专业学校和普通高等学校。鉴定以国家颁布的有关学校设置标准、教育质量标准为依据。鉴定结论分合格、暂缓通过、不合格三种。鉴定合格的学校由教育行政部门按规定权限发给合格证书并予公布。鉴定暂缓通过的学校需在规定期限内采取措施,改善办学条件,提高教学质量,并需要接受新鉴定。经鉴定不合格的学校,区别情况责令其限期整顿,停止招生或停办。

办学水平评估是对已经鉴定合格的学校进行的经常性评估,它分为整个学校办学水平的综合评估和学校中思想政治教育、专业(学科)、课程及其他教育工作的单项评估。评估结束后应作出结论,肯定成绩,指出不足,提出改进意见,必要时责令限期整顿。对办学成绩突出者应给予表彰。

选优评估是在办学水平评估的基础上,遴选优秀,择优支持,促进竞争,提高水平的评比选拔活动。一般在国家和省(部)两级进行。根据选优评估结果排出名次或确定优选对象名单,予以公布。对成绩卓著的给予表彰、奖励。

以上评估活动主要由各级人民政府及其教育行政部门组织实施,是国家对学校实行监督的重要形式。在国务院和省级人民政府领导下,教育行政部门成立教育评估领导小组,具体负责教育评估工作的领导、组织与实施。其主要职责是:按不同学校类别的管理权限,制订教育评估的基本准则、评估方案(包括评估内容、评估指标体系、评估方法)及实施细则;指导、协调、检查评估工作及组织各种评估试点;审核评估结论;收集、整理和分析教育评估的信息，负责向教育管理决策部门提供；推动教育评估理论和方法的研究，促进教育评估学术交流，组织教育评估骨干培训。根据需要还可在教育评估领导小组下设立由专家组成的学校鉴定委员会、专业（学科）教育评估委员会、课程教育评估委员会等组织，指导、组织有关的教育评估工作。

各级人民政府和教育行政部门要组织党政有关部门和教育界、知识界以及用人部门参与社会评估，这是加强学校与社会联系、接受社会监督的有效方式。

各学校要努力做好学校的自我评估，这是加强学校管理和学校自身建设的重要手段，也是政府及其教育行政部门组织的教育评估工作的基础。教育管理部门应对学校的自我评估给予鼓励、支持和指导。

经批准设立的专业性行业组织和机构，可受教育行政部门的委托，对学校及其他教育机构进行适当类别的教育评估。

我国教育评估制度自 90 年代初开始试行，有关教育评估的理论和方法还在探索之中，要通过实践，总结经验，加强研究，不断提高评估工作的水平，使教育评估制度趋于完善。

第二节　教育法的结构

每一个法律都是由若干部分构成的一个统一整体，一个好的法律文件，除了在内容上应能正确体现国家意志外，法律结构是否科学、合理也是极重要的因素。

构成法律整体的各个组成部分，称为法律结构的要件。我国的教育法规文件通常包括下列要件：

一、法律文件的名称

每一个法律文件都应有自己的名称，以反映该法律文件具有什么样的效力等级、性质和内容。一个法律文件的名称得当，人们便可以通过它了解到这是什么性质、内容和效力等级的法律,从而了解该法律与自己的业务或日常工作、日常生活有什么关系。我国教育法规中名称的科学化方面还存在不少问题,表现在如下两方面。一是法律名称较杂乱,法律、行政法规、规章、地方性法规等不同种类的法规的文件使用的名称达数10种之多,特别是层次较低的机关制定的规范性文件,名称很不规范。名称的杂乱无章,必然会影响立法工作的统一和协调发展。二是一些效力等级差别很大的法律文件由于使用相同的名称,因而看不出不同层次立法的效力等级。如《中华人民共和国学位条例》是全国人民代表大会常务委员会通过的,属于基本法律以外的法律。但所使用的名称却是条例,这是国务院制定的行政法规、省级人民代表大会及其常委会制定的地方性法规中经常使用的名称。这就容易造成执法和守法上的混乱。

因此,在制定法规文件时,必须遵循下列基本要求:第一,要求名称应能反映法律、法规的效力、等级、地位的高低,使人一看到名称,就能知道这是哪一类、哪一级的国家机关所发布;第二,应能反映法律、法规的规范对象、规范性程度和内容;第三,法律文件的名称不宜过长或过短,过长则不便准确记忆;过短则难以准确判断其效力等级和适用范围。

由于我国有权发布行政法规的机关多,行政法规的数量也较多,特别是我国法学界对法律名称方面研究还不够,法制还不健全,这些原因导致了我国行政法规文件的名称还不够科学化、规范化。这是立法工作改革中仍须解决的一个问题。

二、法律规范

法律规范是法律的主要内容,它应当具有普遍性、明确性和肯定性的特点。因此,在起草法律草案、审议立法议案时,应注意法律规范的特点,避免在法律文件中出现不具有普遍性而只针对个别人、个别事项的规定,避免出现不明确性、不肯定性而表现出含糊不清，可伸可缩的规定，不应把法律草案写成文章。

法律规范的普遍性、明确性和肯定性特点，是通过它的特定的逻辑结构而实现的。具体地说，法律规范由三个要素构成：即假定、处理和奖惩。

假定是指法律规范适用的条件和范围。只有合乎特定的条件，出现特定的情况，才能适用特定的法律规范。例如我国的义务教育法第五条规定："凡年满6周岁的儿童，不分性别、民族、种族，应当入学接受规定年限的义务教育。"其中的"凡年满6周岁的儿童"就是这个法律规范的假定部分。假定必须明确，否则就得不到正确的适用，上述规范为了突出确定性，特别规定了"不分性别、民族、种族"这一适用条件，从而使"年满6周岁"这一假定更具明确性和肯定性。

处理是指法律规范要求的作为和不作为。它是法律规范的基本部分，因为它具体规定了人们的行为，即允许做什么，禁止做什么或要求做什么。义务教育法第六条规定："学校应当推广使用全国通用的普通话。"这是规定应当做什么；"招收少数民族学生为主的学校，可以用少数民族通用的语言文字教学。"这是规定允许做什么；第十六条规定："任何组织或者个人不得侵占、克扣、挪用义务教育经费，不得扰乱教学秩序，不得侵占、破坏学校的场地、房屋和设备。"这是规定禁止做什么。以上三种都是法律规范规定的基本的行为模式。由于教育法调整的对象是多种多样的，因此在不同的情况下，对处理部分规定的方式或重点是不同的，但一般来说，教育法的法律规范较侧重规定一定的权利和义务，而较少规定禁止实施的行为。

奖惩是指人们作出或不作出某种法律规范规定的行为时，在法律上引起的后果。法律后果按其性质可以分为两类，一类是奖励，即国家根据法律对人们的行为的有效性加以肯定，对各种合法行为加以保护、赞许和奖励；另一类是惩罚，即国家根据法律对人们行为的有效性加以否定，对各种违法行为予以制止和惩罚。奖惩是教育法法律结构中不可缺少的一个组成要素，例如义务教育法第十四条规定："全社会应当尊重教师。国家保障教师的合法权益，采取措施提高教师的社会地位，改善教师的物质待遇，对优秀的教育工作者给予奖励。"这是法律上的奖励规定；义务教育法的实施细则的第七章罚则，对种种妨碍义务教育实施的有关责任人员，由地方人民政府或者有关部门依照管理权限给予行政处分。这是教育法有关惩罚的规定。

假定、处理和奖惩是构成法律规范的三个组成要素，但是这三个要素并不一定都同时出现在同一法律条文中，甚至也不一定出现在同一法律文件中。例如，许多法律文件就没有奖惩部分，而要到其他法律中去寻找奖励和惩罚的法律依据。

三、效力等级、时间效力、适用范围

任何法律，仅有法律规范是远远不够的，还必须有一系列辅助法律规范的内容，例如法律的效力等级、时间效力等等，这些尽管不是规范性内容，但没有它们的存在，法律规范就难以实现。

效力等级通常通过法律中标明的立法机关体现出来。立法机关在法律名称的下方以括号形式加以标明。一般来说，法律名称已经大致表明了该法律的效力等级，但要完整地表明法律的效力等级，还应在法律中标明该法律的立法机关。因此，是否在法律中标明这一内容，是法律完善与否的一个标志。

时间效力通常通过法律所标明的通过、公布或发布时间，生效或施行时间体现出来。这些内容之所以必要，是因为缺少了它们，则该法律何时通过、何时生效或施行就不明确，从而给法律的适用和遵守带来诸多不便，甚至无法执行。通过、公布或发布法律的时间一般在法律名称的下方以括号形式加以标明。生效或施行时间，或在法律名称下方以括号形式加以标明，或以条文形式在法律正文中加以规定。

适用范围一般在法律文件的开端部分，以专条规定下来，它是对该法律效力所及范围的规定。

四、法律本文的结构

本文是法律文件的主体内容。本文中的规范性内容和非规范性内容须经一定的结构才能形成完整的法律。本文按层次可分为章、节、条款、项等，按性质可分为总则、分则、罚则、附则等。下面按性质划分作一些介绍。

总则一般是法律文件的开端部分（但也有少数国家，如美国某些州的教育法典或教育基本法是以序言或前言开头的），主要规定制定该法律的目的、法律依据、任务、原则、适用范围和时效等内容。它是整个法律的理论概括。

分则是法律文件的实质性部分，一般规定该法律的具体的各部分内容，如支持、保护、发展或者限制、禁止、取缔的内容；规定在什么情况下允许做什么、不允许做什么等等。

罚则是对分则中禁止实施的行为所规定的制裁措施。在教育法规文件中，有专设罚则部分的，也有只用相应条款加以规定而不设专章的，也有把奖励和处罚合起来单设一章的。

附则是关于法律的实施规定，如法律的公布时间和生效日期、前法的废除、修改程序以及其他需要说明的问题等。有的法律文件有附则专章，也有的仅用最终条款来规定这些内容。

以上是法律文件本文部分的大致结构，由于具体情况不同，不同的法律文件在结构的表现形式上是极其不同的。如义务教育法形式上并不分章，而以条作为法律的基本单位内容。而义务教育法实施细则则分为八章。其中第一章为总则，共六条，分别规定了法律依据、义务教育的对象、义务教育的领导体制以及承担实施义务教育任务的教育机构等内容。第二至六章为该法规的分则部分，共三十六条，就实施步骤、就学、教育教学、实施保障、管理与监督等问题作了规定。第七章为罚则，共六条。对违反义务教育法行为的责任追究，除情节严重，构成犯罪的，依法追究刑事责任外，一般由地方人民政府或者有关部门依照管理权限对有关责任人员给予行政处分。该法规的第八章为附则，共三条，规定适龄儿童的年龄计算方法、本法规的有权解释者以及施行日期等。以上不同的部分构成了这一法规的有机整体，使法律的整体结构层次分明。

第三节　教育法的体系

一、设计我国教育法规体系的必要性

40 年来，我国已经建立了一个比较完整的教育体系。对社会主义的物质文明建设和精神文明建设发挥着重要的作用。同时，在总结建国以来正反两方面政权建设经验和立法经验的基础上，法制建设已经走上正轨，一个以法治教的新局面正在逐步实现。1978年以来，在对已有的教育法规进行清理和汇编的同时，教育法规的制定工作有了较大进展，其中包括两项法律，十多项行政法规以及大量政府规章，地方性法规的制定工作也在开展起来。此外，包括教育基本法、高等教育法、教师法在内的许多单行法正在调研起草之中。可以说，我国的教育立法工作随着教育事业的繁荣发展和确立社会主义教育新秩序的需要，也即将进入一个新的历史时期。

但是，从体系化的角度来看我国的教育立法现状，则显然还没有形成一个内容和谐一致、形式完整统一的有机整体。教育法体系是以一国现行的教育法律法规为基础形成的门类齐全、协调一致的有机统一体。而我国当前的教育法律法规，还没有达到这一要求，没有形成适合教育事业发展要求的，完备的一套法律。具体表现在：第一，教育领域中许多需要法律调整的关系和问题还无法可依，政策和行政手段在相当程度上和相当范围内还代替着法律的功能；第二，从体系的要求看，我国教育法不仅应有一套系统完备的单行法规，更应有一个统御全局的基本法律，但目前的现状是还没有一个这样的法律作为全部教育法规的主干；第三，在已有的教育法规中，还存在着不协调、不统一的现象。为了使我国的教育立法事业协调发展，为了早日建成符合我国国情的教育法规体系，从现在起就应把设计我国教育法规的科学体系作为重要任务提到议事日程中来。

设计教育法规体系的工作，在性质上不同于立法，它的任务在于给立法工作提供一定的认识依据，使立法具有科学的基础，从而提高法律的质量。设计教育法规体系的工作在性质上也不同于法规汇编工作，它以现行教育法规为基础，但又不仅仅包括现行法规。它使已经制定的，将要制定的和需要制定的法规成为从某些共同原则出发的，内部统一的有机整体。实践证明，科学设计我国的教育法规体系可以使教育立法活动减少主观性和盲目性，增强科学性和计划性，使人们在创制每项法律时，都遵循共同的原则并考虑到与其他已经或即将制定的法律文件在内容和形式上的和谐统一，从而使教育立法从整体上真正发挥预期的社会效果。

二、我国教育法规体系的基本结构

《教育法》的颁布实施，使加快立法步伐，推进依法治教的工作出现了一个新的高潮。我们已经有了六部法律，还有一批法律、法规和规章列入了立法规划。如《成人教育法（草案）》、《学校国防教育条例》、《少数民族教育条例》、《学制条例》、《社会力量办学条例》、《教育督导条例》、《学校保护条例》、《教职工代表大会条例》、《校办产业管理条例》、《师范教育条例》、《继续教育条例》、《教师职务条例》、《学生实习和社会实践工作条例》、《地方教育附加费征收管理规定》、《捐资助学条例》、《学校基本建设条例》、《广播电视教育条例》、《学业证书管理办法》、《教育评估办法》、《学校及其他教育机构登记注册办法》、《学校收费管理办法》、《学校校长选任办法》、《教师聘任办法》、《教师考核办法》、《教职员管理规定》、《家庭困难学生就学资助办法》、《工读教育规程》、《学生申诉办法》、《教育行政处罚办法》等。

当然，从体系化的角度来看我国当前教育立法的现状，则显然还没有完全形成一个内容和谐一致、形式完整统一的有机整体。但是，我国教育法体系的基本框架由此已经可以初见轮廓。从我国经济和社会发展对教育事业发展的规定性以及法律学和教育学的理论原理出发，我们试对教育法体系的结构作如下设想。这一法律体系根据制定机关的不同和法律形式的不同，可以划分为不同的层次，根据法律规范内容的不同，可以划分为不同的部门。具体地说，我国的教育法体系将由纵向 4 个层次和横向 6 个部门构成（见图 1）。

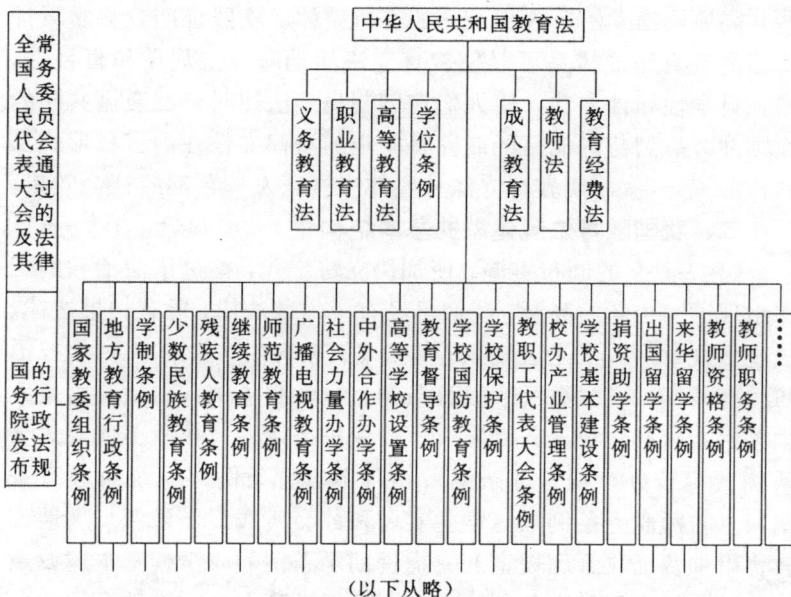

中华人民共和国教育法

全国人民代表大会常务委员会通过的法律及其

义务教育法　职业教育法　高等教育法　学位条例　成人教育法　教师法　教育经费法

国务院行政发布的规

国家教委组织条例　地方教育行政条例　学制条例　少数民族教育条例　残疾人教育条例　继续教育条例　师范教育条例　广播电视教育条例　社会力量办学条例　中外合作办学条例　高等学校设置条例　教育督导条例　学校国防教育条例　学校保护条例　教职工代表大会条例　校办产业管理条例　学校基本建设条例　捐资助学条例　出国留学条例　来华留学条例　教师资格条例　教师职务条例　……

（以下从略）

图1　中国教育法体系示意图

106

教育法是我国教育法体系的第一个层次。它是以我国宪法为基础制定的基本法律，主要规定我国教育的基本性质、任务、基本法律准则和基本制度。教育法是全部教育法规的"母法"，是协调教育部门内部以及教育部门与其他社会部门相互关系的基本准则，也是制定教育部门其他法律法规的依据。作为国家的基本法律，教育法由全国人民代表大会制定。

部门教育法是我国教育法体系的第二个层次，主要调整各个教育部门的内外部关系。根据规范内容的不同以及我国的具体国情和实际需要，大致由义务教育法、职业教育法、高等教育法、成人教育法、教师法和教育经费法 6 个部门组成。每一部门由全国人民代表大会常务委员会制定单行法律。单行法律分述如下：

义务教育法是调整实施义务教育而产生的各种社会关系的单行法。我国义务教育包括通常意义的普通初等教育和普通初级中等教育，因此，义务教育法的调整范围主要包括实施普通小学教育、普通初级中学教育中产生的重要关系和问题。

职业教育法是以实施职业教育涉及的社会关系为调整范围的单行法。在我国，职业教育包括各级各类职业学校教育和各种形式的职业培训。

高等教育法是以高等教育部门内外部关系为调整范围的单行法。我国高等教育通常包括专科教育、本科教育和研究生教育等不同层次，这些都应纳入高等教育法的调整范围。有关学校授予工作中产生的关系及问题也应属于高等教育法调整和规范的范围。因此，已经颁布实施的《学位条例》当然也是包括在这一部类中的。从调整的范围看，除了高等学校的研究生教育之外，还包括科学研究机构实施的研究生教育。

成人教育法是调整成人教育部门内外部关系的单行法。我国成人教育形式复杂，根据不同的标准可以有不同的分类。例如，根据培养对象的不同可以分为工人教育、农民教育、干部教育等；根据培养目标的不同可以分为学历教育和非学历教育；根据程度的不同可分为初等、中等和高等成人教育；根据教学形式不同又可分为广播、电视、函授、面授、自学考试等不同形式的教育。

　　教师法是调整教育教学活动中以教师为一方而产生的社会关系的单行法。随着现代社会和现代教育的发展，教师已经成为一种人数众多的职业，同时也是教育事业发展中的一个最重要的因素，因而构成了教育法调整的一个相对独立的部门。我国教师法调整的主要问题有教师的法律地位、待遇、权利义务、任职资格、职务评定、评价考核、进修提高以及师资培养等方面的内容。

　　教育经费法是就教育经费的来源、分配、使用中产生的种种关系和问题而制定的单行法。由于教育事业规模宏大，教育经费的开支在国家预算中占据着重要的地位。教育经费一般包括教育事业费、教育基本建设费和其他费用几个部分。其来源各国由于国家体制不同而有较大的区别。我国的教育经费由于缺乏法律保障，因此在国民经济中的分配比例一直偏低，成了普及和发展教育的掣肘。教育经费来源渠道比较单一，社会力量尚未得到充分调动，现行教育经费管理体制造成经费筹措、分配与作用的脱节，不利于统筹规划教育事业发展。教育经费管理制度不严，资金使用效率较低，甚至发生挤占、挪用教育经费，铺张浪费等现象。鉴于以上情况，我国很有必要对教育经费进行高层次的立法，以法律的形式对教育经费在国民经济中的分配比例、教育经费的来源、分配、使用、监督等作出规定，建立一个科学、合理的教育经费体制。

　　教育行政法规是教育法体系的第三个层次，主要是为实施教育法和各单行法而制定的规范性文件。此外，属于较为具体的问题，教育法或各单行法未予规范的问题，也可由行政法规来加以规定。属于这一层次的行政法规由国务院制定和发布，它应是我国教育法的主体，我们列举了二十多个方面，还可以根据教育事业发展的需要予以增加。

地方性法规、自治条例、单行条例和教育行政规章是教育法体系的第四个层次。其中地方性法规是省、自治区、直辖市的人民代表大会及其常务委员会为执行国家有关教育的法律、行政法规，根据本行政区域的实际需要而制定的规范性文件。自治条例、单行条例则是民族自治地方的人民代表大会依照当地民族的政治、经济和文化的特点特定的规范性文件。教育行政规章一般由国务院各部、委制定和发布，其效力要低于行政法规。规章的制定主要依据法律和行政法规，并且可以因实际工作的需要而变化，这里不具体列举。此外，省、自治区、直辖市以及省、自治区人民政府所在地和经国务院批准的较大的市人民政府，根据行政需要而制定的规章，也是这一层次不可缺少的一部分内容。地方性法规和自治条例、单行条例规范各地方政治、经济和文化等各方面的活动，其中有关教育活动的法律规范和教育行政规章是教育法体系的主要组成部分。

以上是我国教育法体系的基本轮廓。对比某些发达国家，我国的教育法制建设仍然相当落后。因此，建立健全教育法制仍是一项艰巨而繁重的任务。

第四章　教育法的制定、实施和监督

第一节　教育法的制定

法律作为社会关系的调整器，既然在社会生活中发挥着如此重大的作用，那么，任何一个国家如果不及时而有效地制定体现自己意志的法律，则国家的各项职能就无法实现，各种重要的、基本的社会关系就得不到调整，社会的生产和生活也就必然由于无法可依、无章可循而无法正常进行。因此，国家对社会关系的法律调整，首先是从法律制定开始的。法律制定就是国家机关依据法定权限和程序，制定、修改和废止法律和法规的活动，通常又可简称为立法。教育法的制定是国家法律制定活动的一部分，它是由包括专门的机构和一套制度所构成的国家立法体制来实现的。因此，要建立完善的法制，首先要有完善的立法体制。

一、立法权限的划分

1. 立法权限划分概说。

立法体制虽然包括立法权限的划分、立法权的行使、立法机关的设置等方面，但其中最主要的是立法权限的划分。一个国家采用哪种立法体制，并不取决于人们的主观意志，而是取决于一系列客观因素。如国家性质、国家的结构形式，特殊的国情等因素都会影响国家的立法体制的形式。纵观各国的立法体制，目前主要有单一的立法体制、复合的立法体制、制衡的立法体制，以及若干特殊的立法体制。

在法学上，正如法律一词有广义和狭义之分一样，立法这一概念通常也有广义和狭义两种不同的理解。广义的立法，是泛指有关的国家机关依照法定权限和程序制定各种具有不同法律效力的规范性文件的活动。它既包括国家最高权力机关及其常设机关制定的特定的、具体的规范性文件（即狭义的法律）的活动，也包括各级地方国家权力机关及其常设机关和各级行政机关，依据法定权限和程序制定行政法规、地方性法规及规范性决定、决议等规范性文件（即广义的法律）的活动。狭义的立法，是专指国家最高权力机关及其常设机关，依据法定权限和程序制定特定、具体的规范性文件（即狭义的法律）的活动。

在我国，根据宪法，制定法律的权力即立法权属于人民，人民通过自己选举产生的代表组成立法机关行使立法权。我国建国后的历次宪法都明确规定了立法权属于人民，人民通过人民代表大会行使这一权力的原则。但是，任何一个国家的立法工作，都还有一个权限的划分问题。为了更有效和更完全地用法律形式表现国家意志，必须明确规定国家机构体系中，各国家机关制定和颁布具有不同效力的规范性文件的权限如何划分。在不同性质的国家或同一国家的不同时期，立法权限的划分不尽相同，并不存在统一的，固定不变的模式。我国1982年宪法进一步完善了人民通过自己的代表机构行使立法权的制度，是新的历史时期为发展社会主义民主和健全社会主义法制而进行的具有重要意义的改革。宪法规定：

全国人民代表大会和全国人民代表大会常务委员会行使国家立法权；

国务院根据宪法和法律，行使制定行政法规的职权；

省、直辖市、自治区的人民代表大会和它们的常务委员会，在不同宪法、法律、行政法规相抵触的前提下，行使制定地方性法规的职权；

民族自治地方的人民代表大会依照当地民族的政治、经济和文化的特点，行使制定自治条例和单行条例的职权。

2. 最高国家权力机关及其常设机关的立法权限。

我国的最高国家权力机关及其常设机关是全国人民代表大会和全国人民代表大会常务委员会，根据宪法规定，它们共同行使国家立法权。在具体的立法权限划分上，由于它们之间在性质上和地位上的差异，又有不同的分工和侧重。

全国人民代表大会的立法权限是：修改宪法；制定和修改刑事、民事、国家机构的和其他的基本法律；改变或撤销全国人民代表大会常务委员会不适当的决定（参见 1982 年宪法第六十二条）。全国人民代表大会通过以上形式来行使国家立法权，这种立法权是最高的，是法制统一的基本保证。

全国人民代表大会常务委员会的立法权限是：制定和修改除应由全国人民代表大会制定的法律以外的其他法律；在全国人民代表大会闭会期间，对全国人民代表大会制定的基本法律进行部分的补充和修改，但这种补充和修改不得同该项基本法律的基本原则相抵触；撤销国务院制定的同宪法、法律相抵触的行政法规；撤销省、自治区、直辖市国家权力机关制定的同宪法、法律和行政法规相抵触的地方性法规（参见宪法第六十七条）。以上立法权限原来都是由全国人民代表大会行使的，1982 年宪法把这部分立法权限划归全国人民代表大会常务委员会行使，这是很有必要的。因为全国人民代表大会常务委员会人数较少，议事方便。常务委员会委员代表各个方面，实际上是常务代表，有相当数量的委员成为专职代表。因此这一机构就能及时地解决立法的需要，承担大量的立法工作，保障社会主义现代化建设的顺利进行。

3. 最高行政机关及其所属机关制定行政法规和规章的权限。

我国的最高行政机关是中华人民共和国国务院，又称中央人民政府。它是国家最高权力机关的执行机关，其主要职责就是通过行政立法和其他行政措施，保证最高国家权力机关的各项决定、决议、法律得以贯彻执行。因此，根据宪法和法律制定行政法规就是国务院的重要职权（参见宪法第八十九条）。行政法规是关于国家行政管理及其事务的各种法律规范的总称，其法律效力仅次于国家法律，除全国人民代表大会及其常务委员会以外，任何机关都无权予以改变或者撤销。我国行政法规是社会主义法制的一个重要的组成部分。

除了国务院有权制定行政法规外，国务院的各部和各委员会根据法律和国务院的行政法规、决定，命令，可以在本部门的权限内发布命令、指示和规章（参见宪法第八十九条）。

4. 地方国家权力机关制定地方性法规的权限。

地方国家权力机关是指地方各级人民代表大会。根据宪法规定，地方各级人民代表大会在本行政区域内，有权依照法律规定的权限通过和发布决议（参见宪法第九十九条）。其中省、直辖市、自治区人民代表大会是省级地方国家权力机关，它们在本行政区域内，根据宪法和法律，根据本地区的情况和人民群众的愿望，行使地方国家权力，保障人民当家作主。宪法规定，省、直辖市的人民代表大会及其常务委员会，在不同宪法、法律相抵触的前提下，可以制定地方性法规，但需报全国人民代表大会常务委员会备案。（参见宪法第一百条）。由于自治区的自治机关行使地方国家机关的职权，所以自治区的人民代表大会及其常务委员会也可以制定地方性法规。地方性法规是由省级国家权力机关及其常设机关制定和颁布的、在本行政区域内适用的、具有法律效力的规范性文件的总称。宪法关于地方性法规的规定，是我国立法体制的一项重要改革。我们国家很大，各地政治、经济、文化发展很不平衡，这样规定，有利于各地因地制宜，发挥主动性、积极性，加速整个国家的建设。

有权制定地方性法规的，除了省级人民代表大会及其常务委员会外，省、自治区人民政府所在地的市和经国务院批准的较大的市的人民代表大会及其常务委员会，根据本市的具体情况和实际需要，在不同宪法、法律相抵触的前提下，可以制定地方性法规，报省、自治区的人民代表大会常务委员会批准后施行，并由省、自治区的人民代表大会常务委员会报全国人民代表大会常务委员会和国务院备案。这一规定见于 1986 年 12 月 2 日第六届全国人民代表大会第十八次会议通过的关于修改地方各级人民代表大会和地方各级人民政府组织法的决定。这一规定赋予了较大城市制定地方性法规的权力，是我国立法体制改革的新成果，它对于进一步发挥地方的积极性，及时解决地方在社会主义现代化建设进程中所发生的具体问题具有十分重要的意义。

民族自治地方的人民代表大会有权依照当地民族的政治、经济和文化的特点，制定自治条例和单行条例，报全国人民代表大会常务委员会批准后生效。自治州、自治县的自治条例和单行条例报省或自治区的人民代表大会常务委员会批准后生效，并报全国人民代表大会常务委员会备案（参见宪法第一百一十六条），以保证国家法制的统一。

5. 地方各级国家行政机关制定规章的权限。

根据宪法规定，县级以上地方各级人民政府依照法律规定的权限有权发布决定和命令（参见宪法第一百零七条）。其中，省、自治区、直辖市以及省、自治区的人民政府所在地的市和经国务院批准的较大的市的人民政府，还可以根据法律和国务院的行政法规，制定规章和其他规范性文件。这一规定有利于在中央的统一领导下，充分发挥各地行政机关的积极性，实行以法行政，提高行政效率。

以上介绍的是我国的立法体制中的权限划分结构，其基本特点是中央和地方适当分权，授权地方各级国家权力机关及其常设机关和地方各级国家行政机关，在其职权范围内，根据宪法、法律和行政法规制定、颁布具有不同效力的规范性文件，这一立法体制是同我国国家性质和多民族单一制的社会主义国家结构这一具体国情相适应的。我国教育法的制定，就是在这一立法体制下实现的。在现行的教育法律法规中，属于全国人民代表大会及其常务委员会制定的基本法律和基本法律以外的法律有：义务教育法（1986 年 4 月 12 日第六届全国人大第四次会议通过）、未成年人保护法（1991 年 9 月 4 日第七届全国人大常委会第二十一次会议通过）、学位条例（1980 年 2 月 12 日第五届全国人大常委会第十三次会议通过）、残疾人保障法（1990 年 12 月 28 日第七届全国人大常委会第十七次会议通过）中的教育条款以及关于教师节的决定（1985 年 1 月 21 日第六届全国人大常委会第九次会议通过）等。属于国务院制定的行政法规和法规性文件 40 多件。属于国务院各部和各委员会制定的有关教育的规章达 280 余件。此外，还有大批的地方性法规和规章。可以说，我国的教育立法在近十多年来取得了很大的进展。

二、立法程序

法律制定的程序又称立法程序，是指国家机关在制定、修改或废止法律规范的活动中，必须履行的法定步骤。因此立法程序就是规定立法权行使的程序，也是一种程序法。在我国，法律的立法程序被规定在宪法和全国人民代表大会组织法之中。

一切法律、法规在其公布生效之前，都必须经过法定有决定权的机关讨论通过，不同的法律、法规，由于其制定机关不同，因此法律制定的法定程序是不同的，但是一般来说，可以分为如下四个步骤：

1. 法律议案的提出。

法律议案是指法律制定机关开会时，提请该机关列入议程讨论决定的关于法律制定、修改或废除的提案或建议。提出法律议案是一种法定权力，它与起草法律案不同。起草法律案的单位或个人不一定是有提案权的，例如有些法律是由国务院各有关主管部门起草的，但该法律案必须以国务院为提案人向全国人民代表大会常务委员会提出。根据我国宪法和有关法律的规定，具有向各级人民代表大会及其常务委员会提出有关法律议案的职权的机关和人员有：各级人民代表大会的代表；各级国家权力机关的主席团、常设机关和各种委员会；各级国家行政机关；国家最高司法机关和军事机关。

以上机关和人员在提出制定、修改和废止法律议案和建议后，首先由各专设法制机关对法律草案的内容、技术以及法理等方面进行审查，并须经广泛征求意见，反复讨论，审议，到最后形成提交法律制定机关审议、讨论的正式草案等一系列法律制定的准备阶段。

2. 法律草案的审议。

审议法律草案是指法律制定机关对列入议程的法律草案正式进行审查和讨论。一般来说，法律、法规的决定通过要采用会议的形式。在我国，决定通过法律、法规的权力机关主要是人民代表大会及其常务委员会，行政机关是国务院全体会议和常务会议，各部、各委员会的部务会议和委员会会议，地方人民政府的全体会议。向全国人民代表大会提出的法律案一般要先经常务委员会审议后才提交全国人民代表大会会议审议。在审议期间还要由法律委员会根据代表审议提出的意见进行审议并提出报告，再由主席团决定提交大会审议，由大会决定是否通过。向全国人民代表大会常务委员会提出的法律案，一般采取初步审议和再次审议两个步骤，然后由常委会会议决定是否通过。这样做的目的在于保证有充分时间对法律进行周到细致的讨论并听取各方面意见，避免仓促通过。

3. 法律的通过。

法律的通过是指法律制定机关对法律草案经过讨论并进行表决后，表示正式同意。由此法律草案便成为法律，因此，这一步骤是整个立法程序中最重要和最有决定意义的阶段。

　　为了加强所通过的法律的稳定性和权威性，法律的通过须经法律制定机关代表的一定法定人数的赞成。通常，普通法律须经全国人大代表的过半数通过；宪法须经全国人大代表的三分之二以上的多数通过；全国人大常委会审议的法律案和其他议案，由常委会全体组成人员的过半数通过；地方各级人民代表大会通过规范性文件，以全体代表的过半数通过。

　　4. 法律的公布。

　　法律的公布是指法律制定机关将通过的法律用一定的形式予以正式公布。一般是由法定负责人以命令的形式发布，并正式在公报或报纸上发布。这是立法程序的最后一环，法律被通过以后，如果没有按照法定程序和方式通知公民和国家机关，那么这一法律就不会有法律效力，就不可能在现实生活中得以实施。这是因为法律是人人必须遵守和执行的行为规范，只有予以公布，才能使人人周知，否则，势必会产生各种混乱现象。

　　我国宪法规定，中华人民共和国主席根据全国人民代表大会的决定和全国人民代表大会常务委员会的决定，公布法律。其他形式的规范性文件也都有一套法定的公布程序和方式。我国的教育法律法规的制定，就是在上述的立法程序的运作下实现的。

　　三、教育行政法规、规章的发布

　　有无完善的立法程序，是否严格按法定程序来制定法律、法规，这也是衡量法制是否健全，有无法制观念的标志之一。同时，立法程序也是一个工作方法问题。进行任何工作，都必须遵循一定的程序，否则，就难免会出现各种混乱现象。为了改进行政法规、规章的发布工作，提高行政法规、规章的权威性、严肃性和时效性，使行政法规、规章能及时为社会和公众知晓，便于国家机关、社会团体、企业事业单位及全体公民执行和遵守，1989年原国家教委对依照授权和职权发布行政法规、规章的办法作了程序上的规定。规定要求，经国务院批准、授权国家教委发布的行政法规，以及国家教委根据法律、行政法规的规定，在职权范围内发布的规章，由教委主任签署发布令。行政法规、规章发布令包括批准机关和发布机关、序号、行政法规或者规章的名称，通过或者批准日期，生效日期和签署人等项内容。经国家教委主任签署发布的行政法规、规章，《国家教育委员会政报》、《中国教育报》应全文刊登。

发布令的格式如下：

中华人民共和国教育委员会令（格式一）
第 × 号

中华人民共和国××××条例，已于××××年×月×日经国务院批准，现予发布施行。

主任：×××
××××年×月×日

注：此格式适用于经国务院批准，由我委发布，发布日期与施行日期一致的行政法规。经国务院批准，由我委发布，发布日期与施行日期不一致的行政法规，将"现予发布施行"改为"现予发布，自××××年×月×日起施行"。

中华人民共和国国家教育委员会令（格式二）
第 × 号

××××规定（办法，等），已于××××年×月×日经国家教育委员会办公会议（或全体会议）通过，现予发布施行。

主任：×××
××××年×月×日

第二节　教育法的实施

　　立法的目的全在于实施,在于运用法律来规范人们的行为,调整社会关系。因此,法律的制定和颁布仅仅是事情的开始,重要的是使法律的规定在社会的实际生活中得到实现。我们不仅应重视法律的制定,更应重视法律的实施。

一、法律实施概说

　　所谓法律的实施,是指国家机关及其工作人员以及社会团体和广大公民在自己的实际活动中使法律规范得到实现。因此法律实施的过程就是法律在现实社会生活中的具体运用、贯彻和实现的过程,就是将法律中所设定的权利与义务关系转化为现实生活中的权利与义务关系,并进而将体现在法律中的国家意志转化为人们的行为的过程。但是,法律作为一种意志,它本身并不能自动转化和自我实施。"徒法不能以自行",法律在社会生活中的实现,必须具备一定的方式。一般来说,法律规范可以分为禁止性规范、义务性规范和授权性规范。禁止性规范禁止人们作出一定的行为,要求人们抑制一定的行为。例如义务教育法第十六条规定任何组织个人不得侵占、克扣、挪用义务教育经费,不得扰乱教学秩序,不得侵占、破坏学校的场地、房屋和设备。禁止侮辱、殴打教师,禁止体罚学生。不得利用宗教进行妨碍义务教育实施的活动。同时该法律还用追究法律责任,给予法律制裁的方式去禁止人们作出这样的行为,这些规范就属于禁止性规范。义务性规范责成人们承担一定的积极行为。例如义务教育法第四条规定国家、社会、学校和家庭对于保障适龄儿童、少年接受义务教育权利的义务,就属于义务性规范。授权性规范授予人们可以作出某种行为或要求他人作出或不作出某种行为的能力。例如高等学校自学考试暂行条例第三条规定的我国公民参加高等学校自学考试的权利就属于授权性规定。以上三类法律规范在社会生活中实现的方式尽管不同，但一般来说，人们可以独立地遵守、执行和运用法律，而不须通过专门的国家机关来实现这些法律规范。然而，法律规范的实现还可以有另外的方式，这就是通过专门的国家机关的特定活动，使法律规范在社会生活中得到实现。例如教育法中关于奖励和惩罚的规定，关于授予学位的规定等等，都只有专门的国家机关和被授权的公职人员，才能以国家的名义，按照法定的职权，将法律规范适用于具体的人或组织。由此，法律的实施可以有两种方式，即法律的适用和法律的遵守。

二、法律的适用

法律的适用是法律实施的一种基本方式。广义的法律适用包括国家权力机关、国家行政机关和国家司法机关及其公职人员依照法定权限和程序，将法律运用于具体的人或组织的专门活动。狭义的法律适用则专指国家司法机关依照法定的职权和程序，运用法律处理各种案件的专门活动。不管是广义的还是狭义的理解，法律的适用都是指国家机关及其公职人员以国家的名义实施法律规范的活动，因此，法律的适用同一般的国家机关遵守法律、执行法律、运用法律不同，它具有强制性。

适用法律的专门的国家机关可以是权力机关、行政机关、公安机关、检察机关和审判机关。教育法作为行政法，它的适用也是由以上国家机关来实现的，但教育法更多地牵涉到依法行使其管辖权的国家行政机关。那么在什么情况下，教育法需要由专门的国家机关来适用呢？一般来说有以下几种情况：

当公民、社会团体和一般的国家机关在行使法律所规定的权利和义务需要取得有专门权限的国家机关的支持的情况下，必须由有专门权限的国家机关来适用法律。例如公民有参加高等教育自学考试的权利，但如果没有高等教育自学考试机构来主持这项工作，确定开考专业、统筹安排考试、建立考籍管理档案等等，那么公民就不可能实际地取得通过自学考试而成才的权利；

　　当公民、社会团体和一般的国家机关在相互关系中发生纠纷或争议，不可能自己解决时，必须由有专门权限的国家机关来适用法律。例如义务教育法实施细则规定，当事人对行政处罚决定不服的，可以依照法律、法规的规定申请复议。当事人对复议决定不服的，可以依照法律、法规的规定向人民法院提起诉讼。当事人在规定的期限内不申请复议，也不向人民法院提起诉讼，又不履行处罚决定的，由作出处罚决定的机关申请人民法院强制执行，或者依法强制执行。在这里，行政复议机构、法院以及作出处罚决定的国家行政机关都属于有专门权限的国家机关；

　　当公民、社会团体和一般的国家机关在其活动中发生各种违法行为时，必须由有专门权限的国家机关来适用法律，对违法行为进行制裁。教育法所规定的法律责任主要是行政法律责任，法律制裁也主要是行政处罚。这些都是由行政机关来实现的。但如果违法行为同时涉及到民事范围或触犯了刑律，那么除了由行政机关追究行政责任外，还要由法院追究民事法律责任和刑事法律责任。

　　以上几个方面说明，法律的适用是一种特殊的国家管理活动形式。适用法律的机关要以法律规范为根据来采取措施，因此，为了维护公民、社会团体、国家机关各个方面的权益，正确地、有效地适用法律就是法律适用机关及其公职人员的基本职责。

　　三、法律的遵守

　　遵守法律是法律实施的又一基本形式。它是指公民、社会团体和国家机关都按法律规定的要求去行为，它们的活动都是合法的行为，而不是违法的行为。

　　遵守法律是针对一切组织和个人而言的，我国宪法对守法的主体作了明确的规定。宪法第五条规定："一切国家机关和武装力量、各政党和各社会团体、各企业事业组织都必须遵守宪法和法律。一切违反宪法和法律的行为，必须予以追究。"宪法第三十三条规定："任何公民享有宪法和法律的权利，同时必须履行宪法和法律规定的义务。"第五十三条规定："中华人民共和国公民必须遵守宪法和法律，保守国家秘密，爱护公共财产，遵守劳动纪律，遵守公共秩序，尊重社会公德。"从宪法的规定来看，守法的主体包括两个方面：一是一切国家机关、武装力量，政党和社会团体、企事业组织。其中特别是国家机关及其公职人员，他们担负着各种社会公共事务，以贯彻执行国家统一意志和利益为原则，因此严格守法、执法是对他们的基本要求；二是所有公民，即一切社会关系的参加者，从国家领导人到每个普通老百姓。人民群众以主人翁的态度自觉遵守法律，贯彻法律，维护法律的尊严，发挥法律的威力，就能有效地保证法律的实施。

从守法的内容来看，这里所说的法是一个泛指的总称，而不是狭义的法律。它应当包括宪法、各部门法和组成各部门法的法律、条例、规定、规则、实施细则等等。守法，首先应当遵守宪法和法律。宪法是国家的根本大法，是治国的总章程。它规定了国家的根本制度和根本任务，具有最高的法律效力和法律地位。法律是依据宪法制定的二级大法，是对某一社会关系基本制度和基本任务的确认。宪法和法律都是由最高权力机关制定的，因此守法首先必须遵守宪法和法律。其次，守法还要求遵守所有符合宪法和法律的其他国家机关制定的一切法规和其他规范性文件，如国务院的行政法规、决议、命令、规章；省、直辖市、自治区人民代表大会制定的地方性法规、地方各级人民政府发布的决议、命令等。这些法规和规范性文件都是依据宪法和法律，根据本地区、本部门的具体情况，为实施宪法和法律的需要而制定的，因此也应当遵守。

守法，在社会生活中有着重要的意义。对于教育法来说同样如此。我国教育法制建设的问题是，一方面，法律制度还不健全，立法缺口仍然很大；另一方面，已有的法规还没得到全面有效的遵守。在我国，由于长期的封建社会和自然经济的影响，群众中的法制观念仍比较淡薄，社会缺乏依法办事的传统。人们比较习惯于人治而不习惯于法治。而在已经很淡薄的法制观念中，又相对地重视刑法而轻视民法，至于行政法则更不被重视。在义务教育法通过施行以后的很长一个时期，许多人并不把它看作是法，认为违反了义务教育法的有关规定没有什么了不起，不算是违法。因此，加强守法宣传，对于教育法的实施是一件非常重要的事情。

为了使教育法得到有效的实施，必须创造必要的条件。

首先，应加强对公民进行公民意识、法律意识、受教育权利意识的教育，使公民懂得，受教育权利的保障，仅有法律还是不够的，还有赖于社会对教育法的遵守才能实现。社会主义的公民意识和法律意识以明确公民的基本权利与义务为核心内容，引导公民树立人格独立、地位平等、社会民主、权利与义务的统一以及在宪法与法律指导和约束下的自由等基本观念，树立作为国家主人的高度自觉和自主精神，是保障和加强受教育权利的重要的思想动力。当前社会中出现的童工现象、辍学现象说明，在我国还有相当一部分人公民意识和法律意识淡薄，对受教育权利缺乏起码的认识。一些父母为眼前的蝇头小利而不让学龄儿童上学，或把已经在校的学生拉回家做赚钱的帮手；一些雇主为了利用童工的廉价劳动力，置用工制度于不顾，雇用童工发财致富；一些政府部门的执法者不重视教育事业，甚至挪用教育经费，挤占学校房舍场地、克扣教师工资等等，这些违反教育法的现象说明，尽管法律规定了公民的受教育权利，但由于人们意识不到这一权利的价值和意义，因此，教育仍可能被人们所轻视，仍可能做出违反教育法的事情。

实行改革开放以来不断发展的社会主义商品经济，为建立和发展社会主义公民意识和法律意识提供了极大的可能性，作为这一意识的微观表现形态,受教育权利意识应当得到充分的重视。培养公民的受教育权利意识,一是要运用各种宣传教育手段,肃清以言代法、等级特权、义务本位等旧的法律观念和意识的消极影响,使人民群众认识、尊重和运用自己的受教育权利,自觉履行与之相应的义务。二是要提高各级政府部门的领导者和每一个工作人员的法律意识水平,严格遵纪守法,处处依法办事,反对任何超越宪法和法律,以权代法的做法。应当在政府机关工作人员中普及法律知识和法制观念,使之懂得自己负有的责任。三是要建立组织健全、制度完善的法律实施监督体系,专门机关和群众一起对教育法的实施实行有权威的、有效的监督,从而提高广大群众对法律的信任,培养强烈的公民意识和法律意识,使遵守教育法成为每个公民的自觉行动。

其次,法律能否得到遵守,还在于法律是否有实效性。法律只有严密,完备,具有可操作性,才会体现它的法律效力。义务教育法作为一部法律,只能就大政方针作出决定,具体的实施尚须配套的实施法规,否则就难以体现义务教育法的实效性和权威性。而义务教育法实施以后,配套的实施法规迟至 6 年以后才制定出来,从而在很长一段时间影响了该法律的贯彻落实。此外,我国由于地域广阔,各地经济、文化的发展又很不平衡,因此很难用一个模式来规范全国的普及义务教育,这就要求各地根据义务教育法的规定和本地的实际,对普及义务教育提出要求,并把这些要求用地方性法规的形式确定下来,用以调节本地教育的发展。我国各地近几年陆续制定了一批教育法规和规章,据统计,省、自治区、直辖市,省、自治区人民政府所在地的市以及国务院批准的较大的市,从 1986 年至 1989 年所制定的教育法规和规章分别是:68 件、56 件、34 件、38 件。其中有关基础教育的法规和规章分别是 53 件、37 件、26 件、28 件。① 从数量看，显然还不能适应各地教育实践的需要。

再次，法律能否得到遵守，还在于执法是否有严肃性。我国的教育法规虽然还不够完备，但是当前同样重要的另一个问题还在于已经制定公布的法规没有得到普遍的遵守和执行，有法不依的现象强化了一些人藐视法律的心态，降低了人们对法律的信任度，使法律形同虚设。因此，要使法律具有权威性，就必须做到有法必依，执法必严，各级政府、集体经济组织、企事业单位、学校、个人都必须把依法办事作为实施教育的重要标志。实践证明，多数违反教育法规的现象正是同有法不依、执法不严相关的。特别是一些领导机关和领导干部，既缺乏对教育的紧迫感、危机感，又缺乏最起码的法律意识，因此教育法规就很难真正落实。此外，为了有利于执法、守法与监督，法律本身必须规定明确的法律责任。法律责任是法律实施的保障，法律有无权威性，在很大程度上取决于责任条款的规定。我国义务教育法第十六条对拒不入学接受义务教育者、招用学龄儿童、少年就业者作出了追究法律责任的规定；第十七条对侵占、克扣、挪用教育经费、侵占、破坏学校的场地、房屋和设备者、对侮辱、殴打教师者、体罚学生者以及利用宗教进行妨碍义务教育实施的活动者也作出了追究法律责任的规定，但对于应由哪个机关、以什么手段、按什么程序来追究均无明确、具体的规定，致使义务教育法规定的法律责任在实践中难以执行、落实。还有些法规对应予追究的行为在法律责任条文中却没有规定，以致出现责任空白，使违法者逍遥法外。所有这些现象都损害了教育法规的执法严肃性。因此，我们在立法时就应根据国家的实际情况和力量，来考虑条文应怎样规定，应由怎样的机构来执行，加强教育法规的严密性，使法律真正产生

---

① 资料来源：原国家教委政策法规司编 1986 年～1989 年《地方教育立法情况》。

效果。

总之，只有加强守法教育，加强法律的实效性和执法的严肃性，教育法规才能真正发生法律效力，才能真正得到普遍的遵守。

当前高等教育体制改革已经涉及到了权力的重新配置问题，在权力转换的过程中，学校行为失范，违背公益性目的成为一个突出问题。高等学校通过改革而与政府相对分离，逐步取得了一部分自主办学的权利。其结果是，一方面较充分地调动了学校的积极性和主动性，促进了高等教育的发展。但是另一方面，由于对这种学校自主权还缺乏一种科学的认识，在下放权力的同时又缺乏必要的制约，因此，在一些学校中出现了行为失范的现象。一些办学者出于经济利益的考虑，把教育看成是一种商品，把学校当作产业，当作赚钱的工具，从而导致了办学上的混乱。例如，以营利为目的举办学校；向学生乱收费、高收费；招收不合格学生入学以赚取高额收入；出卖学历证书谋取利益；利用学校资产进行商业性活动等等。这些现象引起社会各界的普遍关注，向人们提出了这样的问题：教育教学活动的目的到底是什么？在建立和完善与社会主义市场经济相适应的教育体制的过程中，应如何规范学校的行为？学校又应如何以法律来规范自己的行为，即如何守法？

这里涉及到一个学校行为的价值基础问题。教育从根本上说是培养人的一种社会活动，通过对个体传递社会生产和生活经验，促进个体身心发展，使个体社会化，并最终使社会得以延续和发展。在现代国家中，教育已经成为一项大规模的社会性事业，成为人才培养的一种高度专门化的社会组织形式。在这种情况下，由公益性取代传统教育的私事性，就是现代教育区别于以往任何一种教育的一个基本的价值前提。教育的公益性表明，学校的教育活动是非营利性活动，其目的不是为了谋求经济利益，获得利润，而是为了造福他人、社会乃至整个人类。教育活动是从文化、精神、体质、社会诸方面开发人的潜能，为人类社会生存和发展创造各种基本条件的事业，作为一种公益性事业，它的活动及其成果由于涉及到人与社会的存在和发展而不应该进入市场。在我国经济体制向社会主义市场经济转轨的过程中，在高等教育领域中一些人模糊甚至抛弃了教育的公益性价值取向，提出按市场经济要求和价值规律办事，急功近利，金钱至上，其结果必然会把教育改革导向一条充满荆棘的道路。目前高等学校中的行为失范现象，就是对高等教育界思想混乱的一种惩罚。

1995年《教育法》已经作出明确规定："教育活动必须符合国家和社会的公共利益。"这是学校及其他教育机构的行为规范的基本价值准则，也是学校及其他教育机构均应遵守的基本行为规范。但是，为了使学校及其他教育机构能遵守法律，依法办学，仅有上述规定是不够的。还必须对学校保持一种不同于企业等其他社会组织的法律监督。具体地说，由于学校属于公益性机构，因此，在遵循教育规律，独立自主办学的同时，必须对其权能作出必要的限制。学校作为一种社会组织，在不同的法律关系领域中，其所具有的资格和能力是不同的，因而所享有的权利也是不同的。例如当它以法人的身份参与到民事活动中去时，则享有民法规定的权利并履行相应的义务；当它被作为行政对象参与到行政管理中去时，则享有行政法规定的社会组织应有的权利并履行相应的义务。高等学校在与政府重构关系的过程中，获得的权利不完全等同于民法上的或行政法上的权利，它是学校在法律上享有的，为实现办学宗旨，独立自主地进行教育教学管理，实施教育活动的资格和能力，一般也叫做办学自主权。办学自主权是学校专有的权利，是学校成为教育法律关系主体的前提。不享有这种权利，便意味着在法律上不享有实施教育活动的资格和能力，就不成其为学校。从学校办学自主权的来源看，这类权力原先是由政府行使的，是在改革的过程中通过政府的放权才获得的。因此，办学自主权本质上是一种公共权利，学校在行使这一权利的时候，必须符合国家和社会的公共利益，必须在国家和社会的监督和控制下行使办学决策、教学科研、人事管理、招生分配、经费筹措、财产使用等方面的权利。如果学校违背国家法律和有关规定滥用这一权利，危及国家和社会的公共利益，或者有严重的渎职行为，侵害了受教育者、教职员工的合法权益，政府主管部门应分别情节轻重，予以行政处理，必要时剥夺某项自主权，直至勒令停办。

总之，学校行为失范现象反映了这样一个问题，即在高等教育体制改革中应始终贯彻教育的公益性原则，应在向学校放权的同时保持有效的法律监督，应时刻警惕不要使我们的改革偏离正确的方向。教育的公益性问题最终总是要转化为教育的公平性问题，因此它将在很大程度上决定改革的成败。

第三节　教育法的监督

为了保证教育法的实施，必须加强对法律实施的监督，这是完善教育法制建设的必要一环。我国已经初步形成了一个通过国家法律制度的制定和运用，来制约和督促社会各个方面执法守法的法律监督体制。这一监督体制包括权力机关的法律监督和工作监督，行政机关的行政监督，司法机关的司法监督，以及党的监督和人民群众的社会监督等方面。

一、权力机关的法律监督和工作监督

在我国，国家的一切权力属于人民，人民行使国家权力的机关是全国人民代表大会和地方各级人民代表大会。国家行政机关、审判机关和检察机关都由国家权力机关产生，对它负责，受它监督。国家权力机关的监督作用首先表现在对其所制定和颁布的宪法、法律、地方性法规、自治条例和单行条例的实施情况进行监督。全国人民代表大会及其常委会可以依照宪法规定，追究一切违宪行为。全国人民代表大会可以改变或撤销全国人民代表大会常委会的不适当的决定。全国人民代表大会常委会可以撤销国务院制定的同宪法和法律相抵触的行政法规、决定和命令，撤销省、自治区、直辖市国家权力机关制定的同宪法、法律和行政法规相抵触的地方性法规和决议。县级以上人民代表大会可以改变或撤销本级人民代表大会常委会的不适当的决议，撤销本级人民政府的不适当的决定和命令。县级以上人民代表大会常委会可以撤销下一级人民代表大会及其常委会的不适当的决议，撤销本级人民政府的不适当的决定和命令。这样一个制约的机制使法律的遵守得到了有效的监督。此外，国家权力机关还可以就某项法律、法规的实施情况在自己所辖范围内进行检查。例如，1991 年，全国人民代表大会组织义务教育法检查组，对 18 个省、自治区、直辖市实施义务教育法 5 年来的情况进行了检查，这也是权力机关职权范围内的一种法律监督。

权力机关的监督作用还表现在它对行政机关、审判机关和检察机关的工作监督。这些机关对同级人民代表大会及其常委会负责并报告工作。国家权力机关还可以通过人民代表行使质询权和视察工作，对这些国家机构进行监督。对重大的问题，还可组织调查委员会进行调查处理。

二、司法机关的司法监督

司法机关的司法监督主要包括检察机关对公安机关、法院等司法机关的司法监督和法院对行政机关的司法监督两方面。对于教育法来说，主要是后者。对行政机关的司法监督是指法院依法对特定行政机关及其公职人员的特定行政行为是否违法、越权、侵权、失职、不当进行审理和判决。随着国家普遍强化政府职能的进程，国家行政管理的范围和种类也愈来愈广泛，由此也带来了日益增多的行政纠纷和日益复杂的行政法律关系，因此建立行政诉讼制度已成为历史的需要。我国于 1982 年开始建立行政诉讼制度，人民法院可以受理法律规定可以起诉的行政案件。特别是1990年10月1日生效实施的《中华人民共和国行政诉讼法》全面统一地规定了我国的行政诉讼制度，这就使法院的受案范围除了民事案件和刑事案件外，还包括了行政诉讼案件，从而扩大了司法机关对教育行政管理的监督职能。根据行政诉讼法的规定，行政机关的具体行政行为属于行政诉讼的范围，这就对行政机关采取行政措施提出了严格的法律要求。教育行政机关作出的行政决定，凡涉及公民、法人和其他组织的人身权、财产权的，如规定各种学校收费、印发学历证书、取消考试资格等，都应与有关法规的规定一致，否则在行政诉讼中将处于被动地位。

三、行政机关的行政监督

行政机关的行政监督包括上下级行政机关的相互监督和特设的行政监察机关对行政的监督。行政系统上下级机关之间的监督表现为国务院有权改变或撤销各部、委发布的不适当的命令、指示和规章，改变或撤销地方各级国家行政机关的不适当的决定和命令。县级以上地方各级人民政府有权改变或撤销所属各工作部门和下级人民政府的不适当的决定。行政监督另外一个重要方面是国家行政监察机关对国家行政机关及其公职人员执行法律、法规和政策的情况以及违反政纪的行为的监察。国家行政监察机关有检查权、调查权、建议权，并有一定的行政处分权。

除以上所述，在教育系统内，还有一种特殊的对教育工作的行政监督，这就是督导制度。根据规定，教育督导职权由国家教育部行使，地方县以上均设教育督导机构。教育督导的主要任务是对下级人民政府的教育工作，下级教育行政部门和学校的工作进行监督、检查、评估、指导，保证国家有关教育的方针、政策、法规的贯彻执行和教育目标的实现。教育督导可分为综合督导、专项督导和经常性检查，由教育督导机构根据本级人民政府、教育行政部门或上级督导机构的决定实施。督导机构和督导人员根据国家有关的方针、政策、法规进行督导，并具有以下职权：列席被督导单位的有关会议；要求被督导单位提供与督导事项有关的文件并汇报工作；对被督导单位进行现场调查。总之教育督导制度的建立，使教育法的行政监督有法可依，日臻完善。

四、执政党的监督

我国宪法已经规定了中国共产党的领导地位，1996 年 3 月 18 日中共中央政治局通过的《中国共产党普通高等学校基层组织工作条例》对高等学校常委的领导地位，又作了明确的规定。条例规定高等学校党组织的任务是"以马列主义、毛泽东思想和邓小平建设有中国特色社会主义理论为指导，全面贯彻执行党的基本路线和教育方针，坚持教育必须为社会主义现代化建设服务，必须与生产劳动相结合，培养德、智、体等方面全面发展的社会主义事业的建设者和接班人"。为此，该条例规定高等学校实行党委领导下的校长负责制，校党委统一领导学校工作，支持校长按照教育法和高等教育法的规定积极主动、独立负责地开展工作，保证教学、科研、行政管理等各项任务的完成。高等学校党的纪律检查委员会的主要职责是：

（1）维护党的章程和其他党内法规，对党员进行守法教育。

（2）检查党组织和党员贯彻执行党的路线、方针、政策和决议的情况。

（3）协助党委加强党风建设。

（4）检查、处理党的组织和党员违反党的章程和其他党内法规的案件，按照有关规定决定或取消对这些案件中党员的处分。

（5）受理党员的控告和申诉，保障党的章程规定的党员权利不受侵犯。

系级单位党的总支部（直属党支部）委员会在法律监督方面的主要职责是：保证监督党和国家的方针、政策及学校各项决定在本单位的贯彻执行；参与讨论决定本单位教学、科研、行政管理工作中的重要事项，支持本单位行政负责人在其职责范围内独立负责地开展工作等。

五、人民的监督

人民的监督是一种社会监督，通过社会对国家管理活动所进行的监督是我国国家生活中的一项根本原则，这种监督的基本方式是批评、建议、检举、控告和申诉等。这种监督对教育法的实施也具有重要的保证作用。

第五章　《中华人民共和国教育法》讲解

第一节　《中华人民共和国教育法》的制定

一、《教育法》为确保教育的优先发展、实施科教兴国战略提供了法律保障

星移斗转，21世纪已在向我们招手。经过20多年的改革开放，我国社会主义建设取得了令人瞩目的成绩。人民生活水平的提高，国家综合实力的增强，无不是有力的明证。但是，我们要清醒地看到，自本世纪80年代以来，信息和通信产业的兴起，信息处理的成本降低，通信和计算机技术的"数字趋同"，国际化网络的进程，所有这一切已使知识的创造、储存、学习和使用方式发生巨大的革命。在日益逼近的信息社会，世界正在进入知识经济时代。

知识经济是与资源经济或农业经济、工业经济相对应的一个概念。根据经济合作组织（OECD）的统计资料表明，其主要成员国国内生产总值的50%是以知识为基础的，而放眼当今世界上的发达国家今天比以往任何时候都更加依赖于知识的生产、扩散和应用。大家有目共睹的是计算机、电子、航空等技术产业成为所有产业中产出和就业增长最快的产业。

早在70年代初，美国著名的学者丹尼尔·贝尔就提出了"后工业化社会"的概念。他做了一个图表，勾画出这个时代与过去时代的基本差异。

	前工业化	工 业 化	后工业化
资　源	原材料	能　源	信　息
方　式	提　炼	制　造	加　工
技　术	精耕细作或劳动集约	资本集约	知识集约
整体设计	同自然作斗争	与改造过的自然作斗争	人与人之间的斗争

尽管我们并不一定完全同意丹尼尔·贝尔先生的上述划分，但是我们不得不承认这个图表的基本内容大致符合今天我们所处的这个时代。在贝尔的"后工业化"时代，信息成为社会生产的重要资源，以集约知识为技术手段，通过对信息的加工，形成一种网络化的生产格局。这种网络化的社会生产格局以虚拟现实为基础，虚拟现实可以创造出自然本身很少有机会产生的机会，从而导致了全球经济增长方式的根本性变革。

我国政府决策部门很敏锐地捕捉到世界经济发展的最新走向。在刚刚结束的九届全国人大一次会议上正式提出我国经济要向知识经济发展的方向，提出了科教兴国的宏伟蓝图。朱镕基总理指出"本届政府以科技兴国为主要目标"，并亲自担任"科教兴国领导小组"组长。有关专家、学者已达成共识：只有确保教育的优先发展地位，实施科教兴国战略，才能获得知识经济时代的"准入证"。

新中国建立以来，我国政府十分重视教育事业的发展，并且我国各级各类教育渐成规模，取得了较大的成绩。尤其是近十多年来，党和政府一直置教育于优先发展的地位。如1993年2月党中央，国务院制定的《中国教育改革和发展纲要》中提出："面对改革开放和现代化建设的新形势，各级政府、广大教育工作者和全社会，必须对教育改革和发展具有紧迫感，真正树立社会主义建设必须依靠教育和'百年大计,教育为本'的思想,采取切实有力的措施,落实教育的战略地位,加快教育的改革和发展,开创教育事业的新局面"。由于党和国家的高度重视和全社会的参与,我国在近十多年中就教育改革和发展积累了宝贵的经验,找出了建设有中国特色社会主义教育所特有的规律。因此,为了不使"教育优先发展"流为口号,为了不至于使已积累下来的办教育的规律得不到确认,为了不至于"科教兴国"的伟大宏图落空,我们有必要运用法律的形式来规范教育领域中的各种关系。《中华人民共和国教育法》于 1995 年 3 月 18 日由八届全国人大三次会议通过,它是教育的根本大法,它对涉及教育全局性的重大问题作出了基本规范。

教育的优先发展、科教兴国战略的实施,若仅靠政策的行政手段,靠领导的重视,难免不出现人在政举,人去政息,甚至人在政不举的情况。教育改革和发展中的诸多问题,若无法律保障体系,尽管有些可以一时一地解决,绝非万全之策。

落实教育优先发展的战略地位,在《教育法》第四条第一、二、三款分别规定:"国家保障教育事业优先发展"、"全社会应当关心和支持教育事业的发展"、"全社会应当尊重教师"。国家应当有计划地保障教育事业优先发展。首先,国家在制定各类长、中、短期规划和计划的过程中,要始终贯彻教育优先发展原则。同时,要逐年增加教育拨款,增加教育投入,改革教育经费筹措体制,提高教师的经济待遇和社会地位。除了国家之外,全社会也应当关心和支持教育事业的发展,把教育放在优先发展的地位。教育是一个复杂的系统工程,牵涉到社会各方各面,关心和支持教育是全社会的共同责任。同时,依据我国的国情,仅靠国家的力量是难以解决教育发展的必要性和可能性之间存在的尖锐矛盾的,需要社会各方面的力量共同参与。

总而言之,《教育法》的颁布与实施,为确保教育优先发展的战略地位，实施科教兴国战略提供法律保障。

二、《教育法》是专家学者、各界群众集体智慧的结晶，是全社会重视、支持教育的共同意志的集中体现

1995 年 3 月 18 日由八届全国人大三次会议通过的《教育法》起草工作始于 1985 年。在 1985 年公布的《中共中央关于教育体制改革的决定》中指出："在下放政权的同时，必须加强教育立法工作。"国家教委承担《教育法》的起草工作。国家教委委托北京师大进行《教育法》的前期调研工作。全国人大教科文卫委员会、法工委、国务院法制局及其他许多相关单位也都不同程度地介入和指导《教育法》的起草工作。1988 年国务院成立教育工作小组，进行《中国教育改革和发展纲要》的起草工作。1993 年《中国教育改革和发展纲要》颁布，为《教育法》的制定提供了全面的政策依据。1994 年 6 月中共中央、国务院召开全国教育工作会议，《教育法》（草案）被作为会议三大文件之一，在会议上作了充分的讨论。当时李鹏总理在讲话中指出，"教育发展和改革目标的实现也有赖于法制的建设"，"要加快教育立法步伐，尽快制定《教育法》、《职业教育法》、《高等教育法》及《教师法》的配套法规"。1994 年 11 月国务院法制局在广泛征求各方面意见后，对《教育法》（草案）作细密的审查、修改，决定提交国务院常务会议审议。国务院常务会议原则通过《教育法》（草案），正式提请八届全国人大常委会审议。1994 年 12 月底八届全国人大常委会第十一次会议审议通过了《教育法》（草案），认为《教育法》（草案）比较全面、成熟，基本符合我国实际，决定提交八届全国人大三次会议审议。1995 年 3 月 18 日八届全国人大三次会议通过了《教育法》（草案），自此我国有了第一部教育基本法——《中华人民共和国教育法》。

从《教育法》的调研、起草工作可以看出，这是专家学者和各界群众集体智慧的结晶。在前期调研工作中，国家教委委托北京师大成立了由顾明远、成有信等教育界专家组成的调研组，作了一些专题研究。在长达 10 年的起草工作中，起草小组集中了北师大、北大、人大、华东师大、华中师大、中央教科所、中国社科院法学所等单位的教育界、法学界专家。起草小组数易其稿，最终形成第 12 稿方获审议通过。起草小组广泛听取各方面的意见，中央各部门、各省、自治区、直辖市及有关高等院校、中小学及科研单位积极支持配合起草工作。仅 1994 年 3 月一个月内，各方面对《教育法》（草案）征求意见稿就提出了 1 000 多条建议和意见。全国人大教科文卫委员会为准备审议此草案，专门就其中一些重大问题，赴北京、上海、江苏、四川、陕西、甘肃等地召开座谈会和研讨会，反复征求各部门以及教育界法律界专家学者、民主党派人士、各级各类学校校长和教师的意见。因此，我们可以说，《教育法》是专家学者、各界群众集体智慧的结晶，充分体现了立法工作的民主化、科学化。

《教育法》是全社会关心和支持教育的集中体现。本法在调研和起草的过程中，得到党和国家领导人的高度重视，得到了各民主党派、教育界及其他社会各界的广泛关注。从 1984 年起每年召开的全国人大、全国政协会议上，不少代表、委员先后提出过许多议案、提案或建议，强烈呼吁尽快制定有关教育的基本法。在《教育法》（草案）征求意见时，社会各界人士以认真而慎重的态度就该法草案提出不少建议和意见。

三、我国教育事业的指导思想和基本原则需要有一部教育基本法去明确

我国教育的性质与地位、教育方针、指导教育发展的基本原则，事关我国教育宏观发展，都是一些全局性的重大问题。若朝令夕改，无一部教育基本法来界定、明确，很容易使我国教育发展失去稳定性、恒常性，很难保证我国教育发展的方向。因此，依据已有的法律，制定一部教育基本法，明确我国教育改革和发展中的若干重大问题，保证我国教育发展的社会主义方向，是很有必要的。

《教育法》第三条规定："国家坚持以马克思列宁主义、毛泽东思想和建设有中国特色社会主义理论为指导，遵循宪法确定的基本原则，发展社会主义事业"。这一规定，明确了我国教育的社会主义性质。

首先，我国教育的社会主义性质，是由我国以生产资料公有制为主体的生产关系和社会主义国家的政治、经济制度所决定的。随着1956年社会主义改造的基本完成，我国逐步建立起生产资料公有制为基础的社会主义生产关系，并且在以后的国民经济建设和改革开放的过程中逐步得到完善和成熟。社会主义的根本任务是解放和发展社会生产力。生产力中最重要的因素是劳动者。如何提高和培养适应社会主义生产关系所需要的人才是一个至关重要的问题。保证所培养的人才符合社会主义生产关系和社会道德规范，必须确保我国教育的社会主义方向。

其次，我国教育的总目标是建设有中国特色社会主义教育体系。具有中国特色社会主义教育事业，既是一个方向，又是一个动态过程。在《中国教育改革与发展纲要》中初步明确了建设有中国特色社会主义教育体系的十一条主要原则。第一，教育是社会主义现代化建设的基础，必须坚持把教育摆在优先发展的战略地位。第二，必须坚持党对教育工作的领导，坚持教育的社会主义方向，培养德智体全面发展的建设者和接班人。第三，必须坚持教育为社会主义现代化服务，与生产劳动相结合，自觉地服从和服务于经济建设这个中心，促进社会的全面进步。第四，必须坚持教育的改革开放，努力改革教育体制、教育结构、教育内容和方法，大胆吸收和借鉴人类社会的一切文明成果，勇于创新，敢于实验，不断发展和完善社会主义教育制度。第五，必须全面贯彻党的教育方针，遵循教育规律，全面提高教育质量和办学效益。

第六，必须依靠广大教师，不断提高教师政治和业务素质，努力改善他们的工作、学习和生活条件。第七，必须充分发挥各级政府、社会各方面和人民群众的办学积极性，坚持以财政拨款为主、多渠道筹措教育经费。第八，必须从我国国情出发，根据统一性和多样性相结合的原则，实行各种形式办学，培养多种规格人才，走出符合我国和各地区实际的发展教育的路子。

　　教育方针是国家在一定历史时期，根据政治、经济发展的要求而规定的教育工作的总方向和行动指针。它是不同时代革命和建设事业对教育的要求的集中反映，是对不同时代教育实践经验的高度总结，又是教育者总的意愿。综览世界各国有关教育方针的立法，一般都见于国家根本大法——宪法或教育基本法中。我国《教育法》之第五条规定："教育必须为社会主义现代化建设服务，必须与生产劳动相结合，培养德、智、体等方面全面发展的社会主义事业的建设者和接班人。"这一对教育方针的界定，是根据《宪法》的有关规定和《中国教育改革和发展纲要》的精神而作出的。这是我国第一次以立法的形式规定我国教育方针，对我国教育事业的发展具有不可低估的影响。教育为社会主义现代化建设服务，反映了教育与经济建设、社会发展的本质关系。它同时也是总结了我国教育正反两方面的经验教训和借鉴各国教育经验而提出来的。教育必须与生产劳动相结合，这是培养全面发展的社会主义建设者和接班人的根本途径。同时，培养德、智、体等方面全面发展的社会主义建设者和接班人，是我国教育的培养目标。总体而言，我国的教育方针可以归纳为"两个必须"和"一个培养目标"。第一个"必须"指出了教育工作的总方向，第二个"必须"明确了培养途径。一方面在教育与社会发展、教育与生产劳动、教育与人的发展这些重大关系上，继承和发展了马克思主义的教育思想，同时它们也反映了我国教育的社会主义性质。

我国教育的基本原则是根据国家教育方针和教育的客观规律制定的，既是对我国社会主义教育实践经验的总结，又是在批判继承历史遗产和吸收国外教育经验的基础上丰富发展起来的。

《教育法》之第六条规定："国家在受教育者中进行爱国主义、集体主义、社会主义教育，进行理想、道德、纪律、法制、国防和民族团结的教育。"从这一条规定中可以看出我国教育重视德育的原则。我们要站在历史的高度以战略的眼光来认识德育工作，要深入持久地开展爱国主义、集体主义和社会主义思想教育、理想教育、道德教育、纪律教育、法制教育、国防教育和民族团结教育。青少年是国家的未来民族的希望，教育和培养他们是社会主义建设事业的奠基工程，事关社会主义建设伟业的成败。因此，高度重视德育工作，是指导我国教育改革和发展的基本原则。

《教育法》之第七条规定"教育应当继承和弘扬中华民族优秀的历史文化传统，吸收人类文明发展的一切优秀成果。"这就规定了教育所要遵循的借鉴与继承的原则。我们既要继承和弘扬中华民族优秀的历史文化传统，又要借鉴和吸收人类文明发展的一切优秀成果。我们要立足中国实情，坚持古为今用、洋为中用的观点，取其精华而弃其糟粕，有吸收、有创造地学习，使中华民族传统文化发扬光大，并为世界文化的前进而贡献应有的力量。

《教育法》之第八条规定："教育活动必须符合国家和社会公共利益"，"国家实行教育与宗教分离，任何组织和个人不得利用宗教进行防碍教育制度的活动"。这一规定体现了教育的公共性原则。我国教育是人民教育，发展教育事业是全社会的共同责任。所有办学主体都应具有公共性，不应以营利为目的。教育事业应面向全体公民，对国家、人民、社会公共利益负责，不得损害国家、人民和社会利益。教育必须与宗教分离。在国民教育和公共教育中不允许宗教团体和个人办学进行宗教教育，更不允许利用宗教进行防碍国家教育制度的活动。教师在学校有权且应该进行辩证唯物主义教育，宣传无神论，不得强迫学生信仰或不信仰宗教，也不得歧视信仰宗教的学生。教育活动应当依法接受国家和社会的监督。

第二节　教育基本制度

一、何谓教育基本制度

教育基本制度不是一个严格的具有特定内涵的概念。在《教育法》中关于教育基本制度的规定是从我国教育的实际出发，根据立法的需要而确定的。在《教育法》的第二章，规定了构成我国现代教育体制的一些主要制度，诸如学制、义务教育制度、职业教育和成人教育制度、教育考试制度、学业证书制度、学位制度、扫除文盲教育制度、教育督导和教育评估制度。

这些教育制度是自建国以来通过长时期的社会主义教育实践而逐步形成和发展起来的，是最主要的也是最基本的教育制度。它构成了具有中国特色的社会主义教育制度的主体框架，并为我国发展终身教育体系奠定了坚实的基础。同时，我国教育基本制度也是与社会主义政治、经济制度及生产发展水平相适应的。作为社会主义国家，我国教育的根本目的是提高全民族的素质，促进社会主义物质文明和精神文明建设。我国教育基本制度的确立即为保证这一根本目的的实现。当前我国经济结构和产业结构正走向多元化，对人才的要求也提出了多层次、多规格的要求。我国的教育基本制度正是从适应这种多样化要求出发，发展多层次、多种类型的教育，以满足社会经济和文化发展的不同要求。

我国教育基本制度为我国公民个性的全面发展提供了现实保障。人的全面发展只有在合适的社会制度下才可能实现。作为社会主义国家，我国保障人民享有充分的受教育权利。我国不仅有从幼儿到成人的完整的学校教育体系，而且发展了多种形式的职业教育和成人教育。这样为我国人民提供了尽可能多的受教育机会，为人的全面发展提供了现实的制度保障。当然，随着社会进步与发展，学习将贯穿于人的一生。未来的教育将是终身教育。因此社会应为任何人在任何时候提供他所需要的学习机会。

二、学制系统

学制，指一个国家各级各类学校的体系，包括它们的性质、任务、入学条件、学习年限及相互关系的总和。

《教育法》第十七条对学制作出规定："国家实行学前教育、初等教育、中等教育、高等教育的学校教育制度。国家建立科学的学制系统。学制系统内的学校和其他教育机构的设置、教育形式、修业年限、招生对象、培养目标等，由国务院或者由国务院授权教育行政部门规定。"第一款明确了国家实行学前教育、初等教育、中等教育、高等教育的学校教育制度。第二款明确了国家在建立科学的学制系统方面的责任，明确了国务院及教育行政部门在规定学制系统内的学校和其他教育机构的设置、教育形式、修业年限、招生对象和培养目标等方面的责任和权限。

我国近代学制的建立经历了一个相当长的历史时期。清末的"癸卯学制"是我国历史上实施推行的第一个近代学制。这个学制将学校教育从纵向分为三段六级：小学教育9年，中学教育5年，高等教育6至7年；从横向分为普通学堂、师范学堂、实习学堂，分别施行普通、师范和职业教育。这个学制奠定了我国新学制的基础。后来的"壬子癸丑学制"、"壬戌学制"大抵沿袭此例而稍作变动。新中国成立后，党和国家高度重视学制的改革。1951年政务院颁布《关于改革学制的决定》，明确规定了中华人民共和国的新学制。为了加速教育的发展和扩大劳动人民及其子女受教育的机会，新学制规定：小学教育改为5年一贯制，增加业余的初等和中等教育，建立工农速成初等和中等学校。后来在"文革"期间的"学制要缩短"、"教育要革命"等口号影响下，我国的学制建设遭到了很大的破坏。十一届三中全会后，我国的学制得到了恢复和重建。经过几十年的不断发展和完善，我国现行的学制系统由以下几个部分构成：第一，学前教育，主要是对三周岁以上学龄前儿童实施的保育和教育，属于学校教育的预备阶段。在1989年由国家教委颁发的《幼儿园工作规程》中规定幼儿园的学制一般为3年，招收三周岁至学龄前儿童。第二，初等教育，主要指小学，招收六七岁儿童入学，学制5至6年。相当于小学教育程度的有成人初等业余教育。第三，中等教育，包括全日制普通中学、中等专业学校、技工（职工）学校及其他的中等学校。其中全日制普通中学的初中阶段，与小学教育阶段合并在一起为我国的九年义务教育阶段。目前我国的义务教育是"六三"学制、"五四"学制、九年一贯制等多种学制并存的局面。普通高中和职业高中的学制一般为3年。第四，高等教育，包括全日制普通高等院校、普通专科学校和各种类型的成人高等院校及研究生院，全日制大学的学制一般为4至5年，专科学校的学制一般为2至3年，研究生学制一般为2至3年。

国家通过各种形式由国务院或国务院授权教育行政部门来规定学制系统内的学校和其他教育机构的设置、教育形式、修业年限、招生对象、培养目标等。这是由《教育法》第十七条所界定的。这些具体制度的规定权限隶属于国务院或国务院授权的教育行政部门。国家教委1989年颁布的《幼儿园工作规程》（试行）中对学前教育的招生对象、任务、培养目标作出了规定。国家教委1992年颁布的《九年义务教育全日制小学、初级中学课程计划》（试行）对九年义务教育阶段小学和初中的培养目标作出了明确的规定。1981年教育部颁布的《全日制六年制重点中学教学计划》（试行草案）对重点中学的任务和要求作出了明确规定。国家通过《高等教育管理职责暂行条例》（国发〔1986〕32号）、《普通高等学校设置暂行条例》（国发〔1986〕108号）、《广播电视大学暂行规定》（88 教计字 063 号）、《高等教育自学考试暂行条例》（国发〔1988〕15 号）等一系列法律法规文件，对高等教育的机构设置、招生对象、修业年限、教育形式、培养目标等具体制度作出了明确的规定。

正因为我国学制系统存在的复杂性和多样性，为保证教育质量和培养人才的规格要求，国家必须制定相应的规范和标准。各级各类学校及其他教育机构的设置要件、审批机构、审批办法、变更程序，教育形式的种类及确认，招生的指向和范围，修业年限、培养目标和质量标准，只有国务院或其授权的教育行政部门才有权规定。

三、义务教育制度

《教育法》第十八条规定："国家实行九年制义务教育制度。各级人民政府采取各种措施保障适龄儿童、少年就学。适龄儿童、少年的父母或者其他监护人以及有关社会组织和个人有义务使适龄儿童、少年接受规定年限的义务教育。"

什么是义务教育？义务教育是国家根据法律规定对适龄儿童和少年实施的一定年限的强迫的、普及的、免费的学校教育，是国家、社会、学校、家庭必须予以保证的国民教育，属基础教育阶段。其目的是使儿童和少年接受必要的社会道德规范、文化基础知识、社会生活和生产经验的教育，使其成为合格的公民，为适应和参与社会生活做准备。1986 年 4 月 12 日，第六届全国人大第四次会议通过了《中华人民共和国义务教育法》。《义务教育法》之第二条作出规定："国家实行九年制义务教育"。《义务教育法》的颁布和实施，标志着我国九年制义务教育制度的建立。

我们必须认识到，实行义务教育既是国家对人民的义务，也是家长或监护人对国家和社会的义务。国家和社会提供各种条件使每个中国儿童和少年都受到法律规定年限的教育，家长也必须要保证自己的子女接受法律规定年限的教育。《义务教育法》规定：

"除因疾病或者特殊情况,经当地人民政府批准的以外,适龄儿童、少年不入学接受义务教育的,由当地人民政府对他的父母或者其他监护人批评教育,并采取有效措施责令送子女或者被监护人入学。""对招用适龄儿童、少年就业的组织或个人,由当地人民政府给予批评教育,责令停止招用;情节严重的,可以并处罚款,责令停止营业或者吊销营业执照。"根据《中华人民共和国民法通则》,监护人是指未成年人父母,未成年人父母已经死亡或者没有监护能力的,由未成年人的祖父母、外祖父母、兄、姐、关系亲密的其他亲属、朋友及未成年人父母所在单位等个人或单位中有能力者担任。根据国务院颁发的《禁止使用童工规定》,童工是指未满十六周岁,与单位或者个人发生劳动关系从事有经济收入的劳动或者从事个体劳动的少年、儿童。

一国基础教育的普及程度和义务教育的年限受其经济和教育发展水平的制约。这一点可以从世界各国近现代教育实践可以得到证实。对义务教育的年限在《教育法》有两种表述方式。其一,"国家实行九年制义务教育制度"。这里强调根据我国自改革开放以来的社会和经济发展状况所提出的"九年制"义务教育目标是可以而且应该达到和实现的。其二,"……使适龄儿童、少年接受规定年限的义务教育"。义务教育是强制性的,义务教育的年限要根据适应社会生产和生活的变化而对国民提出的基本素质要求来规定。义务教育在将来的某个时期不只是九年制。同时,当然也要看到由于我国各地区经济、文化发展极不平衡,各地的经济基础和教育水平也存在着事实上的差距。因此,表述为"规定年限的义务教育"说明现阶段实行九年制义务教育要从各地实际情况出发,分阶段有步骤地进行。

为了确保义务教育的实施,必须贯彻国家的教育方针,努力提高教育质量,使儿童、少年在品德、智力、体质等方面全面发展,为提高全民族的素质,培养有理想、有道德、有文化、有纪律的社会主义建设人才。实施义务教育所需事业费和基本建设投资，由国务院和地方各级人民政府负责筹措，予以保证。国家用于义务教育的财政拨款的增长比例，应当高于财政经常性收入的增长比例，并使按在校学生人数平均的教育费用逐步增长。地方各级人民政府按照国务院的规定，在城乡征收教育事业费附加，主要用于义务教育。国家对经济困难地区实施义务教育的经费，予以补助。国家鼓励各种社会力量以及个人自愿捐资助学。国家在师资、财政等方面，帮助少数民族地区实施义务教育。

在国务院的领导下，对义务教育实行地方负责，分级管理。地方各级人民政府要积极管理和实施好本辖区内的义务教育，保证辖区内的就学儿童和少年不辍学。

四、职业教育和成人教育制度

《教育法》第十九条明确规定："国家实行职业教育制度和成人教育制度。各级人民政府、有关行政部门以及企事业组织应当采取多种措施，发展并保障公民接受职业学校教育或者各种形式的职业培训。国家鼓励发展多种形式的成人教育，使公民接受适当形式的政治、经济、文化、科学、技术、业务教育和终身教育。"

职业教育和成人教育实际上都是我国学制的重要组成部分。前者是指一定的教育性质和目标指向而言，后者是指特定的教育对象而言，并非各自分离的教育系统。二者和我国全日制普通教育相互联系、相互融合，构成一个统一的有机整体。

职业教育是现代教育的重要组成部分。在我国现阶段能接受普通高等教育的毕竟是少数人，绝大多数人要在接受一定阶段基础教育的基础上走职业教育成才之路。大力发展职业教育，是符合我国国情的培养大量应用人才的一条根本出路，是推进教育现代化、振兴经济的必由之路。我国的职业教育包括职业学校教育、职业培训和职前培训。要根据各地的具体情况，有计划地实行小学后、初中后、高中后三级分流，大力发展职业教育，逐步形成初等、中等、高等职业教育和普通教育共同发展、相互衔接、比例合理的教育序列，以培养适应不同需要、不同层次的劳动者和专门人才。要大力开展多种形式的职业培训，实行"先培训，后就业"、"先培训，后上岗"的制度，使新增劳动力上岗前都能接受到必需的职业训练。各级政府要按照《教育法》的规定，切实贯彻统筹规划、积极发展的方针，充分利用当地的资源优势和产业优势，因地制宜地办好各类示范性职业学校或职业培训机构，鼓励行业、企业、事业组织办学和各方面联合办学，鼓励民主党派、社会团体和个人办学。各级人民政府、各级财政部门、各有关业务主管部门及厂矿企业要从财力和政策上支持职业教育的发展。

成人教育是传统学校教育向终生教育发展的一种新型教育制度，对提高民族素质，直接有效地促进经济、社会发展具有重要作用。它的主要任务是对没有受完初等、中等教育的劳动者进行基础教育；对已经就业或需要转岗的人员进行岗位培训；提高在职人员的文化程度和专业水平；对专业技术人员进行大学后继续教育；为满足公民精神文化生活的需要开展丰富多彩的社会文化和生活教育。

党和政府一直十分重视成人教育。在《中国教育改革和发展纲要》中对我国成人教育发展的目标，战略及指导思想作出了明确的规定。90年代，要适应经济建设、社会发展和从业人员的实际需要，要积极发展成人教育。要本着学用结合、按需施教和注重实效的原则，把大力开展岗位培训和继续教育作为重点，重视从业人员的知识更新。国家建立和完善岗位培训制度、证书制度、资格考试和考核制度、继续教育制度。另外，大力发展农村成人教育，积极办好乡镇成人文化技术学校，全面提高农村从业人员的素质。

成人教育和职业教育的管理，国家教委和地方教育行政部门负有宏观管理、协调和指导的责任，同时要注意发挥行业和部门的职能与指导作用。凡是进行学历教育的职业学校和成人学校,原则上要由相应各级教育部门进行管理。在职的岗位培训工作,原则上由各级劳动、人事部门和有关业务部门进行管理。职业教育和成人教育的办学体制,要在政府统筹管理下,主要依靠行业、企事业单位、社会团体和个人举办,鼓励社会各方面联合举办。政府通过专项补助和长期贷款等形式予以扶持。职业学校要走产教结合的路子,更多地利用贷款发展校办产业,增强学校自身发展的能力。这样,才能使成人教育和职业教育制度得以更加完善地建立起来。

五、扫除文盲制度

《教育法》第二十三条规定:"各级人民政府、基层群众性自治组织和企事业组织应当采取各种措施,开展扫除文盲的教育工作。按照国家规定具有接受扫除文盲教育能力的公民,应当接受扫除文盲的教育。"第一款明确了各级人民政府、基层群众性自治组织和企事业组织在扫盲教育中的责任,第二款明确了具有接受扫盲教育能力的公民在接受扫盲教育方面的义务。

各级人民政府应当加强对扫除文盲工作的领导,制定本地区的规划和措施,组织有关方面分工协作,具体实施,并按规划的要求完成扫盲任务。地方各级教育行政部门应当加强对扫除文盲工作的具体管理。城乡基层单位的扫盲工作,应在当地人民政府的领导下由单位行政领导负责。村民委员会、居民委员会应当积极协助组织扫除文盲工作。各类教育机构特别是实施义务教育的中小学,应积极参加扫除文盲工作,"日校办夜校、一师任两教"。地方各级教育行政部门要积极组织培训扫盲工作的专职人员和教师,组织编写教材和读物,组织扫盲工作的经验交流和奖励先进的活动。

具有接受扫除文盲教育能力的公民,应当接受扫除文盲的教育。1993年修订的《扫除文盲工作条例》规定:"凡年满15周岁以上的文盲、半文盲公民,除丧失学习能力的以外,不分性别、民族、种族,均有接受扫除文盲教育的权利和义务。"丧失学习能力的是指那些因生理和心理缺陷而失去接受扫除文盲教育能力的公民。对丧失学习能力者的鉴定,要由县级人民政府教育行政部门组织进行。对那些在规定期限内具备学习条件而不参加扫除文盲学习的文盲、半文盲公民,当地人民政府应当进行批评教育,并采取切实有效的措施组织入学,使其达到脱盲标准。根据《条例》规定,个人脱盲的标准是,农民识 1500 个汉字,企业和事业单位职工、城镇居民识 2000 个汉字;能够看懂浅显通俗的报刊、文章,能够记简单的账目,能够书写简单的应用文。对其是否达到脱盲标准,要进行考核验收制度。考核内容包括识字、阅读、记账、书写等方面,且要采用省级教育行政部门统一组织命题或认可的试卷。

六、国家教育考试制度

《教育法》第二十条规定:"国家实行国家教育考试制度。国家教育考试制度由国务院教育行政部门确立种类,并由国家批准的实施教育考试的机构承办。"

国家教育考试制度是国家教育管理制度的重要组成部分。国家教育考试制度是指由国家批准实施教育考试的机构以本法为依据,根据一定的考试目的,按照国务院教育行政部门所确定的考试内容、考试原则、考试程序,对考试对象的知识和能力进行的测定和评价。它是检验受教育者是否达到国家规定的教育标准的重要手段。我国现行的国家教育考试包括三个方面:其一,是按国家规定进行的统一入学考试,如中考、高考、研究生入学考试;其二,是学历认证考试,如中等专业教育自学考试、高等教育自学考试;其三,水平考试,如普通中学毕业会考、汉语水平考试、外语水平考试等。国家进行统一的入学考试,对于公民获得非义务教育阶段的受教育机会,提供了一种公平竞争的条件和公正选拔的手段，较大程度上保证了公民受教育机会的均等。国家举办各类水平考试和自学考试，是对公民所达到的教育水平的具有法律效力的认定。无论公民以何种形式参加学习或接受教育，只有通过了规定的国家教育考试，其学业才能得到国家和社会的认可，从而在就学、就业升迁等方面受到同等对待。

七、学业证书制度和学位制度

《教育法》第二十一条规定："国家实行学业证书制度。经国家批准设立或者认可的学校及其他教育机构按照国家有关规定，颁发学历证书或者其他学业证书。"

《教育法》第二十二条规定："国家实行学位制度。学位授予单位依法对达到一定学术水平或者专业技术水平的人员授予相应的学位，颁发学位证书。"

学业证书是颁发给受教育者的表明其受教育程度及其达到的知识水平和能力的凭证，通常与国家学制系统相联系。学业证书包括学历证书和非学历证书。学历证书分为毕业证书、结业证书、肄业证书三种。凡经正式注册取得学籍的学生，学完教学计划规定的全部课程，考试成绩及格（或修满规定的学分），德育、体育考核合格，准予毕业者，可获毕业证书。依我国现行学制，分别有小学、初中、高中、中专、大专、大学本科、硕士研究生、博士研究生毕业证书。在高等教育阶段，对于学完教学计划规定的全部课程，但有一门以上课程不及格，未达到毕业标准者可发结业证书；具有正式学籍，其学历已达一年以上，而未完成整个阶段学习任务中途退学者，可发给肄业证书。非学历性学业证书有成人高等教育试行的《专业证书》及其他各种培训、学习计划完成后颁发的写实性学业证书。

学业证书的发放是一种国家特许的权力。

教育行政部门在审批学校或其他教育机构的设立申请时，要审核其是否已达到国家规定的教育标准。一旦批准设立，就同时赋予其发放相应学业证书的权力。

按照《教育法》和《中华人民共和国学位条例》的规定，我国实行学位制度。学位是国家或国家授权的教育机构授予个人的一种终身的学术称号，表明学位获得者所达到的学术或专业学历水平。我国自1980年颁布《中华人民共和国学位条例》开始建立学位制度。我国学位分学士、硕士、博士三级，按哲学、经济学、法学、教育学、文学、史学、理学、工学、农学、医学、军事学等11个学科门类授予。

在《学位条例》中对学位获得者的条件作了明确规定。凡是拥护中国共产党的领导，拥护社会主义制度，具有一定学术水平的公民，都可以按照《条例》的规定申请相应学位。对不同学位应达到的相应学术水平是这样规定的：学士学位获得者应较好地掌握本门学科的基础理论、专门知识和基本技能，具有从事科学研究工作或担负专门技术工作的初步能力。高等院校和科研机构的研究生，或具有研究生毕业同等学力的人员，通过硕士学位的课程考试和论文答辩，成绩合格，达到下述学术水平者可授予硕士学位：在本门学科上掌握坚实的基础理论和系统的专门知识，具有从事科学研究工作或独立担负专门技术工作的能力。高等院校和科研机构的研究生，或具有研究生毕业同等学力的人员，通过博士学位的课程考试和论文答辩，成绩合格，达到以下学术水平者授予博士学位：在本门学科上掌握坚实宽广的基础理论和系统深入的专门知识，具有独立从事科学研究工作的能力，在科学或专门技术上做出创造性的成果。

国务院学位委员会是负责领导和管理全国学位授予工作的机构，其主任委员、副主任委员和委员由国务院任免。国务院学位委员会按学科设若干学科评议组，审核学位授予单位。国务院对已经批准有权授予学位的单位，在确认其不能保证所授学位的学术水平时可以停止或撤销其授予学位的资格。

八、教育督导制度和教育评估制度

《教育法》第二十四条规定："国家实行教育督导制度和学校及其他教育机构教育评估制度。"

教育督导制度和教育评估制度是我国现代教育制度的重要组成部分。教育督导是政府对教育工作进行宏观管理的一种重要形式，是政府依法治教，对教育工作实行行政监督的有效手段。国家教委1991年颁布了《教育督导暂行规定》，对我国的教育督导制度作了全面规定。教育督导的任务是对下级人民政府的教育工作、下级教育行政部门和学校的工作进行监督、检查、评估、指导，保证国家有关教育的方针、政策、法规的贯彻执行和教育目标的实现。教育督导的范围主要有中小学教育、幼儿教育及其相关工作。行使教育督导职权的机构可根据本级人民政府或同级教育行政部门的委托，对上述范围以外的教育工作进行督导。

根据国务院的有关规定，教育部行使教育督导权，并负责管理全国教育督导工作。其主要职责有：制定教育督导工作的方针、政策、规章；制定教育督导工作的计划和指导方案；组织实施全国的教育督导工作；指导地方教育督导工作；组织培训督导人员；总结推广教育督导工作经验，组织教育督导的科学研究。行使教育督导职权的机构应设专职督学,根据工作需要也可聘兼职督学。督学须具备以下条件：坚持四项基本原则，坚持改革开放，忠诚于社会主义教育事业；熟悉国家有关教育的方针、政策、法规，有较高的政策水平；具有大学本科学历或同等学历，有十年以上从事教育工作的经历，熟悉教育教学业务；深入实际，联系群众，遵纪守法，办事公道，敢说真话，身体健康。

教育评估是指各级教育行政部门或经认可的社会组织对学校及其他教育机构的办学水平、办学条件、教育质量进行的综合或单项考核和评价,是政府对教育机构实施宏观管理的重要手段。目前我国教育评估的类型主要包括合格评估、水平评估和选优评估。

合格评估是国家和教育行政部门对新建学校的基本办学条件和基本教育质量鉴定认可的制度。一般在批准建校招生五年后或有第一届毕业生时进行。鉴定结论有合格、暂缓通过、不合格三种。办学水平评估是对已经鉴定合格的学校进行经常性评估，包括对整个学校办学水平的综合评估和学校中思想政治教育、专业（学科）、课程及其他教育工作的评估。选优评估是办学水平评估的基础上，择优扶持，培养示范性学校，促进竞争提高水平的评比选拔活动。

教育评估的目的是，督促学校认真贯彻有关教育的方针、政策、法律、法规，端正办学方向，遵循教育规律，深化教育改革，优化教育管理，督促政府及其教育行政部门改进对学校的领导，提高办学效益。

第三节 学校及其他教育机构

学校及其他教育机构是有计划，有组织、有系统地进行教育教学活动的重要场所。教育教学活动必须通过不同类型的学校及其他教育机构来开展。学校及其他教育机构是《教育法》调整的重要对象。

一、学校及其他教育机构的举办

法律意义上的学校及其他教育机构，是指经主管机关批准设立或登记注册的实施教育教学活动的社会机构，其中既包括学制系统以内以实施学历性教育为主的教育机构，如幼儿园、全日制小学、初中、高中、完全中学、中专、技校、职业高中、高等专科学校、高等职业学校、独立设置的学院、大学、具有颁发学历证书的成人高等学校等，又包括实施非学历教育的教育机构，如各种职业与技术培训机构、培训中心，以及实施扫盲教育的文化补习教育、干部继续教育、社会文化教育的各种机构。

在我国有权举办学校及其他教育机构的主体依据《教育法》第二十五条的规定:"国家制订教育发展规划,并举办学校及其他教育机构。国家鼓励企事业组织、社会团体、其他社会组织及公民个人依法举办学校及其他教育机构。任何组织和个人不得以营利为目的举办学校及其他教育机构。"国家、企事业组织、社会团体、其他社会组织和公民个人都可以成为学校及其他教育机构的举办主体。但是国家必须在学校及其他教育机构的举办上占有主导地位。国家举办学校是由现代社会的教育社会化性质决定的。《教育法》明确规定了国家在举办学校及其他教育机构方面的主要责任。各级政府应当根据经济和社会发展的需要,制定中长期教育发展规划和年度教育发展计划,并根据教育规划和计划的要求举办学校及其他教育机构。国家举办学校主要是通过国家财政拨款作为教育投入来实现的。国家还鼓励社会力量举办学校及其他教育机构。因为国家举办学校是从整体上承担社会教育活动,不能承担和满足全部公民受教育的要求。社会力量主要是指在我国境内注册并具有法人资格的企事业组织、社会团体、其他社会组织和我国公民。社会力量举办的学校及其他教育机构,其教育经费来源主要依靠社会组织和个人出资、捐资以及学费等。任何组织和个人不得以营利为目的举办学校及其他教育机构。教育作为公共事业,非营利性是其重要特征。国家举办各级各类学校不能是营利行为自不必饶舌,即使是社会力量举办学校及其他教育机构也不能以营利为目的。不能以营利为目的不是说在教育运作过程中不能产生盈余,而是要求盈余部分要投入教育教学活动或学校的发展当中去。

学校及其他教育机构的举办主体是国家和社会力量。那么,设立学校及其他教育机构的基本条件和设置程序是怎样的?《教育法》第二十六条规定:"设立学校及其他教育机构,必须具备下列基本条件:(一)有组织机构和章程;(二)有合格的教师;(三)有符合规定标准的教学场所及设施、设备等;(四)有必备的办学资金和稳定的经费来源"。第二十七条规定："学校及其他教育机构的设立、变更和解散，应当按照国家有关规定办理审核、批准、注册或者备案手续。"

根据《教育法》的规定，学校及其他教育机构设立的基本条件包括组织、人员、物质、经费四个方面。学校及其他教育机构的设立必须具有自身的组织机构和章程。组织机构和章程是学校及其他教育机构存在的必要前提。举办者申请拟设立的学校及其他教育机构，应当有权责分工明确的管理机构和管理人员，以保证机构的正常运转。同时还必须有机构章程，来规定机构名称、办学宗旨、开展教育教学活动的主要任务、机构内部管理体制、师生员工参与民主管理与监督的制度、财务管理制度、人事管理制度、举办者的权责、章程的修改程序等项内容。学校及其他教育机构的设立必须有合格的教师。学校一般由管理人员、教师和教学辅助人员和其他员工组成，其中教师是教育教学活动的主要实施者。教师作为一种职业，他是从事教育活动的专业人员，具有从事教育教学活动的专业知识和技能。因此，设立学校及其他教育机构要保证拟聘教师具有法定的教师资格，取得教师资格证书。不具备相应教师资格的人员不得从事教学活动。学校及其他教育机构的设立必须要有符合规定标准的教学场所及设施、设备等。教学场所及设施、设备这些物质条件是开展教育教学活动的物质基础。这些物质条件可以是自有的，也可以通过租赁、借用等方式取得校舍、场地、教学设施、设备等的使用权，但必须符合教学要求，并有合法的合同文件。另外，设立学校及其他教育机构的设立必须有必备的办学资金和稳定的经费来源。学校及其他教育机构的设立，除了需要固定资产的投入外，还需要不断投入流动资金，以应付经常性开支。在申请设立学校及其他教育机构时，根据所办机构的要求，必须有明确、稳定的教育经费来源说明，提交收、支预算。举办者应保证通过合法渠道筹集到设立学校及其他教育机构必需的启动资金和运转资金，应保证机构设立后有稳定的经费来源。

学校及其他教育机构的内部管理体制，由举办者依照国家有关规定来确定。这一点在《教育法》第三十条作出了明确的规定："学校及其他教育机构的举办者可以按照国家有关规定,确定其所举办的学校及其他教育机构的管理体制。学校及其他教育机构的校长或主要行政负责人必须由具有中华人民共和国国籍，在中国境内定居、并具备国家规定任职条件的公民担任，其任免按照国家有关规定办理。学校的教学及其他行政管理，由校长负责。学校及其他教育机构应当按照国家有关规定，通过以教师为主体的教职工代表大会等组织形成，保障教职工参与民主管理和监督。"

学校及其他教育机构的性质、种类、层次和规模各不相同，其内部管理体制也不可能整齐划一。目前现行的有"校长负责制"、"党委领导下的校长负责制"、"董事会领导下的校长负责制"等。具体情况是，国家举办的中等及其以下学校，统一实行校长负责制；国家举办的高等学校实行党委领导下的校长负责制；社会力量举办的学校及其他教育机构实行董事会领导下的校长负责制。当然，不管实行哪种体制都要坚持党对教育工作的领导。

依据《教育法》的规定，学校及其他教育机构的校长负责教学和行政管理。因此，对校长的任职资格作了明确的规定，即：第一，必须具备我国国籍并在我国境内定居。这一点是维护我国教育主权的体现。第二，具备国家规定在职条件的公民担任。具体的任职条件在国家教委制定的规章中有体现,包括政治思想要求、文化水平、业务素质、工作能力及身体健康状况等。

二、学校及其他教育机构的权利

《教育法》第二十八条规定："学校及其他教育机构行使下列权利：（一）按照章程自主管理；（二）组织实施教育教学活动；（三）招收学生或其他受教育者；（四）对受教育者进行学籍管理、

实施奖励或者处分；（五）对受教育者颁发相应的学业证书；（六）聘任教师及其他职工，实施奖励或者处分；（七）管理、使用本单位的设施和经费；（八）拒绝任何组织和个人对教育教学活动的非法干涉；（九）法律、法规规定的其他权利。"

学校及其他教育机构作为一种社会组织，享有法律规定的一般权利。教育法规定的学校及其他教育机构的权利不同于民法上的或行政法上的权利，它是学校及其他教育机构在法律上享有的，为实现其办学宗旨，独立自主地进行教育教学管理，实施教育教学活动的资格和能力，一般称之为办学自主权。办学自主权是学校及其他教育机构专有的权利，是教育机构成为教育法律关系主体的前提。这种办学自主权具体有以下内容：

第一，学校及其他教育机构按照自己的章程管理学校的权利。教育法人本身是一个组织机构，组织机构的运转活动必须有自身内部的管理章程。这是一个组织机构能够成立的必要条件。学校及其他教育机构可以根据章程确立的办学宗旨、管理体制及各项重大原则，制定具体的管理规章和发展规划，建立完善的管理系统，组织实施管理过程。第二，组织实施教育教学活动的权利。学校及其他教育机构最基本的活动是教育教学活动。学校及其他教育机构要根据自身的办学宗旨和任务，依据国家主管部门有关教育计划、课程、专业设置等方面的规定，有权决定和实施自己的教学计划、决定具体课程、专业发展、选用教材、决定具体课时和教学进度，组织对学生的考核、评比。第三，招收学生或其他受教育者的权利。学校及其他教育机构进行教育活动从而为社会公众提供教育服务，是通过其招收学生或其他受教育者的方式进行的。学校及其他教育机构招收学生或其他受教育者的活动，是一种特殊的教育活动。学校及其他教育机构一旦确定为教育法人，那么作为招收学生或者其他受教育者这种教育活动即可确定为法定权利。第四，学校及其他教育机构有对受教育者进行学籍管理、

157

实施奖励或处分的权利。学校及其他教育机构对受教育者的学籍管理和纪律要求是其依法实施教育活动的权利的一部分。公民作为受教育者进入学校及其他教育机构学习，其受教育权利即可依法实现。这个权利实现的过程又是公民依法履行受教育义务的过程。因而受教育者有义务接受学校及其他教育机构进行的学籍管理和奖励或处分。第五，学校及其他教育机构有对受教育者颁发相应学业证书的权利。学业证书是对受教育者学习经历、知识水平、专业技能等的证明，是国家承认的具有法定效力的文件。学校及其他教育机构一经批准设立，本法就确认其具有按国家有关规定颁发学历证书和其他学业证书的权利。学业证书中有学历证书和非学历证书两类不同的受教育凭证，每一类中又有不同类别和级别的证书，对此国家各有相关的具体规定。第六，学校及其他教育机构有聘任教师及其他职工，实施奖励或者处分的权利。学校及其他教育机构有权根据国家有关教师和其他职工管理的法规、规章，从本校的实际情况出发，自主决定聘任、解聘教师和其他教职工，有权制定本机构教师及其他人员聘任办法，签订和解除聘任合同，有权对教师及其他人员实施奖励和处分及其他具体管理活动。第七，学校及其他教育机构有权管理、使用本单位的设施和经费。教学设施和办学经费是学校及其他教育机构得以批准设立的基本条件。学校及其他教育机构作为法人，依法享有法人财产权。同时，管理、使用本单位的设施和经费，也是一种办学自主权的体现。第八，学校及其他教育机构有权拒绝任何组织和个人对教育教学活动的非法干涉。学校及其他教育机构教育教学活动的正常运转，必须有效地抵制来自任何方面的非法干涉。抵制非法干涉是学校的一项重要权利。社会的企事业组织和个人（如家长）可以通过一定的形式参与或监督学校的管理，但不能非法干涉学校的教育活动。第九，学校及其他教育机构行使法律和法规的其他权利。学校及其他教育机构是本法认定的，从事教育活动的教育法人。这种法人也具备了民法中一般法人的条件和资格。学校及其他教育机构具有民法规定的一般法人的权利，也具有其他法律和有关法规中一般法人的权利。

三、学校及其他教育机构的义务

权利和义务是一对相互依存的概念，享有权利，一般就相应地要承担某种义务，或者一方享有权利，对他方就是义务。学校及其他教育机构享有权利的同时也承担一定的义务。

《教育法》第二十九条规定："学校及其他教育机构应当履行下列义务：（一）遵守法律、法规；（二）贯彻国家的教育方针，执行国家教育教学标准，保证教育质量；（三）维护受教育者，教师及其他职工的合法权益；（四）以适当方式为受教育者及其监护人了解受教育者的学业成绩及其他有关情况提供便利；（五）按照国家有关规定收取费用并公开收费项目；（六）依法接受监督。"

从《教育法》的规定我们可以看出，学校及其他教育机构应该履行以下义务：

第一，学校及其他教育机构应当遵守法律、法规。这是法律对一般法人的一般要求。《宪法》第五条规定："一切国家机关和武装力量、各政党和社会团体、各企事业组织都必须遵守宪法和法律。一切违反宪法和法律的行为，必须予以追究。"这里所说的法律、法规，包括宪法、全国人民代表大会及其常务委员会制定的法律、国务院制定的行政法规以及省级人民代表大会制定的地方性法规。学校及其他教育机构作为由教育法批准认定的法人，他应当遵守教育法的全部规定，遵守国务院或由国务院授权国务院教育行政部门制定的有关教育行政法规。除此之外，教育法人作为一般法人，还要遵守国家法律体系中和有关行政法规中有关一般法人的规定。

第二，学校及其他教育机构应当贯彻国家的教育方针，执行国家教育教学标准，保证教育教学质量。现代社会的教育活动是社会化的教育活动，它不完全是个人的私人事物，也不单纯是某个社会团体的自身事物，而是体现社会整体利益和整体意志的国家活动。国家作为社会整体利益和整体意志的代表，必须以法律的形式规定一体遵循的教育方针和教育教学标准。学校及其他教育机构在实施教育教学活动中有义务并且应保证贯彻国家的教育方针和教育标准。

第三，学校及其他教育机构应当维护受教育者、教师及其他职工的合法权益。学校及其他教育机构中的受教育者、教师和职工是中华人民共和国的合法公民，他们具有国家宪法和其他法律所确认的合法权益。学校及其他教育机构作为教育法人，招收学生，聘任教师及其职工是本法认定的权利。本法认定此权利的条件是学校及其他教育机构要维护受教育者、教师及其他职工的合法权益。

第四，学校及其他教育机构应以适当方式为受教育者及其监护人了解受教育者的学业成绩及其他有关情况提供便利。受教育者及其监护人了解受教育者的学业成绩及其他情况的知情权是实现公民平等的受教育权和在学业成绩和品行上获得公正评价权利的必要前提之一，因此必须予以法律保证。所谓适当的方式，是指通常一般认为合适的方式，不得侵犯受教育者的隐私及名誉权，不得损害受教育者的身心健康。

第五，学校及其他教育机构应当遵照国家有关规定收取费用并公开收费项目。公民依法受教育，按所进入学校的不同类别或不同性质须按有关规定缴纳费用。学校及其他教育机构应当按照中央和地方各级政府及其有关部门的收费规定，确定收取学杂费的具体标准，不得乱收费。收费项目应向社会公开，接受家长和社会各界的监督。

第六，学校及其他教育机构要依法接受监督。国家实行教育督导制度和学校及其他教育机构教育评估制度。学校及其他教育机构依本法得以设立并取得教育法人资格之后，学校及其他教育机构就取得了依法进行教育活动的权利，但条件是要履行接受监督的义务。所接受的监督来自于权力机关、行政机关、司法机关、执政党和社会各界。

第四节 教师和学生

在教育领域中，教师和其他教育工作者与学生（或受教育者）是两大基本关系，《教育法》对他们作出了原则的规定。这些规定涉及到了教师的权利，义务及管理制度，学生的权利与义务等内容。这些对我们从法律上把握教师、学生，明确他们的法律关系具有很现实的意义。

一、教师的权利

法律意义上的"教师"是履行教育教学职责的专业人员，承担教书育人、培养社会主义事业建设者和接班人、提高民族素质的使命。教师在社会主义现代化建设中发挥着不可替代的作用。在学校及其他教育机构中，除了教师外，还有一些其他教育工作者。其他教育工作者主要包括学校及其他教育机构中的管理人员、教学辅助人员和其他专业技术人员。

法律意义上的教师权利，是指教师及其他教育工作者能够作出或不作出一定行为，以及要求他人相应作出或不作出一定行为的许可和保障，并为法律所确认、设定和保护。它由如下三部分构成：（一）教师实施某种行为的权利，亦可谓之积极行为的权利，如从事科学研究、学术交流、参加学术团体、在学术活动中充分发表意见的权利；（二）教师要求义务人履行法律义务的权利，如按时获取工资报酬的权利；（三）当教师的权利受到侵害时，有权诉诸法律，要求确认和保护其权利。

教师在教育教学活动中享有由《教育法》、《教师法》等国家法律赋予的权利是由国家对教师在教育教学活动中可以为或不为的许可和保障。教师的权利与教师作为一个普通公民所享有的民事权利、政治权利等在本质上是一致的。《教育法》第三十二条规定："教师享有法律规定的权利，履行法律规定的义务，忠诚于人民的教育事业。"有关教师权利的具体法律规定，见诸《教师法》等法律之中。具体而言，教师的权利有如下内容：

第一，教师有教育教学权，即有权进行教育教学活动，开展教育教学改革和实验。这是教师为履行教育教学职责而必须具备的基本权利。教师可依据其所在学校的教学计划、教学工作量等具体要求，结合自身的教学特点自主地组织课堂教学。教师有权按照教学大纲的要求确定其教学内容和进度，并不断完善教学内容。针对不同的教育教学对象，教师可以在教育教学的形式、方法、具体内容等方面进行改革、实验和完善。任何组织和个人都不得非法剥夺在聘教师从事教育教学活动，开展教育教学改革和实验的权利。同时，不具备教师资格的人不得享有这项权利，虽取得教师资格但尚未被任用的，待任用时方能行使这一权利。

第二，教师有权从事科学研究、学术交流、参加专业学术团体和在学术活动中发表意见，即教师有科学研究权。教师在完成规定的教育教学任务的前提下，有权进行科学研究、技术开发、技术咨询等创造性劳动。有权将教育教学中的成功经验，或专业领域的研究成果等，撰写成学术论文，著书立说。教师有权参加有关的学术交流活动，以及参加依法成立的学术团体并在其兼任工作的权利。教师有权在学术研究中发表自己的学术观点开展学术争鸣。

第三，教师有管理学生权。教师有权指导学生的学习和发展，评定学生的品行和学业成绩。这是教师所享有的在教育教学活动中居于主导地位的基本权利。教师有权因材施教，有针对性地指导学生。教师有权对学生的思想政治、品德、学习、劳动等方面给予客观、公正的恰如其分的评价。教师有权运用正确的指导思想、科学的方式方法，使学生的个性和能力得到充分的发展。

第四，教师有获取报酬待遇权。教师享有按时获取工资报酬，享受国家规定的福利待遇以及寒暑假期的带薪休假。教师有权要求学校及其主管部门根据国家教育法律、教师聘任合同的规定，按时、足额的支付工资报酬。教师有权享受国家规定的福利待遇，如医疗、住房、退休等各方面的待遇和优惠以及带薪休假。要动员全社会力量，依据法律规定，采取有效措施，切实保障教师福利和待遇的落实。

第五，教师享有民主管理权。教师有对学校教育教学、管理工作和教育行政部门的工作提出意见和建议，通过职工代表大会或者其他形式参与学校管理的民主权利。教师享有对学校及其他教育行政部门工作的批评和建议权。教师有权通过职工代表大会、工会等组织形式以及其他适当方式，参与学校的民主管理。

第六，教师有进修培训权。教师享有继续教育的基本权利。教师有权参加进修和接受其他多种形式的培训。教育行政部门和学校及其他教育机构应当采取多种形式，开辟各种渠道，保证教师进修培训权的行使。同时，教师培训权的行使，应在完成本职工作前提下，有组织有计划地进行，不得影响正常的教育教学工作。目前，教师进修和培训主要有以下几种途径：（一）教材教学培训。旨在帮助在职中小学教师掌握所教学科的教材，使之能正确传授知识。（二）职后补偿性学历教育。按照国家的规定，对不符合国家规定学历的教师进行补偿性学历教育，一般采取离职培训或函授培训的方式。（三）继续教育。国家对已达到规定学历要求的教师进行继续教育，以期知识更新，增强教育科研能力。

二、教师的义务

法律意义上的教师义务，是指法律规定的对教师必须作出一定行为或不得作出一定行为的约束。通常有三种形式：（一）积极义务和消极义务。积极义务即必须作出一定行为的义务,消极义务即不作出一定行为的义务。(二)绝对义务和相对义务。前者指一般人承担的义务,后者指特定人承担的义务。(三)第一义务和第二义务。前者指不侵害他人权利的义务,后者指由于侵害他人权利而发生的义务。

教师的权利和义务是基于特定的职业性质而产生和存在的,它们都是在教育教学活动中产生并由教育法律规范所规定,它们都与教师职务和职责紧密相连。依照《教育法》、《教师法》及其他有关法律、法规,教师的义务表现为在教育教学活动中必须作出一定行为或不得作出一定行为。教师义务主要有以下内容:

第一,教师必须遵守宪法、法律和职业道德,为人师表。教师作为一般公民,必须遵守宪法和法律。宪法和法律是国家、社会组织和公民一切活动的基本行为准则。教师不仅应模范遵守宪法和法律,而且在教育教学当中培养学生的法制观念,使每个学生成为遵纪守法的好公民。教师从事教书育人的神圣工作,这一特殊工作有着其自身的职业道德。教师应当遵守职业道德,认真地完成各项教育教学任务,传授文化知识,培养学生良好的思想品德。

第二,教师应当贯彻国家的教育方针,遵守规章制度,执行学校的教学计划,履行教师聘约,完成教育教学工作任务。教师应当彻底贯彻国家关于教育必须为社会主义现代化建设服务,必须与生产劳动相结合,培养德、智、体等各方面全面发展的社会主义事业的建设者和接班人的方针。教师应当遵守教育行政部门和学校及其他教育机构制定的教育教学管理的各项规章制度,执行学校依据法律法规制定的具体教学工作安排。另外,教师还应当履行聘任合同中约定的教育教学职责,完成职责范围内的教育教学任务。

第三,教师应当对学生进行宪法所确定的基本原则的教育和爱国主义、民族团结教育、法制教育以及思想品德、文化、科学技术教育、组织和带领学生开展有益的社会活动。教师在教育教学过程中要将思想品德政治教育融合进去，培养学生良好的思想品德。教师在对学生进行思想品德教育过程中，其内容要遵循宪法确定的四项基本原则，即坚持社会主义道路、坚持人民民主专政、坚持中国共产党的领导、坚持马克思列宁主义、毛泽东思想。教师应当有计划地对学生进行爱国主义、民族团结教育、法制教育，这是弘扬中华民族精神的基本要求，也是国家、社会稳定、协调发展的重要保证。

第四，教师应当关心、爱护全体学生，尊重学生人格，促进学生的品德、智力、体质等方面全面发展。学校和教师不得对学生实施体罚，变相体罚或者其他侮辱人格尊严的行为。对污辱学生影响恶劣或体罚学生经教育不改的，依法应承担相应的法律责任。我们每位教师应该看到，体罚和变相体罚学生极易造成师生对立情绪，使学生产生自卑、怯懦心理，严重的甚至会造成学生肢体损伤，对学生的身心健康发展造成极其恶劣的影响。另外，教师还应尊重学生的隐私。所谓隐私是指一种不愿告人或不愿公开的个人的事，是法律允许的一种权利。教师不得披露学生个人的隐私。

第五，教师应当制止有害于学生的行为或者其他侵犯学生合法权益的行为，批评和抵制有害于学生健康成长的现象。保护学生的合法权益和身心健康，是全社会的责任，教师自然更赋有义不容辞的义务。教师应当对那些有害于学生健康成长的现象予以批评和抵制，以净化育人环境，加强教化功能。

第六，教师应该不断提高思想政治觉悟和教育教学水平。教师自身的思想政治觉悟和知识能力状况决定着教育教学的质量。教师应当利用各种机会，加强学习。一方面要努力提高思想政治觉悟，提高政策水平；另一方面要利用各种专业进修机会，学习专业知识，提高业务能力，学习教育教学的有关理论知识，提高教学水平。

三、学生的权利

学生，是受教育者的另一种称谓。受教育者是指在教育活动中承担学习责任和接受教育的人。受教育者包括名级各类学校中的学生、违法犯罪的未成年人、残疾人与在职从业人员。在这里受教育者一般是指学生。

我们所探讨学生的权利，一般由两个部分组成，一是学生作为公民所享有的权利，这一点在《宪法》第四十六条规定了公民有受教育的权利；二是受教育者作为学生所享有的权利，《教育法》中规定了受教育者作为学生区别于其他公民所应该享有的具体权利。

《教育法》第四十二条规定："受教育者享有下列权利：（一）参加教育教学计划安排的各种活动、使用教学设施、设备、图书资料；（二）按照国家有关规定获得奖学金、贷学金、助学金；（三）在学业成绩和品行上获得公正的评价，完成规定的学业后获得相应的学业证书、学位证书；（四）对学校给予的处分不服向有关部门提出申诉，对学校、教师侵犯其人身权、财产权等合法权益，提出申诉或者依法提起诉讼。（五）法律、法规规定的其他权利。"

对学生具体权利的这一规定，我们可以从以下几个方面来理解。

第一，学生有参加教育教学活动权。这是学生最基本的权利，任何组织和个人都不得以任何借口非法剥夺学生参加教育教学计划安排的各种活动、使用教学设施、设备、图书资料这一基本权利。为了使学生充分享有这一权利，学校及其他教育机构应当按规定提供符合卫生安全标准的教育教学设备，提供必需的图书资料及其他教育教学用品。学校组织的各种教育教学活动，如授课、讲座、课堂讨论、观摩、实验、见习、实习、测验和考试等，任何组织和个人不得阻止其参加或者设置障碍。学校及其他教育机构的教育教学设施、设备每个学生都有平等的使用权利。

第二，学生有获得学金权。学金包括奖学金、贷学金和助学金。为鼓励所有学生在校时争取思想上和学业上的进步，国家、社会团体和组织、企事业单位及学校为品学兼优的学生设立优秀奖学金。为保证国家重点建设项目、国防建设、文化建设、基础学科、边远地区和某些艰苦行业所需的专门人才，国家、学校和企事业单位或社会团体等用人单位在有关专业设立专项奖学金。家庭经济困难的学生，国家设立贷学金和助学金。贷学金属于一种特殊形式的贷款，一定期限内必须归还，助学金属于勤工助学金，学生通过参加勤工俭学活动获得相应的报酬。凡是符合规定条件的都应该允许申请贷学金，这是学生的一项权利，不得拒绝或者歧视。

第三，学生有获得公正评价权。在学业成绩和品行上获得公正评价，应该包括两层含义：其一，教育者要采取公正、客观的态度，一视同仁，不分亲疏。在教学实践活动中，有的教师可能在性别上有歧视心理，有的可能受习惯或者心理定势的影响而使对学生学业成绩和品行的评价产生偏差，这是我们应该极力反对的。其二，对学生学习成绩和品行的评价标准要统一，不能以多种标准来评价。总之，教师要从学生的实际出发，根据评定内容的基本要求，用全面、发展的观点看待学生，实事求是，使每个学生获得公正的评价。

第四，学生有获得学业证书、学位证书的权利。国家建立教育证书制度，经国家批准或认可的学校及其他教育机构可以依照国家有关规定向学生颁发相应的学历证书或资格证书及其他学业证书。国家实施教育考试制度，举办学历认定考试，自学考试、高等和中等专业学校招生考试及其他国家教育考试。经考试合格者，国家颁发相应证书。国家实行学位制度，学位分学士、硕士、博士三级。学校及其他教育机构或有关科研机构依照国家有关规定，对具有一定学术或者专业技术水平的公民授予相应的学位。学生有权获得学业证书、学位证书，这是学生的一项重要的权利，既可保教育教学质量，又可激发学生学习的积极性。

第五，学生有申诉起诉权。学生对学校及其他教育机构给予的处分不服时，可以向主管该学校的教育行政部门提出申诉。教育行政部门在接到学生的申诉后，要在规定的时间内进行调查并作出仲裁。学生的人身权、财产权等合法权益受到教师、学校的侵犯后，可以提出申诉或者依法提起诉讼。学生的人身权主要包括学生的人身不受非法拘禁、逮捕、搜查以侵害，人格尊严、通信自由不受侵犯。学生在对学校给予的处分不服，合法权益受到侵犯时所享有的申诉起诉权，任何人不得剥夺或者无理阻挠。

第六，学生享有法律、法规规定的其他权利。除《教育法》所规定的上述权利之外，其他法律、法规，如《宪法》、《未成年人保护法》、《义务教育法》以及《普通高等学校学生管理规定》等，对学生的一些权利作出了明确的规定。

对于学生所享有的这些法律、法规规定的权利，我们要采取措施，创造条件，切实保障学生行使权利。

四、学生受教育权利的保护

《教育法》第八条规定："公民不分民族、种族、性别、年龄、职业、财产状况、宗教信仰等，依法享有平等的受教育机会。"第三十六条规定："受教育者在入学、升学、就业等方面依法享有平等权利。学校和有关行政部门应当按照国家有关规定，保障女子在入学、升学、就业、授予学位、派出留学等方面享有同男子平等的权利。"由是观之，一切受教育者不分性别、民族、种族、年龄、贫富和宗教信仰等，都依法享有平等的入学、升学、就业等方面的受教育权利，即受教育权利是受保护的。受教育权利的保护主要有：

第一，家庭保护。家庭是社会的基本单位，其首要功能是繁衍后代、教育后代。监护人对家庭未成年人有监护的职责。根据法律规定，监护人对未成年人有教育的义务。监护人应在经济上保证未成年人在学校接受九年义务教育。家长或监护人应该尊重子女接受教育的权利，不应剥夺子女接受义务教育的权利。

第二，学校保护。学校是保护学生受教育权利的重要部门。一方面，学校应该积极创造条件，改善办学环境，使每一个具有入该学校学习资格的公民都能享有和行使其受教育权。学校组织的入学或升学考试应按有关规定公平、公正地进行，不得对某一特定的人群或个人产生不公正的对待。另一方面，学校应该尊重学生的受教育权，不得随意开除学生。教师应该尊重学生的人格尊严，不得体罚、变相体罚学生。

第三，社会保护。社会是学生成才、受教育的大环境。社会对学生提供保护性的受教育环境，可以保障公民受教育权利。这种保护是通过授权性规范和禁止性规范来完成的。如《未成年人保护法》中规定，国家鼓励各级组织及公民开展多种形式的有利于未成年人身心健康的活动，博物馆、科技馆、体育场等对中小学优惠开放，国家鼓励新闻、出版部门给未成年人多出好作品。禁止性规范，如营业性舞厅等不适宜未成年人活动的场所，不得允许其进入。严禁向未成年人出售、出租或传播淫秽、暴力、凶杀等有害于未成年人的图书、报刊和音像制品等。

第四，司法保护。这是指对违法犯罪的未成年人实行教育、感化、挽救的方针，坚持教育为主，惩罚为辅的原则。《教育法》第三十九条规定："国家、社会、家庭、学校及其他教育机构应当为有违法犯罪行为的未成年人接受教育创造条件。"对有严重违法犯罪行为的儿童、少年，依法送劳动教养或进行刑事处罚，对年满12周岁不超过17周岁，不适宜在原学校学习但又不够劳动教养或刑事处罚的学生，包括那些被学校开除、自动退学、流浪社会的 17 周岁以下的少年，送工读学校学习。

第五，对特殊学生群体的保护。

1. 对女子受教育权利的保护。《教育法》第三十六条规定："受教育者在入学、升学、就业等方面依法享有平等权利。学校和有关行政部门应当按照国家有关规定，保障女子在入学、升学、就业、授予学位、派出留学等方面享有同男子平等的权利。"《妇女权益保障法》对妇女的受教育权利也作了具体规定，在入学、升学方面男女机会平等，在同等条件下竞争。其录取分数线和其他条件平等，不得擅自提高女性入学标准，不得有歧视性规定。

2. 对贫困学生受教育权利的保护。学生因家庭贫困而造成受教育权利得不到保障，这是不公正的。因此，《教育法》第三十七条规定："国家、社会对符合入学条件、家庭经济困难的儿童、少年、青年，提供各种形式的资助。"在初级中学和部分小学实行助学金制度，主要对有困难的少数民族地区和其他贫困地区及需要寄宿就读地区的学生提供资助。对普通高校录取的贫困学生，国家通过健全和完善高校奖学金、贷学金、勤工俭学制度，包括特困生补助、学杂费减免等政策和措施，资助贫困大学生完成学业。

3. 对残疾人受教育权利的保护。国家、社会必须保护残疾人的受教育权利。《教育法》第三十八条明确规定："国家、社会、学校及其他教育机构应当根据残疾人身心特点和需要实施教育，并为其提供帮助和便利。"除以上规定之外，在《残疾人保障法》、《残疾人教育条例》等法律、法规中，均有保护残疾人受教育权利的规定。

五、学生的义务

学生享有一定的权利，就应履行一定的义务。学生享有受教育的权利，同时又有受教育的义务。这是宪法所明确规定的。《义务教育法》规定："凡年满 6 周岁的儿童，不分性别、民族、种族、应当入学接受规定年限的义务教育。"学生有受教育的义务,我们是从公民这一角度而看待的。学生具体应该履行的义务,在《教育法》第四十三条作出了规定:"受教育者应当履行下列义务:(一)遵守法律、法规;(二)遵守学生行为规范,尊敬师长,养成良好的思想品德和行为习惯;(三)努力学习,完成规定的学习任务;(四)遵守所在学校或者其他教育机构的管理制度。"

第一,学生要遵守法律、法规。法律、法规是国家、社会组织和公民一切活动的基本行为准则,任何公民都必须遵守。学生遵守法律、法规,重点在于遵守法律、法规中有关学生的规定。如小学生应该了解一些同日常生活相关的通俗浅显的法律常识,如《交通管理规则》、《治安管理处罚条例》等,做到服从交通管理,遵守公共秩序,爱护公共财产。

第二,学生应遵守学生行为规范,尊敬师长,养成良好的思想品德和行为习惯。学生要严格遵守《小学生日常行为规范》、《中学生日常行为规范》、《高等学校学生行为准则》,尊敬师长,礼貌待人,注重个人修养,谦虚谨慎,勤俭节约,发扬艰苦朴素的作风,养成良好习惯。

第三,学生要努力学习,完成规定的学习任务。学生的本职任务是学习。因此,学生应该明确学习目的,端正学习态度,刻苦认真。按时到校,不无故缺课。上课要专心致志,勇于回答问题。课后认真复习,按照要求完成各科作业。完成各个阶段的必修课程,努力取得好成绩。

第四,学生应遵守所在学校或者其他教育机构的管理制度。为了保证教育教学活动的顺利进行,学校及其他教育机构需要制定有关的管理制度。学生有义务遵守这些管理制度。

第五节　教育领域内一些其他问题的法律规定

《教育法》对教育领域内的一些其他问题，诸如教育与社会、教育投入与保障、教育对外交流与合作、法律责任等问题都作出了明确的规定。在这一节中，我们予以分别探讨。

一、教育与社会

教育是在社会中运行的。教育是随着社会的发展变化而发展变化的，教育的运行离不开社会。另一方面，社会的发展离不开教育，这是由教育的功能所决定的。教育对社会文化、科学、经济等方面的发展都有不可磨灭的促进作用。

（一）社会对教育的支持与参与

人的发展是在一定的社会环境中实现的。社会对教育的支持与参与，可以促进人的发展。

第一，良好的社会环境是学生健康成长的需要。《教育法》第四十五条规定："国家机关、军队、企业事业组织、社会团体及其他社会组织和个人，应当依法为儿童、少年、青年学生的身心健康成长创造良好的社会环境"。社会环境包括经过人改造过的自然、人与人之间的关系和社会意识形态三部分。人的身心发展与社会环境密切相关，因此社会各界都应为学生身心的健康成长创造良好的社会环境。国家机关、军队、企业事业组织、社会团体及其他社会组织和个人，要结合自身的特点，采取适当的形式，为儿童、少年、青年学生的身心健康成长创造良好的社会环境。

第二，社会各界要加强与学校的合作和支持学校的建设，参与学校的管理。

社会参与教育的形式多种多样。

1. 社会各界在教学、科研、技术开发和推广方面与高校、中等职业学校的合作。这两类学校具有相当的智力优势、人才优势、资料优势与学术交流优势。学校与社会各界的合作可以搞联合，也可以搞委托。可以联合培养人才，也可由学校接受社会的任务委托而单独立项完成。在技术开发和推广方面也可以学校接受社会某一组织的委托为社会培养人才。在科研方面，社会各界与学校既可进行联合攻关，也可以进行相应的合作。这些，在《教育法》第四十六条作了明确规定："国家鼓励企业事业组织、社会团体及其他社会组织同高等学校、中等职业学校在教学、科研、技术开发和推广等方面进行多种形式的合作。"

2. 社会各界支持学校的建设。学校在建设与发展过程中离不开社会各界的支持。社会各界应在力所能及的范围内在不同的方面依照各自的特点为学校提供物质的或经济的支持。"企业事业组织、社会团体及其他社会组织和个人，可以通过适当形式，支持学校的建设，参与学校管理。"这是《教育法》作出的规定。在国务院印发的《中国教育改革和发展纲要》也作明确规定，支持和鼓励中小学同附近的企业事业单位、街道或村民委员会建立社区教育组织，吸引社会各界支持学校建设，参与学校管理。鼓励和提倡厂矿企业、事业单位、社会团体和个人根据自愿、量力原则捐资助学、集资办学。欢迎港澳台同胞、海外侨胞、外籍团体和友好人士对教育提供资助和捐赠。

3. 社会各界为学生实习与社会实践活动提供便利。《教育法》第四十七条规定："国家机关、军队、企业事业组织及其他社会组织应当为学校组织的学生实习、社会实践活动提供帮助和便利。"学生实习、社会实践需要在广泛的社会场所中进行，因而必须有社会各界的广泛支持。社会应设法向学生提供实习与实践场所，提供相应的设施、交通以及人力、财力与其他物力的支持。学生实习和社会实践是整个教育过程中的一个十分重要环节。社会各界应从培养人才的高度来对待，尽可能为各级各类学校所组织的实习与社会实践提供帮助和便利。

4. 社会公共文化设施对师生的优惠与公共传媒的教育职能。公共文化设施包括图书馆、博物馆、科技馆、文化馆、美术馆、体育馆（场）、历史文化古迹和革命纪念馆（地）等。这些公共文化设施向社会开放，人人都有享用的权利。它们对于传播社会文化、建设社会主义精神文明具有重要作用。为了配合学校做好对师生，特别是学生的教育工作，公共文化设施应当对教师、学生实行优待，为学生接受教育提供便利。公共传媒是指书籍、报刊、广播、电视。广播、电视对于拓宽受众的知识面，强化或弱化受众的某种价值观念、传递信息等方面有重要意义。广播、电视的教育作用是多方面的，既可以影响和促进受教育者思想品德，也可以影响和促进受教育者文化和科学技术素质的提高。因此要积极发展广播电视教育和学校电化教育，使大多数学校能够直接收看教育电视节目。《教育法》第五十条对此作出了规定："图书馆、博物馆、科技馆、文化馆、美术馆、体育馆（场）等公共文化体育设施，以及历史文化古迹和革命纪念馆（地），应当对教师、学生实行优待，为受教育者接受教育提供便利。广播、电视台（站）应当开设教育节目，促进受教育者思想品德、文化和科学技术素质的提高。"

5. 社会要建立和发展校外教育机构，开展校外教育工作。《教育法》第五十一条规定："国家、社会建立和发展对未成年人进行校外教育的设施。学校及其他教育机构应当同基层群众性自治组织、企业事业组织、社会团体相互配合，加强对未成年人的校外教育工作。"校外教育机构、场所，是社会主义精神文明建设的重要阵地，主要是指少年之家、少年宫、少年儿童活动中心、少年科技站、各种业余体校、艺校以及各种校外教育活动站。社会各界都应加强对未成年人的校外教育工作，促进学生的全面发展。

（二）学校及其他教育机构应积极参加社会公益活动

《教育法》第四十八条规定："学校及其他教育机构在不影响

正常教育教学活动的前提下，应当积极参加当地的社会公益活动。"社会公益活动是指带有自愿性质和义务性质的有益于社会公众并符合国家有关规定的社会活动。一般说来，公民个人和包括学校及其他教育机构在内的社会法人组织，都应该积极参加社会公益活动。对于学校及其他教育机构而言，积极参加社会公益活动更有其自身的必要性。因为现代社会的教育活动虽然已成为由学校及其他教育机构独立承担的专门活动，但是学校及其他教育机构的教育活动并没有包括社会所有的教育活动。参加社会公益活动是社会教育的一个内容，包括公益劳动、文化宣传、公众服务、社会调查、参观访问等。另外，还得注意一点，参加社会公益活动应以不影响正常教育教学活动为前提。

二、教育投入与条件保障

（一）我国教育经费筹措体制

在建国后一段很长时期内，教育经费在计划经济体制的指导下由中央财政戴帽下拨，再由地方财政部门予以管理，地方教育行政部门安排使用。改革开放后，由于教育事业的迅速发展，原有的教育投入体制难以与之相适应。自此以后开始了教育经费筹措体制改革的探索。对于在探索中取得的成果，《教育法》予以确认和保障。1985年在《中共中央关于教育体制改革的决定》中提出，要保证实现教育经费的"两个增长"原则，即中央和地方政府的教育拨款的增长要高于财政经常性收入的增长，并使按在校生人数平均的费用逐步增长。

现在，国家建立以财政拨款为主、其他多种渠道筹措教育经费为辅的多元化投资体制，逐步增加对教育的投入，保证国家举办的学校教育经费的稳定来源。教育经费筹措的渠道主要有以下几个方面：

第一，国家财政性教育经费支出。这是筹措教育经费的主要渠道。《教育法》第五十四条规定："国家财政性教育经费支出占国民生产总值的比例应当随着国民经济的发展和财政收入的增长逐步提高。具体比例和实施步骤由国务院规定。全国各级财政支出总额中教育经费所占比例应当随着国民经济的发展而提高。"另外，各级人民政府教育财政拨款的增长应当高于财政经常性收入的增长，并使在校学生人数平均的教育费用逐步增长，保证教师工资和学生人均公用经费逐步增长。

第二，城乡教育费附加。教育费附加是根据国务院有关规定，在全国城乡普遍征收的、主要用于实施义务教育的专项费用。本法第五十七条第一款规定："税务机关依法定额征收教育费附加，由教育行政部门统筹管理，主要用于义务教育。"教育费附加除铁道系统、中国人民银行总行、各专业银行总行、保险总公司随同营业税上缴中央，其余均就地上缴地方。

第三，校办产业、社会服务收入。开展勤工俭学、组织社会服务、兴办校办产业是多渠道筹措教育经费的重要途径。"国家采取优惠措施，鼓励和支持学校在不影响正常 教育教学的前提下开展勤工俭学和社会服务、兴办校办产业。"

第四，社会力量捐资、集资。捐资助学是指境内企业、事业单位、社会团体及其他社会组织和个人，以及境外民间组织和个人，向教育机构捐资兴建校舍、购置仪器、设备、图书资料、设立教育基金会、奖学金以及其他以促进教育事业发展为目的的捐赠。"国家鼓励境内、外社会组织和个人捐资助学"。集资办学是筹措义务教育经费的渠道之一。经县级人民政府批准，乡、镇的人民政府根据自愿、量力的原则，可在本行政区域内集资办学，用于实施义务教育学校的危房改造和修缮、新建校舍、不得挪作他用。

第五，运用金融、信贷手段融资。运用金融、信贷手段，融通教育资金，是社会主义市场经济条件下开发支持教育事业发展的有效手段的新探索。本法第六十二条规定："国家鼓励运用金融、信贷手段，支持教育事业的发展。

第六，设立教育专项资金。教育专项资金是指专门用于某项教育事业或活动的专用财政经费。1983年起中央设立扶持贫困地区普及九年义务教育的专项资金，同时地方财政也投入相应的配套资金。《教育法》第五十六条规定："国务院及县级以上地方各级人民政府应当设立教育专项资金，重点扶持边远贫困地区、少数民族地区实施九年义务教育。"

第七，收取学杂费。《教育法》第二十九条第五款规定：学校应"遵照国家有关规定收取费用并公开收费项目。"根据此项规定，各级各类学校可以按照中央和地方各级政府及有关部门的收费标准，适当收取学杂费。我国由国家举办的实施义务教育的学校，不收学费，非义务教育的学校可适当收取学费。杂费由学校酌情收取，取之于学生，用之于学生。

（二）教育经费的管理与监督

为了加快教育事业的发展，除了要继续加大教育投入外，还要加强对教育经费的管理，提高教育投资效益。在《中国教育改革和发展纲要》中提出，各级教育部门和学校必须努力提高教育经费的使用效益，要合理地规划教育事业的规模，调整教育结构和布局，避免结构性浪费。要坚持艰苦奋斗，勤俭办学的方针，建立、健全财务规章制度，加强财会队伍建设。各级财政和审计部门加强财务监督和审计，共同把教育经费管好、用好。为此，在《教育法》第六十三条规定："各级人民政府及其教育行政部门应当加强对学校及其他教育机构教育经费的监督管理，提高教育投资效益。"

为了确保国家财政性教育经费支出占国民生产总值比例随国民经济的发展和财政收入的增长而逐步提高，一定要实行"各级人民政府的教育经费支出，按照事权和财权相统一的原则，在财政预算中单独列项。"在现行的国家预算体制中，财政列支的教育经费包括教育事业费、教育基建费，它们分属于财政预算支出的"文教卫生事业类"和"基本建设支出类"中的款级，各有不同的预算、拨款和管理渠道。实行教育经费单独列支，就是要逐步改革教育经费管理体制，在预算科目上提高教育经费的预算等级，将教育事业费、教育基建费合并，使之单独成为一个预算支出项目，由国家预算支出的第二次分配升格为第一次分配。

要保证教育经费专款专用，严禁挪用、克扣。教育经费是国家为发展教育事业所支出的费用。现在教育经费本来少得可怜，再加上一些地区和部门的肆意挪用、克扣，对教育事业的发展无疑是雪上加霜。为了保证教育经费财尽其用，《教育法》第六十一条规定："国家财政性教育经费、社会组织和个人对教育的捐赠，必须用于教育，不得挪用、克扣。"因此，各级人民政府及其教育、财政部门、学校及其他教育机构，必须依照法律规定管好、用好教育经费，做到专款专用，不得挪用、克扣。对国家财政性教育拨款，各级人民政府应当按照法律规定的增长原则纳入政府财政预算。财政部门应当按照预算及时全额拨付，不能任意削减或挪作他用。教育行政部门不能挤占教育经费用于教育事业以外的开支，不得利用教育经费从事经营性开发或滥发奖金。税务部门和乡人民政府对城乡教育费附加要全额足率征收。所征收的城市教育费附加应转交教育行政部门统筹管理，全部用于当地义务教育事业之开支。所征收的农村教育费附加必须全部用于乡、村两级义务教育事业，不能平调他用。国家对勤工俭学的减免税优惠是国家对教育的投入，勤工俭学部门应向主管单位提供高于国家减免税额的经费用在学校及其他教育机构的发展。社会组织和个人对教育的捐赠是社会资助教育的专项费用，应按教育专项资金管理，并要按照捐赠者个人的意愿用于发展教育事业。企业用于举办中小学的教育经费属于国家财政性教育经费，企业应予以切实保障。

（三）教育条件保障

在《教育法》第七章，有关教育条件保障方面，主要规定了在城乡建设规划中应列入学校建设规划，保障学校建设与城市改造、发展同步进行。另外，对直接用于教育教学的教科书的出版，仪器、设备的生产和进口等问题均明确规定了国家的倾斜和优惠政策。另外还就县级以上人民政府在发展现代化教学手段方面的责任作了规定。

从城乡经济、社会发展规划和城乡人口状况，以及国家有关学校设置的总体布局要求出发，地方各级人民政府及其有关部门在制定城乡建设规划时，要统筹安排国家举办的各级各类学校的设置，将其纳入城乡建设总体规划。纳入城乡建设规划的学校，应与城乡建设同步进行。对学校建设用地及所需物资，应按照国家有关规定实行优先、优惠政策。对此，《教育法》第六十四条规定："地方各级人民政府及其有关行政部门必须把学校的基本建设纳入城乡建设规划、统筹安排学校的基本建设用地及所需物资，按照国家有关规定实行优先、优惠政策。"

以教科书为主的教材建设，是教育事业中重要的基础性建设。教学用图书资料是教师教学和学生学习的重要参考资料和提高教学效果的重要手段，是教育教学活动的必要保证条件。教学仪器、设备是进行正常教学活动的重要物质手段，对完成教学任务、提高教学质量有着重要作用。为做好教材和教学用图书资料的出版发行工作，国家对教科书的出版发行实行低价、微利政策，并对一些发行量小的教科书在一定时期内实行补贴的政策。教学仪器设备生产所需的原材料，要依照国家有关规定予以优惠供应。生产部门要努力降低生产成本和价格，保证质量合格。根据教育教学的需要，学校及其他教育机构从国外进口教学用图书资料和教学仪器设备，是改善办学条件、提高教学质量的措施之一。为保障教学的实际需要，国家对确需进口的教学用图书资料、教学仪器、设备的进口，实行优惠政策。有关这一点，本法第六十五条作出了明确规定："各级人民政府对教科书、教学用图书资料的出版发行，对教学仪器、设备的生产和供应，对用于学校教育教学和科学研究的图书资料、教学仪器、设备的进口，按照国家有关规定实行优先、优惠政策。"

促进教育改革、加快教育现代化要求采用卫星电视教育及其他现代化教学手段。这种包括广播电视教育、学校电化教学和卫星电视教育播放与接收在内的电化教育，对提高教学效率、提高教学质量、扩大教育规模等有着重要作用。为了加快和保证这些现代化教学手段的发展，《教育法》第六十六条作出规定："县级以上人民政府应当发展卫星电视教育和其他现代化教学手段，有关行政部门应当优先安排，给予扶持。国家鼓励学校及其他教育机构推广运用现代化教学手段。"依本法规定，县级以上人民政府应加强对卫星电视教育的重视与扶持，增加发展卫星电视的投入，将发展卫星电视教育列入教育发展规划，并做好有关部门的协调工作。广播电视、无线电管理部门应积极配合，在频道设置、站点审批、设备安装、技术服务等方面与教育行政部门合作，予以优先、优惠安排。教育行政部门要加强教学组织工作，提高教育节目的质量，组织好教学网点，管理好接收站点及设备。县级以上人民政府应当重视发展现代化教学手段，增加对现代化教学手段的投入，加强各级电化教育机构的建设与管理，鼓励现代化教学手段的研制生产，组织优质教学仪器、设备的评选，鼓励有关部门为学校生产更多、更好的现代化教学仪器、设备。

三、教育对外交流与合作

（一）教育对外交流与合作的基本原则

教育对外交流与合作是指我国和世界上各个国家和地区间与教育有关的交流与合作。主要形式有：（1）人员交流，主要是互派留学生、教师、讲学专家和研究人员，从事学习和研究。互派教育代表团、组织进行访问和考察；（2）物质交流，如图书、资料、教育设施的赠送、交换和转让；（3）信息交流，如参加国际学术会议及利用现代国际通讯网络进行的大量而快捷的信息采集与交换；（4）开展国际教育合作项目，如提供财政支援开展教育发展项目，建立各种培训中心进行人员培训，进行合作研究，联合办学等。目前我国支持和鼓励教育对外交流与合作，是我国社会、政治、经济对外开放的需要；是对外宣传我国悠久的历史和文化的需要；是作为我国外交工作的补充，并服务于国家的外交事业；充分借鉴世界发达国家发展教育的经验，为我国教育改革服务；促进我国科学技术的对外交流与合作，提高科技水平，并培养具有国际水平的优秀人才。

因此，在本法第六十七条规定："国家鼓励开展教育对外交流与合作。教育对外交流与合作坚持独立自主、平等互利、互相尊重的原则，不得违反中国法律，不得损害国家主权、安全和社会公共利益。"独立自主的实质就是要维护国家主权，我国是独立的主权国家。在教育工作中，教育基本方针、教育基本制度、学校的课程结构、学位制度等，都反映了一个国家发展教育的价值取向，都是教育主权的各个方面，都应是独立自主的。我们发展社会主义教育事业，要学习和借鉴各国教育的优秀经验，同时反对强加于人的意识形态和价值取向。各国的历史不同，发展程度不一，但都有各自的特色和长处。因此在交流与合作中要相互尊重，互惠互利。我国是发展中国家，教育的许多方面离国际水平有一定差距，但也有自身的特色。因此在对外交流中既要虚心学习，也要不卑不亢，既要有选择地吸收他国经验，也要宣传我们的成就。最后，教育对外交流与合作应与我国有关的法律相一致。在对外交往中要遵守中国法律，遵守国家有关保密的规定，在有的问题上还应维护国家主权和社会公共利益。

（二）境内公民出国留学、研究、进行学术交流或者任教的有

181

关规定

在《教育法》第六十八条规定："中国境内公民出国留学、研究、进行学术交流或者任教，依照国家有关规定办理。"

出国留学是指留居他国学习，一般指进行较系统的学习，包括为获得某种学位或某种教育程度毕业证而进行的较长期的学习，也包括相对短期的进修。我国对留学人员和留学工作的总方针是"支持留学、鼓励回国、来去自由"。对公派留学的原则是"按需派遣、保证质量、学用一致。"对公派留学1996年开始全面推行改革办法。国家教委建立"国家留学基金管理委员会"，公派出国留学人员以国家留学基金资助的方式选派。自费出国留学人员提供可靠的经费保证，自行联系国外高等学校、科研机构学习。大学生、研究生毕业后按规定在国内服务一定年限后，方可申请自费留学，其他不受限制。为了维护国家教育主权和保护自费留学人员的权益，国家规定国内外组织和个人不得擅自在中国境内招收自费出国留学生。

境内公民出国研究和学术交流，主要是指较短期的学术访问和考察、短期合作研究、短期讲学、参加国际学术会议等经常性的、较普遍性的交流形式。国家鼓励和支持高等学校和科研机构开拓多种交流渠道，开展多种形式的学术交流。出国任教是指根据我国对外文化、教育交流协定选派教师出国长期（一年以上）任教或短期（不满一年）讲学。选派的教师应该在思想品德、外语、业务水平等方面能胜任出国教学工作。出国教师在国外工作期间应严格按照协议、合同、聘约的规定努力工作，遵守我国有关规定和所在国的法律，积极发展同各国人民的友谊。

（三）境外个人来华学习、研究、进行学术交流或者任教的有关规定

境外个人可以根据我国的规定进入中国高等学校及其他教育机构学习、研究、进行学术交流或者任教。属教育交流的来华境

外人员包括来华外国留学生、短期进修和学术交流人员以及受聘于中国教育机构进行讲学的外国专家。

按来华留学人员的教育程度和学习目标可分为大学生、硕士研究生、博士研究生、普通进修生和高级进修生。我国接受外国留学人员的渠道有三种：（1）根据中国政府和外国政府的双边交流协定，由外国政府派遣来华学习；（2）根据中国高等学校和外国高等学校所签订的校际交流协议进行留学生交换；（3）外国个人自费来华学习，可直接向希望入学的高等学校提出申请，入学手续按有关学校的规定办理。外国留学人员在中国境内学习，须遵守中国的法律、法规和所在学校的校纪校规，不得从事与其身份不符的活动，不得进行有损我国国家安全的活动。

外国学者来华进行研究和学术交流一般是通过校际交流的渠道，或通过有关的学术组织和团体按签订的协议进行。聘请外国专家、学者来我国高等教育机构任教，是提高我国高等教育的教学水平，加速学科建设，加快人才培养的有效措施。在聘请外国专家时要贯彻按需择优选聘，保证质量，用其所长。外籍专家、学者在我国不得从事与教学无关的社会工作，如采访、经商、咨询服务等活动，应当遵守我国的法律和履行签订的合同。我国保护外籍专家的合法权益。

（四）对外国教育证书的承认

个人获得国家承认的学位证书、学历证书及其他学业证书，既表明证书获得者所受教育程度和所达到的学业水平之外，也同时承认证书获得者享有相关的权益。这种权益包括继续接受高一级教育的资格，从事某种岗位工作或某种职业的资格，以及获得相应待遇的权利。一国对他国教育机构颁发的教育证书承认与否，是一国教育主权的体现。就此，我国《教育法》第七十条规定："中国对境外教育机构颁发的学位证书、学历证书及其他学业证书的承认，依照中华人民共和国缔结或者加入的国际条约办理，或者按照国家有关规定办理。"

1983 年我国正式签署了《亚洲和太平洋地区承认高等教育学历、文凭与学位的公约》。参与该公约的缔约国除中国外，有澳大利亚、斯里兰卡、土耳其、朝鲜、韩国、尼泊尔、马尔代夫、俄罗斯、蒙古、塔吉亚和亚美尼亚。

境外的组织和个人在中国境内办学，是指境外组织和个人在中国境内单独举办学校及其他教育机构。目前尚未有境外组织和个人举办的招收中国公民入学的独立教育机构，但旅居中国的外籍公民或在中国注册的外国组织，可以在中国境内举办招收在华居留的外籍人员子女的学校，实施中等及其以下教育。境外组织和个人同中国具有法人资格的教育机构及其他社会组织，可以在中国境内合作主办以招收中国公民为主要对象的教育机构，但义务教育以及国家有特殊规定的教育、培训除外。国家鼓励在职业教育领域开展中外合作办学。中外合作办学在遵守中国的法律、法规，贯彻中国的教育方针的前提下，还应当符合中国教育事业发展的需要，保证教育质量。为加强对中外合作办学的管理，在申请设置、审批、注册、学校管理、校长的任命、教师的聘任、教学语言、证书发放，资金校产管理、解散及财产清算，以及教育行政部门相应的监督管理权限等方面作出了规定。

四、法律责任

法律责任是指违反法律规定所应承担的法律后果。法律责任与违法行为紧密相联。广义的违法行为包括行政违法行为、民事违法行为和刑事违法行为，相应的法律责任包括行政法律责任、民事法律责任和刑事法律责任。法律责任与法律制裁是紧密相联的，法律制裁是追究有关法律责任的直接结果。根据法律责任的不同性质，法律制裁分为刑事制裁、民事制裁和行政制裁。

《教育法》对各种违法行为的法律责任作出了明确的规定。下面简略予以介绍，本书第九章"法律责任"部分有更详细的说明。

（一）违反有关教育经费规定的法律责任

《教育法》第七十一条规定，"违反国家有关规定，不按照预算核拨教育经费的，由同级人民政府限期核拨；情节严重的，对直接负责的主管人员和其他直接责任人员，依法给予行政处分。违反国家财政制度、财务制度，挪用、克扣教育经费的，由上级机关责令限期归还被挪用、克扣的经费，并对直接负责的主管人员和其他直接责任人员，依法给予行政处分；构成犯罪的，依法追究刑事责任"。上述违法行为的主体，主要是指参与教育经费预算核拨的各级人民政府及其财政部门、教育行政机关及其负责人。根据《中华人民共和国预算法》的规定，教育事业经费支出属于预算支出。各级政府财政部门必须依照法律、行政法规和国务院财政部门的规定，及时、足额地拨付预算支出。不按照预算核拨教育经费，依照法律规定应承担相应的法律责任：第一，由同级人民政府限期核拨。第二，情节严重的，对直接负责的主管人员和其他直接责任人员依法给予行政处分。行政处分的对象只能是个人。行政处分有六种形式：警告、记过、记大过、降级、撤职和开除。挪用、克扣教育经费等违法行为的主体包括国家工作人员、集体经济组织工作人员、各级各类学校及其他教育机构的负责人以及其他经手、管理教育经费的人员。挪用行为主要是指有关单位和人员，利用核拨、收取、管理、使用、经手等工作或职务上的便利，将教育经费归个人或集体使用。克扣主要是指应当拨付、支付教育经费的单位和个人，能够核拨、支付却不足额核拨、支付教育经费的行为。对挪用、克扣教育经费构成犯罪的，要依照《刑法》承担刑事责任。

（二）扰乱教育秩序、侵占学校财产的法律责任

《教育法》第七十二条规定："结伙斗殴、寻衅滋事，扰乱学校及其他教育机构教育教学秩序或者破坏校舍、场地及其他财产的，由公安机关给予治安管理处罚；构成犯罪的，依法追究刑事

责任。侵占学校及其他教育机构的校舍、场地及其他财产的，依法承担民事责任。"

结伙斗殴、寻衅滋事，扰乱学校及其他教育机构教育教学秩序的行为，是指有关人员或组织，在学校及其他教育机构内部或周围，寻衅滋生事端，结伙斗殴，围攻教师、学生或者调戏女学生，闯入教学场所，妨碍阻挠教师的教学活动以及在学校及其他教育机构周围架设高音喇叭或非法施工以及进行造坟哭坟、进行迷信活动等，致使学校及其他教育机构停学停课，使正常的教育教学活动无法开展或造成其他严重后果的情形。破坏校舍、场地及其他财产的行为主要是指偷窃、哄抢、勒索学校及其他教育机构的教学仪器、设施或其他物资，故意打、砸房屋校舍及其他财产的活动。这些违法行为，依照《中华人民共和国治安管理处罚条例》的有关规定处理。对那些情节严重、构成犯罪的，依照刑法规定，分别以扰乱社会秩序罪、故意毁坏公私财物罪论处。侵占学校及其他教育机构的校舍、场地及其他财产的行为，是一种民事侵权行为。《中华人民共和国民法通则》规定："侵占国家的、集体的财产或者他人财产的，应当返还财产，不能返还财产的，应当折价赔偿。"

（三）使用危险房屋进行教学活动造成损失的法律责任

《教育法》第七十三条规定："明知校舍或者教育教学设施有危险，而不采取措施，造成人员伤亡或者重大财产损失的，对直接负责的主管人员和其他直接责任人员，依法追究刑事责任。"

使用危险房屋进行教育教学活动，违反我国的法律、法规的规定。本法第二十六条第三款规定：设立学校及其他教育机构，必须有符合规定标准的教学场所及设施、设备。明知校舍或者教育教学设施有危险，而不采取措施，造成人员伤亡或者重大财产损失负有直接责任的主管人员和其他直接责任人员，根据主体的不同类别依据刑法的有关规定，分别追究其刑事责任。

（四）违规向学校收取费用的法律责任

《教育法》第七十四条规定："违反国家有关规定，向学校及其他教育机构收取费用，由政府责令退还所收费用；对直接负责的主管人员和其他直接责任人员，依法给予行政处分。"

上述违法行为的主体，主要是指各级政府的教育行政部门、税务部门、财政部门等。一些地区和部门的单位，在国家法律、法规和有关收费管理规定之外，无依据或违反收费标准、范围、用途和程序的要求，向学校或者其他教育机构乱收费、乱罚款，以各种名义强行向学校或其他教育机构集资摊派或通过学校向学生家长征收税费。对这些违法行为，直接负责的主管人员和其他直接责任人员，应依法承担以下法律责任：其一，退还所收费用；其二，对主管人员和直接责任人员给予行政处分。

（五）非法举办学校或其他教育机构的法律责任

《教育法》第七十五条规定："违反国家有关规定，举办学校或其他教育机构的，由教育行政部门予以撤销，有违法所得的，没收违法所得；对直接负责的主管人员和其他直接责任人员，依法给予行政处分。"

我国在教育机构的设置管理上，实行批准设立制度和登记注册制度。举办教育机构，须经主管机关的批准或者经主管机关登记注册，才能取得合法地位，并受到法律保护。非法举办学校或其他教育机构，应承担如下法律责任：其一，由教育行政部门予以撤消；其二，有违法所得的，没收违法所得；其三，对直接负责的主管人员和其他直接责任人员，依法给予行政处分。

（六）违法招收学员的法律责任

《教育法》第七十六条规定："违反国家有关规定招收学员的，由教育行政部门责令退回招收的学员，退还所收费用；对直接负责的主管人员和其他直接责任人员，依法给予行政处分。"

违反国家有关规定招收学员，主要是指学校及其他教育机构或其他社会组织和个人,违反国家有关办学和招生方面的规定,不按照国家的招生计划或者超出经批准的办学权限和范围,招收录取学员。对非法招收学员的学校及其他教育机构,应责令其清退招收的学员。对主管人员和直接责任人员,视情节、后果和社会不良影响的程度,给予行政处分。

(七) 招生工作中徇私舞弊的法律责任

《教育法》第七十七条规定:"在招收学生工作中徇私舞弊的,由教育行政部门责令退回招收的人员,对直接负责的主管人员和其他直接责任人员,依法给予行政处分;构成犯罪的,依法追究刑事责任。"

所谓招生徇私舞弊,是指违法行为主体在招生工作中利用职务上的便利,明知违反国家有关招生工作的规定,为徇私情而采取欺骗、蒙混等舞弊行为招收学生。招收学生工作中出现的徇私舞弊行为,有下列情形之一,除对有关违法主体依法予以行政处分外,凡违反治安管理尚不够刑事处罚的,应按《治安管理处罚条例》实施处罚;情节严重,构成犯罪的,由司法机关分别依照《刑法》有关条款规定追究行为人刑事责任:其一,泄露国家招生考试试题、参考答案、评分标准的;其二,利用职务上的便利,收受或索取贿赂、敲诈勒索财物或者贪污招生费用的;其三,伪造、编造、盗窃、毁灭公文、证件印章的。

(八) 学校及其他教育机构违法向受教育者收取费用的法律责任

《教育法》第七十八条规定:"学校及其他教育机构违反国家有关规定向受教育者收取费用的,由教育行政部门责令退还所收费用;对直接负责的主管人员和其他直接责任人员,依法给予行政处分"。

学校及其他教育机构违反国家有关收费范围、收费项目、收费标准以及有关收费事宜的审批、核准、备案以及收费的减、免等方面的规定，向受教育者违法或不合理收取费用，一经发现和查实，主管教育行政部门责令其向受教育者退还所收费用；对主管领导和直接责任人员视其情节和后果，由主管教育行政部门及其他有关部门予以相应的行政处分。

（九）违反国家教育考试的法律责任

《教育法》第七十九条规定："在国家教育考试中作弊的，由教育行政部门宣布考试无效，对直接负责的主管人员和其他直接责任人员，依法给予行政处分。非法举办国家教育考试的，由教育行政部门宣布考试无效；有违法所得的，没收其违法所得；对直接负责的主管人员和其他责任人员，依法给予行政处分。"

在国家教育考试中作弊，视具体情况对不同人员依法作出处理。作弊考生，视作弊行为的情节，由主管教育行政部门宣布相应的考试科目或所有的考试科目成绩无效。作弊考生、替考生如属国家机关、企事业单位及其他在职公职人员，依照规定应当予以行政处分。负责组织、实施考试工作的直接主管人员和其他参加考试工作人员，实施相应违法作弊行为或因不认真履行职责而产生舞弊行为的，由考试管理机构、主管教育行政部门对其给予行政处分，撤消考试工作人员资格、调离考试工作岗位。学校及其他教育机构非法举办国家教育考试，主管教育行政部门应宣布考试无效。其违法所得应予以没收。有关直接负责的主管人员和其他直接责任人员，由主管教育行政部门或其他主管部门予以相应的行政处分。

（十）违法颁发教育证书的法律责任

《教育法》第八十条规定："违反本法规定，颁发学位证书、学历证书或者其他学业证书的，由教育行政部门宣布证书无效，责令收回或者予以没收；情节严重的，取消颁发证书的资格；有违法所得的，没收其违法所得。"

违法颁发学位证书、学业证书的行为主要有：不具有颁发学业证书和学位证书资格而发放学业证书、学位证书的；伪造、编造、买卖学业证书、学位证书的；在颁发学业证书，学位证书中弄虚作假、徇私舞弊的；对不符合规定条件的受教育者和其他人员颁发学业证书、学位证书的；滥发学业证书、学位证书牟利的。对于这些违法行为，教育行政部门要宣布所发证书无效，对违法颁发证书情节严重的行为人取消其颁发证书的资格，没收其违法所得。

（十一）侵犯教师、受教育者、学校及其他教育机构合法权益的法律责任

《教育法》第八十一条规定："违反本法规定，侵犯教师、受教育者、学校及其他教育机构的合法权益，造成损失、损害的，应当依法承担民事责任。"

违反本法规定，侵犯教师、受教育者、学校及其他教育机构的合法权益，主要有：侵犯教师、受教育者的生命健康权和人格权，包括姓名权、肖像权、名誉权和荣誉权；侵犯学校及其他教育机构的名称权、名誉权和荣誉权；侵占学校及其他教育机构的校舍、场地或者损害学校及其他教育机构、教师、受教育者的财产所有权；侵犯教师、受教育者、学校或其他教育机构的著作权、专利权、商标专用权、发现权、发明权或者其他科技成果权。

违法行为人承担民事责任的方式有：停止侵害；排除妨碍；消除危险；返还财产；恢复原状；修理、重作、更换；赔偿损失；支付违约金；消除影响，恢复名誉；赔礼道歉。对侵害教师、受教育者、学校及其他教育机构的合法权益，并造成损失、损害的行为应按照这些规定采取相应的制裁方式。

第六章 《中华人民共和国教师法》讲解

　　1993年10月31日第八届全国人大常务委员会第四次会议通过了《中华人民共和国教师法》。第一次以法律的形式确认了教师的地位和作用，明确了教师的权利和义务，确立了教师资格制度，对教师的培养和培训、考核、待遇、奖励等方面作了明确的规定。深刻理解《教师法》的内容，切实贯彻《教师法》，对于加强师资队伍建设，提高教师的社会地位和政治地位，具有很重要的现实意义。

第一节　教师及其地位与作用和《教师法》的制定

一、教师的法律概念

　　"教师是履行教育教学职责的专业人员，承担教书育人，培养社会主义事业建设者和接班人、提高民族素质的使命。"(《教师法》第三条)。

　　教师是履行教育教学职责的专业人员。履行教育教学、教书育人职责是教师的职业特征。只有直接承担教育教学工作职责的人，才具备教师最基本的条件。专业人员是教师的身份特征。同医生一样，教师是一种从事专门职业活动的专业人员。教师必须具备专门规定的从事教育教学活动的资格，符合特定的要求。如教师要达到符合规定的学历，具备相应的专业知识和语言表达能力、身体健康状况。教师必须从教于各级各类学校或者其他教育机构。各级各类学校包括实施学前教育、普通初等教育、普通中

191

等教育、职业教育、普通高等教育以及成人教育、特殊教育的学校。其他教育机构特指与中小学教育教学工作紧密相联的少年宫、电化教育馆等机构。

二、《教师法》的制定是从法律意义上对教师地位和作用的确认

教师是履行教育教学职责的专业人员，承担教书育人，培养社会主义事业的建设者和接班人，提高民族素质的使命。这为教师的社会地位提供了依据。立足于当今竞争日趋激烈的世界，人才的竞争成为焦点。因此急需提高国民的素质。国民素质的提高依赖于教育的发展。欲重教必先尊师。因此，教师应该拥有较高的社会地位。而在现实生活当中，教师享有很高的社会地位恐怕有点问题。这从诸多媒体常有拖欠教师工资的报道中可以佐证一二。正因为如此，国家才以法律的形式确认："全社会都应当尊重教师。"另外，我们也看到，制定《教师法》，也对教师队伍自身的建设与发展提出了要求，从而对教师在担负培养人才的工作中所付出的劳动和对社会的发展做出的贡献给予肯定，以法律的形式向社会说明教师理应受到社会的尊重，享受较高的社会待遇。

不可否认，国家制定《教师法》的目的之一是要为提高教师社会地位提供法律保障，从而将社会上最优秀的人才吸引到教师队伍中来。只有使教师队伍成为社会最优秀人才的集合，才能为社会培养出更多的优秀人才，从而全面地提高民族的素质。

为此，国家采取了多种措施来努力实现这一点。1985 年第六届全国人大常务委员会第九次会议决定每年 9 月 10 日为教师节，希望通过"教师节"庆祝、纪念活动，使教师工作真正成为社会上最受人尊敬、最值得羡慕的职业之一，形成尊师重教、尊重知识、尊重人才的社会风尚。各级人民政府也采取措施，加强教师思想政治教育和业务培训，改善教师的工作条件和生活条件，保障教师的合法权益，提高教师的社会地位。

第二节 教师的权利和义务

《教师法》所规定的权利和义务,是法律意义上的权利和义务。权利和义务是紧密联系在一起的,如教师有权获得工资报酬,同时也必须履行完成教学工作量的义务。教育的权利和义务是在教育教学活动中产生并由教育法律规范所设定,是一种职业特定的权利和义务。教师的权利和义务始于其取得教师资格并在学校或其他教育机构任职,终于解聘。

一、教师的权利

《教师法》第七条规定,"教师享有下列权利:(一)进行教育教学活动,开展教育教学改革和实验;(二)从事科学研究、学术交流,参加专业的学术团体,在学术活动中充分发表意见;(三)指导学生的学习和发展,评定学生的品行和学业成绩;(四)按时获取工资报酬,享受国家规定的福利待遇以及寒暑假期的带薪休假;(五)对学校教育教学、管理工作和教育行政部门的工作提出意见和建议,通过教职工代表大会或者其他形式,参与学校的民主管理;(六)参加进修或者其他方式的培训。"

(一)教师享有进行教育教学活动,开展教育教学改革实验的权利。这是教师为履行教育教学职责而必须具备的基本权利。教师可以依据教学计划、教学工作量的具体要求,结合自身的教学特点自主地组织课堂教学。教师可以按照教学大纲的要求确定其教学内容和进度,并不断完善教学内容。教学可以针对不同的教育对象,在教育教学的形式、方法、具体内容等方面进行改革、实验和完善。任何组织和个人都不得非法剥夺在聘教师从事教育教学活动,开展教育教学改革和实验权利。不具备教师资格的不得享有这项权利,虽取得教师资格但尚未被任用者,待任用时才能行使这一权利。学校及其他教育机构依法解聘教师的,不承担侵犯教师权利的责任。

（二）教师享有从事科学研究、学术交流、参加专业的学术团体，在学术活动中发表意见的权利。教师在完成规定的教育教学任务的前提下，有权进行科学研究，有权将教育教学中的成功经验或专业领域中的研究成果撰写成学术论文、著书立说。教师有在学术研究中发表个人观点开展学术争鸣的权利。教师可以参加依法成立的学术团体的权利。这是教师的基本权利之一，也是将宪法中规定的公民基本权利根据教师的职业特点具体化。

（三）教师享有指导学生的学习和发展，评定学生的品行和学业成绩的权利。任何组织和个人不得非法干涉教师行使这一占主导地位的基本权利。教师有权对学生的学习给予指导，有权依据学生的性格和特长培养学生全面发展，有权对学生的思想品德、行为规范、学业成绩作出公正的评价。

（四）教师享有按时获取工资报酬，享受国家规定的福利待遇以及寒暑假期的带薪休假的权利。教师的工资报酬一般包括基础工资、职务工资、课时报酬、奖金、教龄津贴、班主任津贴及其他各种津贴。教师享受国家规定的福利待遇包括医疗、住房、退休等及寒暑假期的带薪休假。

（五）教师享有对学校教育教学、管理工作和教育行政部门的工作提出意见和建议，通过教职工代表大会或者其他形式参与学校管理的民主权利。宪法规定：公民对任何国家机关和国家工作人员，有提出批评和建议的权利。教师有权对学校教育教学、管理和教育行政部门的工作提出意见和建议。教师有权通过教职工代表大会等组织形式或适当方式，对学校的发展、改革等重大事项参与学校的民主管理。

（六）教师享有参加进修或者其他方式的培训的权利。教师有权参加进修和接受其他多种形式的培训，提高业务水平和政治觉悟。在本法第四条规定："各级人民政府应当采取措施，加强教师的思想政治教育和业务培训;改善教师的工作条件和生活条件,保障教师的合法权益,提高教师的社会地位。"《教师法》第四章专门就教师的培养和培训问题作出了明确的规定。

二、教师的义务

法律意义上的教师义务,指法律规定的对教师必须作出一定行为或不得作出一定行为的约束。教师依照《教育法》、《教师法》及其他有关法律、法规,从事教育教学工作而必须履行的责任,表现为教师在教育教学活动中必须作出一定行为或不得作出一定行为。

《教师法》第八条规定:"教师应履行下列义务:(一)遵守宪法、法律和职业道德,为人师表;(二)贯彻国家的教育方针,遵守规章制度,执行学校的教学计划,履行教师聘约,完成教育教学工作任务;(三)对学生进行宪法所确定的基本原则的教育和爱国主义、民族团结的教育,法制教育以及思想品德、文化、科学技术教育,组织、带领学生开展有益的社会活动;(四)关心、爱护全体学生,尊重学生人格,促进学生在品德、智力、体质等方面全面发展;(五)制止有害于学生的行为或者其他侵犯学生合法权益的行为,批评和抵制有害于学生健康成长的现象;(六)不断提高思想政治觉悟和教育教学业务水平。"

教师作为一位公民,必须遵守宪法和法律。教师作为人类灵魂的工程师,应当遵守职业道德,这是教师基本义务的具体化。教师在教育教学活动中,应当全面贯彻国家关于教育必须为社会主义现代化建设服务,必须与生产劳动相结合,培养德智体等方面全面发展的社会主义事业的建设者和接班人的方针。教师应当遵守教育行政部门和学校及其他教育机构制定的具体的教育教学管理的各项规章制度,执行学校依据法律法规制定的具体教学工作安排。教师应当履行聘任合同中约定的教育教学职责,完成职责范围内的教育教学任务。教师在教育教学过程中对学生要进行思想品德和政治教育，把学生培养成具有社会公德、文明行为习惯的遵纪守法的公民，对学生进行爱国主义、民族团结教育、法制教育。教师在教育教学活动中要关心、爱护学生，尊重学生人格，不能侮辱、歧视，更不能体罚和变相体罚学生。教师应当尊重学生个人隐私，不得侵犯学生的通信自由权利。教师在学校工作和与教育教学工作相关的活动中，对侵犯其所负责教育管理的学生合法权益的违法行为给予制止。教师有义务批评和抵制社会上出现的有害于学生身心健康成长的不良现象。教师应不断加强学习，加强自身的思想道德修养，保持较高的思想政治觉悟和教育教学专业水平。

三、社会为教师行使权利和履行义务提供保障

《教师法》第九条规定："为保障教师完成教育教学任务，各级人民政府、教育行政部门、有关部门、学校和其他教育机构应当履行下列职责：（一）提供符合国家安全标准的教育教学设施和设备；（二）提供必需的图书、资料及其他教育教学用品；（三）对教师在教育教学、科学研究中的创造性工作给予鼓励和帮助；（四）支持教师制止有害于学生的行为或者其他侵犯学生合法权益的行为。"

教师行使权利和履行义务是需要一定社会物质生活条件予以保证的。各级人民政府、教育行政部门、学校及其他教育机构必须为教师行使权利和履行义务提供教育教学设施、设备、图书、资料及其他教育教学用品。社会要鼓励和帮助教师从事教育教学、科学研究的创造性工作。要形成一个良好的社会环境和提供可靠的法律支援体系，支持教师制止有害于学生的行为或者其他侵犯学生合法权益的行为。

第三节 教师的资格、聘任制度

一、教师资格制度

国家实行教师资格制度。教师资格制度是国家对教师实行的一种特定的职业许可制度。一方面，是提高教师自身素质的需要。教育的优先发展要求教师在数量和质量上都要发展，提高教师的专业素质比增加教师的数量更为重要。另一方面，实行教师资格制度，有利于建立"公正、平等、竞争、择优"的教师合格人才的选拔机制。

（一）取得教师资格的条件

《教师法》规定："中国公民凡遵守宪法和法律，热爱教育事业，具有良好的思想品德，具备本法规定的学历或者经国家教师资格考试合格，有教育教学能力，经认定合格的，可以取得教师资格。"

1. 必须是中国公民。中国公民是指具有中华人民共和国国籍的人。凡符合规定条件的中国公民均可取得教师资格。

2. 具有良好的思想政治道德素质。教师的政治思想水平和道德修养是取得教师资格的一个重要条件。教师要教书育人，为人师表，必须具有良好的思想政治道德素质。

3. 具有教育教学业务能力。教育教学能力是教师完成教育教学任务所必备的条件。教师应当具备掌握和运用教育心理学的能力，语言表达能力，课堂管理能力，提高教学水平的能力。

4. 具备规定的学历或通过教师资格考试。《教师法》第十一条对此作了规定。取得教师资格应当具备相应的学历：取得幼儿园教师资格，应当具备幼儿师范学校毕业及其以上学历；取得小学教师资格，应当具备中等师范学校毕业及其以上学历；取得初级中学教师、初级职业学校文化、专业课教师资格，应当具备高等师范专科学校或者其他大学专科毕业及其以上学历；取得高级中学教师资格和中等专业学校、技工学校、职业高中文化课、专业课教师资格，应当具备高等师范院校本科或者其他大学本科毕业及其以上学历；取得中等专业学校、技工学校和职业高中学生实习指导教师资格应当具备的学历，由国务院教育行政部门规定；取得高等学校教师资格，应当具备研究生或者大学本科毕业学历；取得成人教育教师资格，应当按照成人教育的层次、类别，分别具备高等、中等学校毕业及其以上学历。不具备本法规定的教师资格学历的公民，申请获取教师资格，必须通过国家教师资格考试。国家教育资格考试制度由国务院规定。

（二）教师资格的认定

符合教师资格条件或通过国家教师资格考试，并不意味着取得了教师资格，还必须经过法定机构认定，才具备教师资格。《教师法》规定："中小学教师资格由县级以上人民政府教育行政部门认定。中等专业学校、技工学校的教师资格由县级以上地方人民政府教育行政部门组织有关主管部门认定。普通高等学校教师资格由国务院或省、自治区、直辖市教育行政部门或者由其委托的学校认定。具备本法规定的学历或者经国家教师资格考试合格的公民，要求有关部门认定其教师资格的，有关部门应当依照本法规定的条件予以认定。取得教师资格的人员首次任教时，应当有试用期。"

申请认定教师资格，一般要经过以下几道程序：第一，提出申请。申请人应在每年规定的受理期限提出申请，提交身份证明、学历证书或教师资格考试合格证明、教育行政部门或者受委托的高等学校指定的医院出具的体检证明、户籍所在地的街道办事处、乡人民政府或者工作单位、所毕业学校对其思想品德、有无犯罪记录等方面的鉴定及证明材料。第二，受理。教育行政部门或者受委托的高等学校在接到公民的教师资格认定申请后，应当对申请人的条件进行审查。对符合认定条件的，应当在受理期限终止之日起 30 日内颁发相应的教师资格证书，对不符合认定条件的，应在受理期限终止之日起 30 日内将认定结论通知本人。对于非师范院校毕业生或者教师资格考试合格的公民申请教师资格的，应对其进行面试和试讲，考察其教育教学能力。根据实际情况和需要，可以要求申请人补修教育学、心理学课程。第三，颁发证书。经认定合格后，由教育行政部门或者受委托的高等学校颁发国务院教育行政部门统一制作的教师资格证书。教师资格证书终身有效，全国通用，具有较高的权威性和稳定性。

（三）教师资格的禁止取得和丧失

依照《教师法》的规定，受到剥夺政治权利或者故意犯罪受到有期徒刑以上刑事处罚的，不能取得教师资格，已经取得教师资格的，丧失教师资格。另外，《教师资格条例》中规定，对有下列情形之一的，由县级以上人民政府教育行政部门或受委托的高等学校撤消其教师资格：第一，弄虚作假，骗取教师资格的；第二，品行不良，侮辱学生，影响恶劣的。

二、教师职务制度

《教师法》第十六条规定："国家实行教师职务制度，具体办法由国务院规定。"

教师职务制度是国家对教师岗位设置及各级岗位任职条件和取得该岗位的程序等内容的规定。教师职务是根据学校教学、科研等实际工作需要设置的有明确职责、任职条件和任期并需要具备专门的业务知识和相应的学术技术水平才能担任的专业技术工作岗位。教师职务与工资待遇挂钩，并有数额限制。教师达不到任职要求或不能履行职务职责，完不成工作任务，就要被解聘、低聘或缓聘。考核教师是否符合相应的任职条件，不仅要考察教师的学术水平、工作能力和工作实绩，还要结合教师的思想政治表现、发展潜力、身体状况等因素。

按照国家有关规定，高等学校教师职务设助教、讲师、副教授、教授；中等专业学校教师职务设教员、助教、讲师、高级讲师；普通中小学及幼儿园教师职务设有三级教师、二级教师、一级教师、高级教师；技工学校文化、技术理论课教师职务设教员、助理讲师、讲师、高级讲师；生产实习课教师职务设三级、二级、一级、高级实习指导教师。

教师必须具备一定的任职条件，才能受聘担任相应的教师职务。担任教师职务的任职条件一般有：具备各级各类相应教师的资格；遵守宪法和法律，具有良好的思想政治素质和职业道德，为人师表，教书育人；具有相应的教育教学水平、学术水平，具有教育科学理论的基础知识，能全面、熟练地履行现职务职责；具备学历、学位要求；身体健康，能正常工作。

三、教师聘任制度

《教师法》规定："学校和其他教育机构应当逐步实行教师聘任制。教师的聘任应当遵循双方地位平等的原则，由学校和教师签订聘任合同，明确规定双方的权利、义务和责任。"

教师聘任制度是聘任双方在平等自愿的基础上，由学校或者教育行政部门根据教育教学需要设置的工作岗位，聘请具有教师资格的公民担任相应教师职务的一项制度。学校及其他教育机构和教师基于平等、合作的原则和意愿签订聘任合同，明确双方的权利和义务、责任。实行教师聘任制有利于调动教师从事教育教学和科学研究工作的积极性，激发教师的工作热情和责任感，有利于加强教师队伍的科学管理，实行按劳分配的原则。教师聘任制要遵循双方地位平等的原则。教师和学校通过聘任确立一种法律关系。双方签订的聘任合同具有法律效力，对聘任双方均有约束力。教师按聘任合同履行义务，完成合同规定的教育教学任务。学校支付报酬，提供教育教学、科研、进修、学术交流的条件。学校有权对受聘教师的业务水平、工作态度和成绩进行考核，并作为提职、调薪、奖惩和能否续聘的依据。

教师聘任制度包括招聘、续聘、解聘和辞聘等形式。招聘是指用人单位向社会公开、择优选拔具有教师资格的所需人员。招聘具有公开、直接、自愿、透明度高等优点。续聘是聘期满后，聘任单位与教师继续签订聘任合同。学校对教师在聘期内的工作满意，教师对所从事的岗位和所获得的报酬满意，双方自愿续签聘任合同。解聘是指用人单位因某种原因不宜继续聘任教师，双方解除合同关系。聘任合同具有法律效力，用人单位在解聘教师时除有正当理由，否则应承担相应的法律责任。辞聘是指教师主动请求用人单位解除聘任合同的行为。对辞聘要区分各种不同的原因，分清所应承担的相应的法律责任。

第四节　教师的待遇

教师的待遇包括教师的工资待遇、医疗待遇、住房待遇和养老保险待遇。提高教师待遇，对于真正贯彻尊师重教、尊重知识、尊重人才的方针，提高教师的经济地位和社会地位，具有十分重要的现实意义。

为此，《教育法》第三十三条规定："国家保护教师的合法权益，改善教师的工作条件和生活条件，提高教师的社会地位。教师的工资报酬、福利待遇，依照法律、法规的规定办理。"《教师法》第六章就教师的待遇作出了明确规定。

一、教师的工资待遇

教师的工资待遇是教师通过进行教育教学的智力劳动所获得的工资报酬。教师的工资待遇是教师养家糊口的物质基础。因此，保障教师的工资能得到正常的晋级增薪、不被拖欠、对教师的生活影响很大。《教师法》的第二十五条、第二十六条、第二十七条对教师工资水平、增薪制度、津贴、补贴等方面作出了原则性的规定。

（一）教师工资水平

《教师法》明确规定："教师的平均工资水平应当不低于或者高于国家公务员的平均工资水平，并逐步提高。建立正常的晋级增薪制度，具体办法由国务院规定。"教师平均工资水平用法律的形式是难以确定的，因此必须借助于一个参照系。教师是专门人才，一般都具有相应的学历或学位。显然，用社会平均工资水平作参照系是不可行的。在这里借用公务员的平均工资水平是比较适当的。教师的平均工资水平不低于或者高于国家公务员的平均工资水平。

（二）建立正常晋级增薪制度

"建立正常的晋级增薪制度，具体办法由国务院规定。"正常的晋级增薪制度，对于调动广大教师工作的积极性具有十分重要的意义。晋级增薪，要与教师的考核挂钩。用人单位（学校及其他教育机构）要建立教师的考核制，教师完成教育教学任务的数量、质量，都要有一个公正的评估体系。

（三）教师的津贴

《教师法》规定："中小学教师和职业学校教师享受教龄津贴和其他津贴，具体办法由国务院教育行政部门会同有关部门制定。"教师的教龄津贴，是鼓励长期安心从事教育工作的一项措施。教师的其他津贴，如班主任津贴、特殊教育津贴等，是对这些岗位的教师多付出劳动的一种补偿性报酬。

（四）教师的补贴

《教师法》规定："地方各级人民政府对教师以及具有中专以上学历的毕业生到少数民族地区和边远贫困地区从事教育教学工作的，应当予以补贴。"教师补贴是一种地区补贴。这是国家为了促进少数民族地区和边远贫困地区教育发展而采取的一种措施。

二、教师的住房

《教师法》第二十八条规定："地方各级人民政府和国务院有关部门，对城市教师住房的建设、租赁、出售实行优先、优惠。县、乡两级人民政府应当为农村中小学教师解决住房提供方便。"

地方各级人民政府要制定切实可行的计划，尽快使城市教职工家庭人均住房面积达到当地居民的平均水平。在住房制度改革时，要对教职工住房的建设、分配、销售、租赁，实行优先、优惠政策。教职工的住房要社会化、商品化，地方政府和主管部门要加强领导，多渠道筹集资金。

三、教师的医疗保健待遇

《教师法》第二十九条规定："教师的医疗同当地国家公务员享受同等的待遇；定期对教师进行身体健康检查，并因地制宜地安排教师进行休养。医疗机构应当对当地教师的医疗提供方便。"

教师的医疗同当地国家公务员享受同等的待遇。这是从法律上保障了教师的就医与公务员一样具有可靠性。教师的身体状况令人堪忧。定期对教师进行身体健康状况检查，可以及时发现病情，防患于未然。教师就医时，医疗机构应提供便利。

四、教师养老保险待遇

《教师法》第三十条规定："教师退休或者退职后，享受国家规定的退休或者退职待遇。县级以上人民政府可以适当提高长期从事教育教学工作的中小学退休教师的退休金比例。"

这一规定，对稳定教师队伍，解决教师退休后的生活待遇提供了法律保障。

第五节　教师的管理

教师的管理包括对教师的培养和培训、教师的考核、奖励等内容。《教师法》对此作出了原则性的规定。

一、教师的培养和培训

教师培养,是指专门教育机构为各级各类学校教师的补充更新而进行的一种专业性学历教育。教师培训,是指专门教育机构为提高在职教师的思想政治素质和业务水平而进行的一种继续教育。我国现在的教师队伍无论是从数量还是质量都远远不能适应教育发展的需要,特别是在经济文化落后的农村地区、少数民族地区和边疆地区,教师缺口和素质不高很严重。因此,加强教师的培养和培训显得很重要。在《教育法》第三十四条规定:"国家实行教师资格、职务、聘任制度,通过考核、奖励、培养和培训,提高教师素质,加强教师队伍建设。"在《教师法》第四章专门就教师的培养和培训作了规定。

(一) 教师的培养

《教师法》规定:"各级人民政府和有关部门应当办好师范教育,并采取措施,鼓励优秀青年进入各级师范学校学习。各级教师进修学校承担培训中小学教师的任务。非师范学校应当承担培养和培训中小学教师的任务。各师范学校学生享受专业奖学金。"

师范教育是教育工作的母机,其主要任务是培养师资。各级师范院校除了给学生传授思想品德、文化专业知识和训练身体健康之外,还对学生进行严格的教育专业训练,传授教育学、心理学知识,使学生毕业后成为一名合格的教师。按照培养师资任务的不同,师范院校可分为中等师范教育、高等专科师范教育、本科师范教育、研究生教育。中等师范教育,属于正规的学历教育,主要培养小学和幼儿园师资。学制为 3 年或 4 年,招收对象是初中毕业生或具有同等学历的社会青年和民办教师。高等师范专科教育,主要培养初级中学师资,也是正规学历教育,学制为 3 年,主要招收高中毕业生、部分中等师范毕业生及在职中小学教师。高等师范本科教育,主要培养完全中学或高级中学师资,学制 4 年,是正规学历教育,主要招收高中毕业生、部分优秀的中等师范毕业生及在职中小学教师。

非师范院校也应当承担培养中小学师资的任务。非师范院校毕业生成为教师后，要修教育专业课程，学习教育学、心理学知识。研究生教育，硕士研究生、博士研究生学制一般为 2 年至 3 年。研究毕业生可以培养成为高等学校师资。

各级师范学校学生享受专业奖学金。这是国家为了鼓励和支持青年学生接受师范教育、加快师资队伍建设而设置的专业奖学金。

（二）教师的培训

《教师法》第十九条规定："各级人民政府教育行政部门、学校主管部门和学校应当制定教师培训规划，对教师进行多种形式的思想政治、业务培训。"第二十条规定："国家机关　企业事业单位和其他社会组织应当为教师的社会调查和社会实践提供方便，给予协助。"

教师培训具有补偿、更新知识的功能。教育培训主要是对于那些已经具备合格学历和胜任教学的教师，组织他们学习新知识，学习和掌握新的教学理论和教学方法，不断提高政治思想和业务水平，培训一批各学科的带头人和教育教学专家。另外，对农村中小学教师、短线学科的教师不具备国家规定学历，不胜任教育教学工作的，也要加强培训，提高他们的教育教学水平。

教师参加培训既是权利，也是义务。按照《教师法》的规定，教师享有"参加进修和其他方式的培训"的权利，同时又负有"不断提高思想政治觉悟和教育教学业务水平"的义务。具体而言，教师培训有以下几种形式：其一，教材教学培训，这是帮助对在职中小学教师掌握所教学科的教材，使之能正确传授知识。其二，职后补偿性学历教育。教师进修学校和教育学院按国家规定的教学计划和课程，对不符合国家规定学历的教师进行补偿性学历教育，一般采取离职培训和函授培训的方式。其三，继续教育。国家对已经达到规定学历的中小学教师进行继续教育。其四，教师职务培训。这是对教师任职资格的培训。

二、教师的考核

《教育法》第三十四条规定："国家实行教师资格、职务、聘任制度，通过考核、奖励、培养和培训，提高教师素质，加强教师队伍建设。"《教师法》第五章专门就教师考核作出了规定。教师的考核是指各级各类学校和其他教育机构以《教育法》、《教师法》为依据，按照关于教师考核规定的考核内容、原则、程序、方法，对教师进行考察和评价，以激励教师忠于职责，为教师的职务聘任、晋升工资、实施奖惩、培养培训等教师管理工作提供法律依据。

教师考核应当客观、公正、准确。对教师的考核要从客观实际出发，实事求是，全面地对教师作出合理的评价。要防止凭主观印象来考核教师。考核要公正。公正与否关系到教师考核工作的成败。应严格按照考核标准、程序、办法进行。在客观、公正的基础上教师考核要作出与其实际表现相符合的评价，杜绝夸大或缩小。教师考核的结果应和教师的受聘任教、晋升工资、奖惩挂钩，和教师的切身利益相结合。否则，失去了教师考核的意义。

《教师法》第二十二条规定："学校或其他教育机构应当对教师的政治思想、工作态度和工作成绩进行考核。教育行政部门对教师的考核工作进行指导和监督。"这一条规定了教师考核的内容。政治思想主要包括政治态度和职业道德。政治态度指教师遵纪守法，热爱祖国，拥护党的基本路线，努力学习马列主义、毛泽东思想和邓小平建设有中国特色的社会主义理论的态度。职业道德主要包括教师热爱教育事业，执行教育方针、教书育人；不断提高科学文化和教育理论水平；热爱学校，团结协作，作风正派，举止端庄，语言文明。业务水平主要是指教师所任职务相应的专业知识水平和业务能力。专业知识水平包括学历水平、本专业基础理论和专业知识的广度和深度、教育教学理论水平、工作经验，相关学科知识水平和外语水平。业务能力主要指教师在教育教学活动中所具有的实际本领，包括教育教学能力、科研能力、分析问题和解决问题的能力、语言表达能力、改革创新能力、管理学生能力、实验能力。工作态度指教师在履行教育教学职责中所具备的工作积极性、事业心和责任感。工作成绩主要指教师在本职岗位从事教育教学和科研活动中所取得的成果及做出的贡献。主要包括工作量、教学效果、教育效果、科研成绩、论著成果等。

三、教师的奖励

《教师法》第三十三条规定："教师在教育教学、培养人才、科学研究、教学改革、学校建设、社会服务、勤工俭学等方面成绩优异的，由所在学校予以表彰、奖励。国务院和地方各级人民政府及其有关部门对有突出贡献的教师，应当予以表彰、奖励。对有重大贡献的教师，依照国家有关规定授予荣誉称号。"

学校、国务院和地方各级人民政府及其有关部门、国家三者都可以给予不同的优秀教师相应的奖励。教育教学、培养人才、科学研究、教学改革、学校建设、社会服务、勤工俭学等在其中某一项或几项中做出优异成绩的教师，学校应予以表彰、奖励。对有突出贡献的教师，国务院和地方各级人民政府及其有关部门应予以表彰、奖励。对有重大贡献的教师，如在教育教学、科学研究等方面，依照国家有关规定授予荣誉称号。从以上可以看出，对教师的奖励有三个级别：学校、地方（省、部级）、国家三个等级。

《教师法》第三十四条规定："国家支持和鼓励社会组织或者个人向依法成立的奖励教师的基金组织捐助资金，对教师进行奖励。"国家鼓励海内外人士设立相应的教师奖励基金或向依法成立的奖励教师的基金组织捐助资金，如"霍英东青年教师奖励基金"、曾宪梓"师范院校优秀教师教育基金"等等。国内企业、个人也可以各种形式奖励教师。

对教师的奖励要坚持物质奖励和精神奖励相结合的原则。只有这样，才能真正起到激发教师工作积极性的作用。物质奖励包括奖金、实物、晋升工资，改善住房和医疗条件，组织疗养、参观或为受奖教师提供学习、进修机会等。精神奖励是一种荣誉，如授予相应的荣誉称号。

《教育法》、《教师法》关于教师奖励的规定，为鼓励教师积极上进，终身从教，提高教师队伍建设，促进教育教学质量的提高提供了法律保障。

第六节 法律责任

一、对侮辱、殴打教师行为法律责任的规定

《教师法》第三十五条规定："侮辱、殴打教师的，根据不同情况，分别给予行政处分或者行政处罚；造成损害的，责令赔偿损失；情节严重，构成犯罪的，依法追究刑事责任。"

教师的人身权利和自由受到法律保护。教师作为一般公民，宪法保护其人身权利和自由。本条特作出这样规定，是对教师顺利进行教育教学活动的保护性规定。根据不同的情况，侮辱、殴打教师情节较轻的，分别给予警告、记过、记大过、降级、降职、撤职、开除留用和开除的行政处分。造成损害的，要负民事责任，责令其赔偿损失。若情节严重，构成犯罪的，要依法追究其刑事责任。

《教师法》的这条规定，对于提高教师的社会地位，保障教师的人身安全和自由，提供了法律保障。

二、打击、报复教师行为的法律责任

《教师法》第三十六条规定："对依法提出申诉、控告、检举的教师进行打击报复的，由其所在单位或者上级机关责令改正；情

节严重的，可以根据具体情况给予行政处分。国家工作人员对教师打击报复构成犯罪的，依照刑法第一百四十六条的规定追究刑事责任。"

教师有申诉权。《教育法》规定："教师对学校或者其他教育机构侵犯其合法权益的，或者对学校或者其他教育机构作出处理不服的，可以向教育行政部门提出申诉。教师对一些违法犯罪行为有进行控告、检举的权利。国家法律保护教师的申诉、控告、检举权。教师要依法行使申诉、控告、检举的权利。对依法提出申诉、控告、检举的教师进行打击报复的，其所在单位或者上级机关要责令其改正；情节严重的，可以依据具体情况给予行政处分。如果实施打击报复教师的是国家工作人员，情节严重造成恶劣影响，构成犯罪的，要依照刑法的规定追究刑事责任。"

三、教师违法行为的法律责任

《教师法》第三十七条规定："教师有下列情形之一的，由所在学校、其他教育机构或者教育行政部门给予行政处分或者解聘。（一）故意不完成教育教学任务给教育教学工作造成损失的；（二）体罚学生，经教育不改的；（三）品行不良、侮辱学生，影响恶劣的。教师有前款第（二）项、第（三）项所列情形之一，情节严重，构成犯罪的，依法追究刑事责任。"

教师进行教育教学活动，既是权利，也是义务。教师完成教学工作较好并取得优异成绩的，由有关部门给予奖励。但是故意不完成教育教学任务给教育教学工作造成损失的，其所在学校、其他教育机构或者教育行政部门给予行政处分或解聘其职务。教师在教育教学过程中体罚学生，经教育不改的，或者品行不良，侮辱学生，影响恶劣的，其所在学校、其他教育机构或者教育行政部门要给予行政处分或者解聘，情节严重，构成犯罪的，依法追究其刑事责任。

四、挪用教育经费、拖欠教师工资行为的法律责任

《教师法》第三十八条规定:"地方人民政府对违反本法规定,拖欠教师工资或其侵犯教师其他合法权益的,应当责令其限期改正。违反国家财政制度、财务制度,挪用国家财政用于教育的经费,严重妨碍教育教学工作,拖欠教师工资,损害教师合法权益的,由上级机关责令限期归还被挪用的经费,并对直接责任人员给予行政处分;情节严重,构成犯罪的,依法追究刑事责任。"

《教育法》规定,国家财政性教育经费必须用于教育,不得挪用、克扣。对违反国家有关制度,挪用、克扣教育经费的行为,上级机关责令限期归还被挪用的经费,并对直接负责的主管人员和其他负责人员依法给予行政处分,构成犯罪的,依法追究刑事责任。教师工资是其劳动报酬之一,是教师养家糊口的重要来源。对违反本法规定拖欠教师工资或者侵犯教师其他合法权益的,地方人民政府应当责令其限期改正。

五、教师申诉制度

《教师法》第三十九条规定:"教师对学校或者其他教育机构侵犯其合法权益的,或者对学校或者其他教育机构作出的处理不服的,可以向教育行政部门提出申诉,教育行政部门应当在接到申诉的三十日内,作出处理。教师认为当地人民政府有关行政部门侵犯其根据本法规定享有的权利的,可以向同级人民政府或者上一级人民政府有关部门提出申诉,同级人民政府或者上一级人民政府有关部门应当作出处理。"

这是宪法关于公民申诉权利规定在教师身上的具体体现。它在宪法赋予公民享有申诉权利的基础上,将教师这一特定专业人员的申诉权利具体化。

教师申诉时要写明被申诉人侵害其合法权益,包括教学、科研、工作条件、民主管理、培训进修、考核奖惩、工资福利待遇、退休等各方面的合法权益,或不服被申诉人处理决定的事实依据,

针对被申诉人的侵权行为或处理决定的错误，提出纠正的法律、政策依据，并就其陈述理由。

应当注意的是，教师申诉的对象只能是侵犯了其合法权益的学校或其他教育机构、政府有关行政部门，而其他企业、事业单位和个人侵犯其合法权益的，不属于教师申诉的范围。

第七章 《中华人民共和国高等教育法》讲解（上）

第一节 高等教育立法的背景分析

法律是为社会现实服务的，同时它又具有适当的超前性。高等教育立法也是为高等教育事业的发展服务的，因此，高等教育立法必须关注高等教育的现实，必须立足于现实，着眼于未来，引导和促进高等教育的改革和发展。

一、国际背景

联合国教科文组织在 1995 年《关于高等教育的变革与发展的政策性文件》中庄重指出："本世纪后半叶，在教育上将成为高等教育不寻常的扩展和质变的阶段。"我国高等教育的改革与发展正是在这一国际背景下进行的。

过去的 25 年中，世界高等教育最主要的变化是数量上的增长，但国家之间和地区之间在就学机会方面的不平等现象，学校结构、课程及学习形式方面的差异和财政拮据等现象依然存在。经费问题对高等教育的正常运作已经构成越来越严重的危害，已导致学术水平的下降，甚至在一些学术基础和传统比较强的国家中使学术活动也感到有压力。教科文组织《1993 年世界科学报告》指出，世界上 80％以上的研究与发展（R&D）活动是由少数几个工业化国家进行的，跟不上科技发展的步伐意味着发达国家与发展中国家在这方面的差距在扩大。

总的说来，世界高等教育的趋势主要表现在：

（一）数量上的增长

在高等学校学生人数方面，教科文组织的统计资料表明：高等院校的学生人数1960年是1 300万，1970年增至2 800万，1980年增至4 600万，1991年增至6 500万。而发展中国家的增长速度则更为快速。

在高等教育人数与其相应学龄人口的比例方面，世界各主要地区18～23岁年龄组的入学率增长平稳。1960年是9.6％，1970年是14.8％，1980年是18.8％，1990年稍有下降，为18.6％，1991年又回升到18.8％，但相比较来说，发达国家的入学率比发展中国家的入学率增长得更为稳定而且幅度大得多。

（二）结构和形式多样化

世界各国的政府和大学本身都已经在对高等学校的结构与形式以及教学、训练和学习方法进行深刻的改革。改革的直接结果是高等教育趋向多样化，这种多样化主要在高等学校的结构、课程、学生人数及资金来源、所有制形式上表现出来。尤其应当指出的是，私立高等学校学生人数所占比例正在增长，在某些国家主要是发展中国家达到50％以上。不过需要指明的是，不同的私立高等学校无论在学术水准，还是在法律地位方面的差异都大于公立高等学校之间的差异。

（三）资金与资源的短缺

在大多数国家，高等教育学生人数都大量增加，规模迅速扩大，而实际拨款却没有相应增加，这迫使许多院校削减预算、改掉课程、放慢基础设施现代化的步子，少订图书，减少国际合作，甚至减少教师科研人员。资金与资源的短缺已经影响到各类高等院校，包括一些实力雄厚的大学。因此，教科文组织认为寻找政府国库之外的新的资金来源是当前高等教育"全盘政策"的一部分，它建议采用的方式包括收缴或增加学费及其他学习费用，鼓励开展各种创收活动，如签订研究合同、开展广泛的学术与文化服务和开办短期学习班等措施。但1996年底世界银行发表的高等教育报告则认为，实行高等教育私营化是解决这一问题的主要途径。

（四）国际化程度提高

在全球贸易、经济与政治趋向一体化以及对文化间了解的需要日益增长的情况下，高等教育的国际化成为一个普遍趋势。其表现为：（1）外语教学普遍加强，要求普遍提高。（2）合作办学增多，包括合作举办某一课程或学科。如泰国作为自主权试验的新型大学 Suranaree 工业大学，是与加拿大 12 所大学合办的，学生在本校上两年后再到加拿大完成学业，课程和师资则由双方统筹安排。（3）跨国组织与机构开始出现。如欧共体 1987 年成立的 ERASMUS 即是为实现欧共体的要求而设立的一个专门跨国机构，该机构可满足欧共体大学到 2000 年有 10%的毕业生拥有一年国外学习经历的需要。①

在以上四方面发展趋势下，大学被看作是推动应付世界各种挑战所需要的大环境的主要力量之一，因而联合国教科文组织强调："现在必须以一种新的观点来看待高等教育，这种观点要求把大学教育的普遍性与提高针对性结合起来，以满足它所处的社会对它的期望。这种新观点不仅强调学术自由和学校自治的原则，同时也强调对社会所负的责任。"②

二、国内背景

经济体制改革是国内高等教育改革的重要推动因素，也是高等教育立法的重要社会背景。建国初期，我国生产力落后，所有制结构单一，建设规模较小，发展目标集中，实行计划经济实属必要。但随着我国社会经济条件发生变化，尤其是随着我国经济

---

① 王一兵，《亚太地区高等教育国际化、私营化和法人化现象透视》，《教育研究》，1997.1。

② 联合国教科文组织，《关于高等教育的变革与发展的政策性文件》，1995。

发展水平大幅度提高，经济结构日益复杂，原有的计划经济的内在弊端逐步暴露出来。改革开放以来，我国经济体制改革逐步深入发展，继农村联产承包责任制成功推行之后，从1985年开始，全国城市、工厂企业也开始进行经济体制改革，1992年以来，经济体制改革向纵深方向发展，计划经济逐步向社会主义市场经济过渡。以市场经济为核心的经济观念、结构形式、经济运行机制以及一系列经济活动规范对社会经济生活的作用越来越大，对高等教育的影响也越来越强。改革的影响作用主要表现在：

（一）经济体制改革使高等学校的外部关系发生变化

计划经济条件下，高等学校的外部关系只有高等学校与政府的关系。高等学校与社会的联系被政府切断，政府成为高等学校与社会的中介。高等学校不需要面向社会，只是从政府那里获得经费，再按政府指令完成任务而已。举例来说，学生毕业时，社会不是向高等学校直接要人，而是将自己所需要的专业人才种类、数量等信息上报政府，政府经过统一平衡，向高等学校下达指令性分配计划，学生再被高等学校按照计划分配到一个个的行政、事业和企业单位。而在市场经济条件下，经济结构开始多元化，单一的所有制形式被以公有制为主体，其他各种所有制形式并存的结构所代替。因而社会事业的投资渠道也变得多样化，政府财政不再仅仅是高等学校收入的唯一来源。高等学校开始接受社会其他投资主体的投资，逐渐与其他社会组织建立了沟通渠道。这样，高等学校与政府之间的单一联系，就被政府、高等学校、社会三者之间的关系所取代。（见图1、图2）

（二）经济体制改革要求转变政府职能

政府职能是指国家行政机关根据经济建设和社会发展的需要，在行使行政权力过程中所承担的职责和功能。政府职能的转变，是指政府职责、功能的变化、转化和发展。包括政府管理权限的改变和政府管理方式的转变。

首先，在计划经济条件下，各个社会组织是政府的附庸，政府不仅控制其大政方针，而且还深入到各组织内部的事务。而在市场经济条件下，各个经济组织成为具有法人地位的市场交换主体和竞争主体，拥有法人财产权、内部机构设置权和经营自主权。政府不能再涉足属于法人享有的各项权利。另一方面，由于市场经济有其固有的缺陷和不足，为了解决生产社会化、一体化同经济主体多元化的矛盾，按比例分配社会劳动和优化资源配置同经济主体自主决策和经济活动盲目性的矛盾，实现社会共同利益和社会公平同经济利益狭隘性的矛盾，政府又必须实施宏观控制。政府相对于高等学校的职能也在进行同样的转变。

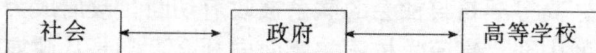

```
┌────────┐     ┌────────┐     ┌────────────┐
│  社会  │◄───►│  政府  │◄───►│  高等学校  │
└────────┘     └────────┘     └────────────┘
```

图1 计划经济条件下高等学校的外部联系

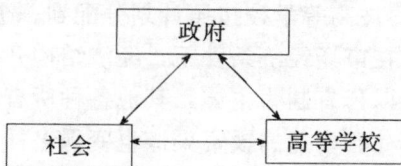

```
              ┌────────┐
              │  政府  │
              └────────┘
             ╱          ╲
            ╱            ╲
   ┌────────┐          ┌────────────┐
   │  社会  │◄────────►│  高等学校  │
   └────────┘          └────────────┘
```

图2 社会主义市场经济条件下高等学校的外部联系

其次，政府管理权限的变化要求其管理方式也作相应的调整。计划经济条件下，经济运行体制主要是围绕政府计划行为建立起来的，政府采用的是指令性计划、直接行政管理等方式。但随着社会主义市场经济体制的建立，以市场为主体的资源配置方式正在形成。政府要对市场进行控制，也要以市场调节为基础实行间接调控，主要是以经济、法律手段为主，并辅之以必要的行政手段和计划手段。

（三）经济体制改革使高等学校主体意识增强

计划经济体制下，政府计划就像一个巨大的杠杆，制约着整个国家的经济秩序，全国各行各业，各个单位、组织无不处于这一巨大的杠杆的指挥框架下。在这种情况下，高等学校与其他社会组织一样，融入整个计划框架下，接受指令，完成任务，主体意识不可能也不必要存在。而市场经济的确立，要求凡从事商品生产和经营的经济组织都具有经营自主权。高等学校虽然不是一个完全具有市场功能的经济组织，但它作为特殊商品——高级劳动力和科技知识产品生产者的性质却不同程度地存在着。因而在生产经济价值规律、竞争规律和供求规律的作用下，高等学校作为利益主体的自我意识不断觉醒和强化。因此，"一方面为了维护教育活动与国家、与市场的相对独立性，另一方面也为了适应强大的市场经济力量，大学必定会像企业一样获得其独立或相对独立的生产经营权（办学权），成为具有自身利益要求的独立实体，拥有自主办学，自我管理、自我发展、自我约束的权益。"[①]

第二节 高等学校法律关系分析

一、高等学校的法律关系特征

任何一个学校组织都是存在于一定的内外环境之中的。学校的内部环境主要包括学校组织的统一的权责系统和技术系统。权责系统是指学校内部各个部门、各个职位和各个成员之间的一系列权责分工和相互关系基础上形成的科层结构。技术系统是指学校为完成一定教育目的和任务所具备的知识手段、课程、教材、教

---

① 陈列著，《市场经济与高等教育——一个世界性的课题》，人民教育出版社，1996，第2～3页。

学场所和教学设备等等因素所构成的操作系统。学校的外部环境主要包括一切现存的影响学校组织的活动、行为、事物、情况、势力等客观社会因素，包括社会的、政治的、经济的、技术的、法律的、人口的、文化的等各个方面。在现代社会中，学校与其所处的内外环境的交互作用和互动过程愈来愈复杂，因素愈来愈多，学校与环境通过彼此间的交互作用和互动过程来影响和制约对方的功能和行为，因而维持学校和环境之间各种社会关系的协调稳定，已愈来愈成为学校生存发展的基础。这就需要运用法律手段来对学校社会关系加以调整，对与学校有关的各种社会行为加以控制。可以说，正常的学校秩序和协调稳定的学校社会关系是与法律规范对学校社会关系的调整和控制紧密相连的，没有法律规范，学校就不成其为学校。

法律调整的主要的学校社会关系有：学校与政府的关系，学校与社会的关系，学校内部管理的权责关系，学校领导与教师、学生的关系等等。

（一）高等学校与政府的关系

高等学校与政府之间的关系主要表现为政府依法对高等学校进行行政管理、行政干预和施加行政影响，高等学校同样依法对政府行使以建议批评为中心内容的监督权。作为一种行政法律关系，这一关系的主体及其权利和义务都是由行政法预先确定的，当事人没有自由选择的余地。政府机关在与高等学校发生关系时以国家的名义出现并行使广泛的职权，在学校不履行规定的义务时，政府机关可以强制其履行，而政府机关不履行职责，学校只能请求其履行或通过向有关国家机关提出申诉或诉讼等方式解决。因此，高等学校与政府的关系具有不对等性，政府机关作为关系的一方，占据着主导的地位，政府机关与高等学校有关的行政行为，都不可避免地会对学校产生直接的权威性的促进、帮助或限制、制约作用。

（二）高等学校与社会的关系

高等学校与社会的关系主要表现为高等学校与不具有隶属关系的国家机关、企事业单位、集体经济组织、社会团体、个人之间的关系，其中既有互相协作、互相支援的关系，又存在复杂的民事所有和流转上的关系。在这些关系中，高等学校是以独立的民事主体资格参与其中的。这就在客观上要求国家用法律确认学校相对独立的法律地位，明确规定学校与不相隶属的国家机关、企事业单位，集体经济组织、社会团体、公民之间的权利义务关系，保护学校的合法权益，促进教育事业的顺利发展。在现阶段，我国高等学校与社会各种组织及个人之间关系的法律调整，最突出地反映在所有权关系、相邻权关系和合同关系上。

所有权关系是财产所有人与其他人所发生的法律关系。我国的学校是由国家、集体经济组织、企事业组织和其他社会力量举办的，其中以国家和国有企业、事业组织举办的学校为主。在这几类学校中，国家是学校财产的唯一的和统一的所有人。但是国家各级行政机关对其所管辖范围内的学校财产，一般并不直接进行经营，而是根据国家财产经营管理上的需要，将其所管辖的财产分别交由各个学校进行经营管理。国家通过计划的和经济的、行政的、法律的手段对学校进行宏观管理、检查、指导和调节，学校则在国家授权范围内行使占有、使用和处分权。因此，高等学校对国家财产的占有、使用和处分权是从属于国家所有权的一种相对独立的权利。相邻权关系是基于相邻的事实而产生的所有人或占有人之间，对各自所有或占有的土地、建筑及其他与土地有关的财产行使占有、使用、收益、处分权时所发生的权利义务关系。相邻权关系本质上是对所有人或使用人在对其财产行使占有、使用时的一种限制关系，它要求相邻各方在行使财产的占有、使用时，必须履行不影响他人行使权利的义务，同时也享有要求他人给自己行使权利以便利的权利。合同关系是当事人之间为实现一定的经济目的，明确相互间的权利与义务而构成的协议关系。例如转移所有权的合同、转移使用权的合同、提供劳务的合同、提供成果的合同等等民事合同和经济合同，都是合同关系的体现。我国高等学校近年来随着教育体制的改革，同各种社会组织的协作关系有了很大的发展，例如高等学校同其他单位之间的技术协作、技术转让、专利转让、联合办学、委托培养学生等等。为了确定这类关系中当事人各方的权利义务，一般都需签订合同，形成受法律约束的合同关系。

（三）高等学校与教师的关系

高等学校与教师之间的关系是一种由权责分配和学校工作的特性所决定的管理关系。在这一关系中，二者所处的地位是不对等的。在西方国家，教师都是雇员，因此学校与教师的关系是一种雇用关系。我国高等学校与教师的关系不是雇用关系，而是聘任或任命的关系，但是为了完成学校工作的共同目标，必须对教育教学过程进行有效的指挥和协调，必须有职责明确的组织分工和许多人在工作上的同心协力与合作。因此，教师在进行工作时不容各行其是，必须无可争辩地服从领导的意志，高等学校与教师关系的这一本质决定了学校领导有权组织教育教学工作，提高教师业务水平，组织教师之间的经验交流，监督和评价教师的课堂教学，对教师进行奖励和惩罚。学校还有权根据教师的政治思想表现、文化专业知识水平、教育教学水平、教育教学能力、工作成绩和履行职责的情况进行定期或不定期的考核，建立考绩档案，为教师职务的评审和聘任或任命提供依据。高等学校有权审定助教和讲师的任职资格，部分高等学校有权审定副教授或教授的任职资格，对符合任职条件的，学校有权进行聘任或任命。从以上种种关系可以看出，高等学校与教师的关系是领导者与被领导者之间的支配与服从的关系。但是，由于教师是具有较高文化程度和专业技能的社会群体，教学工作在很大程度上依赖于教师个体积极性的发挥，因此，高等学校对教师应进行合理的管理与使用，应根据教师劳动个体化程度较高的特点，给予教师以较大的自主权，实行教学民主与学术民主，以利于发挥教师的主动性和创造性。教师除了应服从学校的领导之外，根据学校民主管理的原则，可以通过教职工代表大会行使民主权利，参与学校管理。

（四）高等学校与学生的关系

高等学校与学生的关系既是教育与被教育的关系，又是管理与被管理的关系。学校对学生的管理，其目的在于使学生具有良好的学习习惯，生活习惯和行为习惯，具有基本的自理能力、自治能力和独立生活能力，同时也在于使学校形成一个良好的教学环境，使教学工作有一个正常的秩序，使学生在学校中能愉快地学习，健康地成长。因此，对学生的管理在一定意义上可以认为是一种教育。学生管理必须有利于每个学生的全面发展，必须具有教育性，为此必须做到有管有放、有宽有严，必须体现民主、平等的精神，重在培养与疏导。但是，对学生的管理既然是一种管理，就必然涉及到管理者与被管理者权利与义务的设定，必然会构成学校与学生之间的法律关系。我国高等学校与学生关系的法律调整是建立在贯彻执行党的教育方针、培养德才兼备的社会主义现代化建设人才的基础上的。我国的有关法规规定，高等学校必须加强对学生的管理工作，保证学校正常的教学秩序和教育质量的提高。在学生学籍管理工作中，坚持健全管理制度同加强思想教育相结合的原则，因材施教、鼓励先进，充分调动和发挥学生的积极性，使其在德智体诸方面生动活泼地主动地得到发展，培养更多的优秀人才。高等学校有权根据入学、注册、成绩考核与记载、考勤、升级与留降级的有关规定对学生进行学籍管理，对德智体全面发展或在思想品德、学业成绩、锻炼身体某一方面表现突出的学生，给予奖励。对犯有错误的学生，学校可视其情节轻重给予批评教育或纪律处分。同时，学校也负有保证学生身心健康和人身安全的责任,禁止体罚、摧残学生和侮辱学生人格,防止意外事故的发生。学生在学校享有充分的学习和发展的权利,有参加教育教学活动、按教学安排使用教学设备和设施的权利,有参加各种有利于发展个人特长的健康活动的权利,有自愿参加校内合法社团的权利,有根据有关规定申请奖学金、助学金和学生贷款的权利,有对教育教学工作和学校管理工作提出建议和意见的权利,有根据法定标准获得相应的学业证书的权利等等。同时,学生有义务接受思想品德和政治教育,遵守学校的管理制度,完成规定的学习任务,参加学校组织的社会实践活动和公益劳动,参加学校组织的体育活动及其他有益于身心健康的活动,养成健康的生活方式等。

二、高等学校法律关系性质

高等学校与其所处的内外环境所构成的一系列社会关系尽管错综复杂,但依据其特征的不同可以分为如下两类:一类是以权力服从为基本原则,以领导与被领导的行政管理为主要内容的教育行政关系;另一类是以平等有偿为基本原则,以财产所有和财产流转为主要内容的教育民事关系。

(一)教育行政关系

教育行政关系以权力服从为基本原则,以领导与被领导的行政管理为重要内容,发生在政府实施教育行政管理的过程中。它主要表现为政府依法对高等学校进行行政管理、行政干预和施加行政影响,而高等学校必须服从这种行政管理和干预,但它也同样依法对政府行使以批评、建议为中心内容的监督权。这一关系反映的是高等学校与政府的纵向关系,其实质是政府如何领导、组织和管理教育活动。在这类关系中,高等学校与政府的关系具有不对等性,政府作为关系的一方,占据着重要的地位。政府在这类关系中以国家的名义出现并以国家权力为后盾,在高等学校不履行规定的义务时,政府机关可以强制其履行,而政府机关不履行规定的义务时，高等学校只能请求其履行或通过向有关国家机关提出申诉或诉讼等方式获得解决。例如，当政府部门任命或撤销公立高等学校校长职务时，该政府部门与该高等学校之间就构成一对教育行政关系，在这对关系中，高等学校必须履行服从政府决定的义务。如果不履行，政府可以强制其履行，高等学校如果对此决定不服，只能向有关政府部门提出申诉。而在另一对教育行政关系中，如果政府没有按规定向高等学校拨付足额教育经费，高等学校却不能强制政府履行义务，而只能请求其履行或通过向有关国家机关提出申诉或诉讼的方式获得解决。又如，如果政府依法吊销某社会力量举办大学的办学执照时，该政府部门与该高等学校之间也构成一对教育行政关系，该高等学校必须服从政府的行政决定，如果对该决定不服，可以向有关政府部门申请复议或者向其他国家机关提出诉讼。

（二）教育民事关系

教育民事关系是高等学校与包括政府在内的社会组织与个人之间发生的社会关系。它涉及面广，如财产、土地、学校环境及人身等方面涉及的权益都可能发生民事所有和流转上的联系，因而也都可能成为教育民事关系的客体。可以说，教育民事关系是高等学校面向社会自主办学过程中遇到的数量最大的社会关系。这类关系中高等学校与其他民事主体具有平等的法律地位，双方的合法权益均受法律保护。即使是政府，它作为教育民事关系的主体，也不是以教育行政管理者的身份出现，而是作为市场交换中的一个与高等学校平等的市场主体参与进来。当事双方签订的协议对双方均有法律约束力，双方可以自由自愿地从事民事法律行为，处分自己的合法权益，不受对方或任何第三人的强迫，也不受行政权力的干预。高等学校与其他民事主体发生的教育民事关系是伴随社会主义市场经济体制的确立以及高等学校面向社会自主办学的过程中逐渐发展起来的一类关系，目前它的数量正在增加。前几年不断发生的学校与其他社会组织在校园土地归属问题上的争端，以及近年来高等学校在向其他社会组织出租学校场地过程中发生的关系都属于教育民事关系。就高等学校与政府关系而言，现在也有了一定的教育民事关系，例如，在某政府部门与高等学校签订的合作办学合同中，高等学校要为政府部门培训一定数量的职员，政府部门则按市场交换价格向高等学校给付培训费用。此时，政府并不是作为高等学校的行政管理者出现的，它是以一个与高等学校平等的市场交换主体的身份与高等学校建立了教育民事关系。如果在此过程中双方发生纠纷，则可直接起诉至人民法院进行处理。

第三节　分化政府角色

高等教育立法的一个重要任务就是要调整政府与高等学校的关系，从政府方面来说，分化政府角色是一个必需的方面。

一、分化政府角色的涵义

计划经济体制下，政府是高等学校的举办者、行政管理者和事实上的办学者。政府举办各类高等学校，对它们实施外部行政管理，并且具体控制学校内部的办学事务。政府的角色是多重的。这种多重合一的政府角色是造成政校不分，高等学校与政府关系混乱的重要原因。因此，要改革高等学校与政府关系，一个重要的思路就是分化政府角色，区分高等学校的举办者、管理者和办学者。高等学校的举办者是指依法举办高等学校的政府、组织和个人。它包括各级人民政府、具有法人资格的企业、事业单位、社会团体及其他组织和个人。高等学校的管理者是指有权对高等学校进行行政管理的主体，它只能由政府来承担。高等学校的办学者是依法管理学校内部诸事务的主体，它应该是高等学校自身，即高等学校是高等学校的办学者。如此看来，政府的角色应当是：首先，政府不是所有高等学校的举办者，而只是公立高等学校的举办者；其次，政府是所有高等学校的管理者；最后，政府不是高等学校的办学者，对公立高等学校不是，对社会力量举办的高等学校也不是。具体地说，分化政府角色的涵义包括：

（一）政府作为高等学校的行政管理者与举办者的角色分离

在我国，政府一直是高等学校的举办者，是最重要的举办主体。解放初期，全国有高等学校 207 所，其中公立高等学校 138 所，占高等学校总数的 61％。经过解放后的接管改造和 1952 年开始的院系调整，到 1953 年，高等学校已全部改由政府举办。改革开放以后，一些境外组织和个人举办的大学开始出现，高等学校举办主体和投资主体开始多元化。一些具备法人资格的企事业单位、社会团体等其他组织和个人成为高等学校的举办者。高等学校举办主体的多元化要求政府放弃一部分权力，将应当由其它高等学校举办者享有的权力交给它们行使，政府不应剥夺它们的权力，也不应当替代它们承担责任。政府既然只是公立高等学校的举办者，就自然只对公立高等学校行使举办者的职权。

政府不是社会力量举办高等学校的举办者，但它是它们的管理者。社会力量举办的高等学校作为社会组织中的一员，有义务接受国家公权的代表——政府的外部行政管理。对公立高等学校来说，政府既是举办者，又是行政管理者，具有双重身份。但政府绝不应该将这两种角色的职能混在一起行使，而应做到将举办者的职权同行政管理者的职权予以分离，分别依据不同的要求和规则来行使。

（二）政府的行政管理者与高等学校的办学者角色分离

高等学校是开展教学和研究活动的主体，因而是独立办学的主体，应该独立行使办学的自主权力。高等学校是办学者，其内部的教学活动、科学研究、内部管理及与社会的联系等都是高等学校职权范围内的事，政府不得对这些属于办学者的职权予以干预，甚至包办代替。高等学校不再是政府的附属物，而是独立办学的、具有法人地位的实体，政府只是高等学校的行政管理者，只能对大学在方针、政策、法律规范方面予以控制，不至于使高等学校越轨，其职能主要是在方向上加以引导，在高等学校越轨的地方进行预防控制。

二、政府的权力与责任

通过前面的分析不难看出，政府相对于高等学校的职责主要包括两个方面：其一是当政府作为公立高等学校举办者所具有的职责，其二是政府作为所有高等学校的行政管理者所具有的职责。

（一）政府作为公立高等学校举办者所具有的职责

（1）政府作为公立高等学校举办者的权力。

①制定高等学校章程

章程是高等学校办学的基本条件，它规定高等学校在办学过程中涉及的一些基本关系。世界各国的高等教育法一般都将制定高等学校章程作为举办高等学校的必要条件。章程一般由高等学校的举办者制定，公立高等学校的举办者是政府，故其章程一般是由政府制定，也有一些是由政府委派的学校董事会制定，然后经政府批准。

章程作为高等学校的基本文件，相当于校内的法律，地位极其重要。各个国家高等学校的章程，尽管有一些不同之处，但仍有相通之处。典型的如法国巴黎第十一（南部）大学的校章共四十九条，第一部分规定了学校的任务、性质、组成、处所；第二部分规定了学校的组织制度，理事会的具体构成比例及成员任期、选举办法及选举团的组成、理事会的运转及职能、校长和副校长的产生和职权范围、理事会常务会会议的组成与任务、咨询机构的组成与任务；第三部分规定了预算的制定与执行及人事政策；第四部分为校章修改办法；第五部分为过渡性措施。

政府在举办高等学校时为其制定章程，是十分有益和必要的。

至于章程的具体内容，可以借鉴国外的经验并结合我国的实际情况，主要应该包括高等学校的名称、宗旨、学科、专业设置方向、内部管理体制、办学规模、经费来源、资产使用和财务制度、举办者与高等学校之间的权利、义务以及章程修改的程序等。总之，制定章程既体现了政府作为公立高等学校举办者的权力，又对政府行使举办者的权力加以限制。章程一经制定，高等学校就要在章程确定的框架内行使各项自主权；同时，政府作为举办者对大学的干预也要以章程为限，不得超越，这对于明确二者的权力范围是极为有益的。

②任命学校决策机构成员，核准或任命校长

举办者有权确定高等学校决策机构的成员，这是世界各国的通例。私立高等学校的举办者可以决定高等学校首届董事会的成员及今后的选举办法，公立高等学校的举办者政府也有权决定高等学校决策机构的成员，只不过有的政府直接行使了任命权，有的政府没有行使，而是让公民进行选举。我国公立高等学校内部决策机构的名称和组织形式不尽一致，待由政府立法确定，同时决策机构的成员也要由政府任命。此外，由于高等学校校长对高等学校的发展负有重大的责任，因而也要经过政府的任命或核准。但需要说明的一点是，有些政府行使的是实质的任命或核准权，而有些政府只是形式上保留这些权力。

（2）政府作为公立高等学校举办者需承担的责任。

政府作为公立高等学校的举办者的最重要的责任是为高等学校提供必要的和稳定的办学经费。这是由举办者的身份所决定的必然要履行的责任。虽然随着高等教育规模的扩展和高等学校数量的增多，仅仅依靠政府的财力来维持高等学校的生存和发展已有相当难度。事实上很多国家高等学校自筹的经费已接近或达到政府拨款的数目，但政府财政拨款依然还是大学收入的主要来源。如法国大学有 60％的经费来自政府财政，加拿大高等学校也有

95％的基建费、75％的事业费由政府拨付。又如美国，虽然政府对高等学校的控制一直较弱，但政府对高等学校的经费供给却占到近一半的比例。（详见表1、表2）总之，政府可以鼓励高等学校利用其他渠道和方式来增加收入，却不能以此为理由推托自己为高等学校提供办学经费的责任。

政府为高等学校拨款，可以采取不同的途径和方式。不同的拨款方式可以带来不同的高等学校行为。试想一种以规定项目、按人员编制计划为基础的预算分配方式，由于它极大地束缚了高等学校的手脚，高等学校没有任何自由选择分配的余地，因而必然带来僵化、保守、死气沉沉的局面。而一种以科研合同或资助入学大学生的方式进行的拨款，却会充分调动高等学校的活力去参与竞争，它所带来的是完全不同的一种结果。因此，政府采用多种途径拨款，可以产生比单一拨款方式好得多的效果。这一点得到了英国高等教育研究会利维霍尔姆讨论会的一致认同。参与此讨论会的研究者从不同侧面分析了多种途径拨款的益处。首先，某些人把它看作是避免国家控制或把国家控制减少到最低程度的一种方法。但是也有人辩论说，作为一种多相拨款的系统，这种制度在政治上是更站得住脚的，因为总有一些拨款的途径能很好的发挥作用，而且多种途径拨款总是比单一途径拨款能给政府提供更大的余地。第三种也是补充性的主张，政府永远不会是全能的，它们总是在某种思想的基础上作出决策，而一个多种途径拨款系统可以免受政府失误的影响。

表1 美国高等学校经常费收入来源

	1947~1948		1957~1958		1967~1968		1980~1981		1983~1984	
	金额	%	金额	%	金额	%	金额	%	金额	%
总收入	2027	100.0	4641	100.0	16825	100.0	65585	100.0	84417	100.0
学杂费	305	15.0	934	20.1	3380	20.1	13773	21.0	19714	23.4
联邦政府	526	25.9	707	15.2	3348	19.9	8479	12.9	10406	12.3
州政府	352	17.4	1138	24.5	4181	24.8	20106	30.7	24706	29.3
地方政府	48	2.4	129	2.8	504	3.0	1790	2.7	2192	2.6
民间捐赠、合同	91	4.5	324	7.0	848	5.0	3176	4.8	4415	5.2
捐赠基金	87	4.3	182	3.9	364	2.2	1364	2.1	1874	2.2
各项辅助事业	465	22.9	839	18.1	2482	14.8	7288	11.1	9456	11.2
其他收入	24	1.2	70	1.5	498	3.0	8173	12.5	2640	3.1

（资料来源：Higher Education in American Society，Revised，Edition，Edited by P. G. Altbach and R. O. Berdal，1989，第120页）

表2 1994到1995年学院与大学的收支状况

收 入	公立大学		私立大学	
	数额（千美元）	占总体百分比（%）	数额（千美元）	占总体百分比（%）
学费和杂费	$21908104	18.4	$29598772	42.4
联邦政府				
拨款	1766412	1.5	218038	0.3
拨款与合同	11170894	9.4	6547698	9.3
研究与发展中心	254537	0.2	3285593	4.7
州政府拨款	39405865	33.0	232579	0.3
地方政府拨款	4243984	3.6	3763	—
拨款与合同	3448815	2.9	1255753	1.8

续表

收　入	公立大学		私立大学	
	数额（千美元）	占总体百分比（％）	数额（千美元）	占总体百分比（％）
私人赠送、奖学金与合同	4737529	4.0	6129220	8.8
捐赠与收入	693313	0.6	3294904	4.7
销售与服务				
教育活动	3616034	3.0	1987217	2.8
辅助企业	11373646	9.5	6962448	10.0
医院	12527982	10.5	6572234	9.4
其他	3652477	3.1	3314546	4.7
总体现金收入	＄119312493	100.0	69808077	100.0

注：一表示少于 0.1％，由于四舍五入，没有考虑细节。资料来源：美国教育部 1997. 8。

（二）政府作为高等学校行政管理者所具有的职责

任何高等学校，无论其拥有多么大的自主权力都不能不受到一定的政府控制，政府此时具有的这种控制权力就是它作为行政管理者对高等学校作为社会组织的一员所行使的行政管理权力。政府的行政管理权可以是高度集权的，也可以是有限控制的；既可以直接进行行政干预，也可以采用立法、拨款、评估等间接控制手段。以往我国政府的行政管理采用的是直接运用行政手段实施高度集权的管理，当前在市场经济条件下，随着人们对政府宏观调控职能与手段的认同，政府对高等学校的行政管理方式也要作相应变革。

喻岳青先生认为，政府对高等教育宏观管理的职能就是调控和服务。其作用具体体现在：（1）制定教育标准；（2）保证教育质量；（3）促进教育发展；（4）规范教育活动的行为；（5）作为教育服务工作。① 周川先生从另一侧面撰文认为："我国政府对高等学校的管理职能，不应在学校内部的运作过程和环节上，更不应在学校内部的日常事务上，而应在学校系统内外部的宏观关系上，在高等教育事业的方向和质量标准上。具体地说，政府对高等学校的管理职能主要应体现 以下几个方面：第一，规划与立法；第二，拨款与筹款；第三，评估与监督；第四，制定各级各类高等学校设置基准，审批新建高等学校；第五，制定高等学校干部任免标准。"②

（1）政府作为高等学校行政管理者的权力。

① 规划

政府作为高等教育宏观管理者的一个重要职能就是为高等教育发展制定规划。这在计划经济时代具有不言自明的正确性。在市场经济条件下，社会主义市场经济也并非是要排除一切政府规划的。相反，它恰恰需要政府进行宏观的规划和控制，保障高等教育的规模、发展速度、高等学校的布局、结构与科类进行预测和规划，保证国家资源的有效利用，使高等教育的发展同国家的经济建设、社会发展相协调。

② 审批新建高等学校

审批新建高等学校是各国政府的一项重要权力。无论是政府控制较为严格的欧洲大陆国家，还是自由选择权力较大的北美地区，政府虽然拥有的权力有多有少，但审批新建高等学校这项权力是最基本的共有的一项权力。

政府审批新建高等学校的权力表现为：第一，公立高等学校由政府任命设立；第二，私立高等学校必须经政府批准方可正式

---

① 喻岳青，《政府对高等教育宏观管理的职能调控与服务》，《辽宁高等教育研究》，1995.6。

② 周川，《高校与政府关系的几点思考》，《高等教育研究》，1995.1。

成立。日本的国立和公立大学由国家和地方政府依据《学校教育法》、《大学设置基准》、《国立学校设置法》设置,而私立大学由学校的法人依据《私立学校法》、《大学设置基准》等法律文件规定的程序和要求向文部大臣申请,文部省根据相关法律规定向"大学设置审议会"提出咨询后,决定是否批准设置该大学。又如美国,虽然只要符合大学所应具备的条件,任何个人和团体均可申请举办大学,但法律规定只有在取得州议会颁发的特许状后,一所新大学才算正式成立。

我国当前政府的审批权主要体现在由政府命令设立公立高等学校。但随着社会力量举办高等学校数量的增长,社会上虚假招生、不符合条件擅自举办所谓大学的事件逐渐多起来。这要求政府必须加强审批权力的行使,严格依照有关法律、法规对社会力量举办高等学校的办学条件进行审批。

③ 制定标准

政府的行政管理职权表现最为突出的方面就是制定规范和标准。主要目的是为了保证高等教育的健康发展和对社会进步的有益贡献。政府制定的这些规范和标准一般都是某一方面需达到的最低界限,是高等学校必须遵守和达到的。它们主要包括:A. 高等学校设置标准,如设置高等学校必需的创办经费、合格的场地、校舍、仪器设备及必备的图书资料等。B. 教师资格和职务标准。教师任职资格的标准规定大学教师执教所必须具备的学历、教学能力等方面要求。教师职务标准是教师获得一定专业技术职务所必须具备的条件,如近年颁布的《教师职务资格条例》,就是规定教师职务标准的。C. 专业设置标准。它包括设置一定专业要求的专任教师的人数、职务、教学设备及学生数目等内容。D. 干部人事任免标准。它主要是指大学内校长、副校长、各院正副院长、各系正副系主任及其他非教学人员的任免标准。E. 学位和证书是一定学术水平的标志,其授予是严肃和认真的。政府必须制定相应的学位证书标准，明确在何种情况下，达到什么条件才可以获得一定的学位或证书，以保证学位授予的规范性和严肃性。

④评估和监督

政府作为社会公共利益的代表，为了确保教育质量，有权力对高等学校办学活动进行评估和监督。尤其在市场经济条件下政府职能从微观方面转移到宏观方面上来以后，政府的评估和监督职能就更加重要和突出。

过去政府在高等教育评估方面的作用主要是制定一定的评估工作规范，组织和发起全国性的或本地区、本部门的重大高教评估的实践活动，组织研究人员对高教评估进行理论研究，召开有关工作会议和学术会议。今后为了适应高等学校与政府关系改革的趋势，应当将政府的评估职能限定为对高等学校进行办学的合格评估及设置评审，而且可以将高等学校的发展水平评估工作交由社会的非官方组织和机构进行。为此，政府需要制定高等教育评估法，规定高等教育评估中各行为主体（政府、学校、社会、社会以及民间团体）的地位、权利、义务、责任和相互关系，使其各主体既分工合理、职责分明，又相互协作、互为补充。

（2）政府作为高等学校行政管理者的责任。

①依法治教

依法治教是行政合法性原则在教育领域中的具体表现，行政合法性原则是指政府行政权力的存在、运用必须依据法律、符合法律。它包括以下几方面具体要求：A. 任何行政职权都必须基于法律的授予才能存在；B. 任何行政职权的行使都必须依据法律、遵守法律；C. 任何行政职权的行使都具有法律依据，符合法律宗旨；D. 任何违反上述三点活动的行动的行政活动，非经事后法律认可，均得以宣告为"无管辖权"或"无效"。这些原则体现在教育行政上就是：A. 教育行政的主体必须是依据宪法和法律，采取一定的形式恰当组织的机关。B. 教育行政机关的行政行为必须是在其权限内按照合法程序所做的合法行为。C. 教育行政职权的委托及运用必须有相应的法律依据，符合法律委托的目的。

当前在教育行政管理活动中，存在着大量的越权和侵权的政府行为，必须强调政府依法治教的义务，以使其作为高等学校行政管理者的权利与义务相平衡。

②教育服务

大学要健康发展，离不开良好的社会环境，如规则有序的市场，完整全面的法律体系，畅通灵敏的物资、信息交流网络等。这些方面既是高等学校发展必不可少的保障条件，又是高等学校本身无法解决的。而政府正是为保障大多数人的利益而存在的，它有义务、也有能力为社会各主体的发展提供它们自身无能力解决的外部条件，促进社会服务体系的发展。

第四节　建立健全高等学校法人制度

法人制度是商品经济高度发展的产物。在早期商品经济活动中，只有自然人作为民事权利主体进行商品交换活动。随着商品经济的发展，自然人之间的交易逐渐不能满足社会的需要，这时出现了由若干自然人组成的团体，罗马法学者在古罗马时代就已经在理论上指出团体人格与个人人格的不同，但并没有产生现代的法人制度。甚至直到 19 世纪初著名的《法国民法典》还没有规定法人制度。只是到了商品经济高度发达的资本主义社会，才出现了股份公司这种典型的完备的法人形式。1896 年制定并于 1900 年施行的《德国民法典》第一次规定了法人制度，此后它在各国民商法立法中普遍得到确认，成为市场经济生活中的一项十分重要的制度。

确立高等学校的法人地位，运用法人制度来处理高等学校与政府和社会的关系，是市场经济国家行之有效的方法。世界上绝大多数国家的高等学校都具有法人地位，美国的高等学校都具有法人地位。英国原来只有大学具有法人地位，但 1988 年的《教育改革法》颁布以后，它的多科技术学院与其它学院也获得了法人地位。法国 1968 年以前，大学"属于国家的公共行政性机构"，从法律条文上看不出与其他政府部门有多少差异，内部组织管理的方式方法也向这些部门看齐，自主权很小。1968 年的《高等教育法》规定，高等学校"是有法人资格和财政自治权的公立科学文化性机构"（第三条），确定了高等学校的法人地位。到 1984 年的《高等教育法》则进一步规定为"公立科学、文化和职业性机构，是国家高等教育和科学研究机构，它具有法人资格和教学与科研、行政、财政方面的自治权。……这些机构是自治的。在执行本法规定的任务过程中，它们可以在国家规定的范围内，本着信守合同的原则，确定自己的教学、科研和资料工作的政策。这些机构可以把教学、科研和资料工作纳入它们与国家签订的学年性合同。"德国的大学具有双重法律地位，这是有很长历史的。1976 年德国颁布的《高等教育总法》中仍沿袭了这一界定，规定"高等学校是公法团体，同时又是国家机构"。巴伐利亚州《高等教育法》又进一步规定："高等学校以法人的身份处理学校事务，以国家机构的身份履行政府事务。如无其他规定，本校事务是指学校方面的一切事务。"该法又接着详细列举了政府事务的含义和范围。

我国提出有关高等学校法人地位的问题，是随着我国社会主义市场经济体制的建立而出现的，并在 90 年代成为一个热点问题。在我国过去长期的计划经济体制下，如前文图 1 所示，高等学校与社会不直接发生关系，它们之间以政府为中介发生间接关系。高等学校实际上是政府主管部门的附属物，大学一切行为均听命于政府，没有独立的法律地位。在这种情况下，讨论高等学校的法人地位并没有多少实际意义。而随着社会主义市场经济体制的确立，高等学校逐渐被推向社会和市场，大学的外部关系被新的模式所代替（如图2），高等学校不仅与政府发生关系，也与社会发生广泛的联系，这意味着原有的高等学校与政府的关系发生分化，其中的一部分将分离出去而为高等学校与社会之间的关系所取代，此时，高等学校能否具有法人资格，以独立法人的身份参与到社会生活中来就成为一个十分重要的问题，对于处理政府、高等学校、社会三方关系具有举足轻重的意义。同时，高等学校各类教学、科研、生产联合体的出现以及大学的不断国际化，都迫切要求改革旧的高教体制，建立政府统筹规范和宏观管理，学校面向社会自主办学的新体制。因此，确立和落实高等学校的法人地位，建立和完善高等学校的法人制度就不可避免地被提上了日程。

高等学校法人制度包括的内容极其广泛，我们从改革高等学校与政府和社会关系的目的出发，主要分析高等学校法人地位和高等学校法人的权利等问题。

一、高等学校的法人地位及性质

关于我国高等学校法人地位及相应的高等学校法人性质问题，主要存在两种观点。

一种观点认为，根据我国《民法通则》第三十六条到五十条的规定，我国现有高校属于事业单位法人，自批准成立之日起，即取得法人资格。现在提出高校法人地位问题实质上是如何尽快完善高校法人制度，落实高校法人的各项自主权。与此相应，该观点认为，法人是民法上的概念，高校法人也只是民法上的一般法人，仅仅具有民事主体的资格。法人制度只能解决高校的民事权利问题，不能解决高校与政府的关系。

另有观点认为，高校既是民事主体，又是教育主体，具有双重的法律地位，需要通过民法和教育法律来共同加以界定和确认。因此，高校法人除具有一般法人的民事主体性质外，还具有教育主体性质。

上述看法的分歧主要缘于对法人这一概念理解的差异。法人，用最简单的定义来说，即团体人格，就是一个团体或组织具有独立的民事权利并承担民事义务，因而具有独立的民事主体资格。这是关于法人的传统的概念，但随着时代的发展，法人制度是否只是民法中的一项制度，法人地位是否只是一种民事主体地位，目前法学界意见也不一致。已有学者向传统的法人概念提出质疑，认为法人制度是一种基本的法律制度，在经济法、行政法、甚至刑法中，法人也都是法律关系的主体。而且，随着法学理论研究的深入及立法的完善，法人制度实际上也已超出了民法的范畴。从这个角度出发，再将高等学校法人仅仅视为民事法律关系的主体，未免有些片面。

为了更全面、深刻地理解高等学校法人的性质，有必要从分类的角度对高等学校法人做分析。

（一）公法人与私法人

这是西方国家的一种重要法人分类其分类标准有多种。以设立法人之目的为准，则以公共利益为目的的为公法人，以私人利益为目的的为私法人；以法人设立所依据法律为准，则依公法设立的为公法人，依私法设立的为私法人；以法人的设立者为准，则由国家或公共团体设立的为公法人，反之为私法人；以法人是否行使或分担国家权力为准，则凡行使或分担国家权力或政府职能的为公法人，反之为私法人。……由上可见，无论依哪种分类标准，公立高等学校应属公法人，与国家机关法人相同，但由于行使的公权为教育权，又与国家机关不同。因此，它应属公法人性质的特别法人，应受行政法以及教育法律的支配。而社会力量举办的高等学校，虽然也从事公益事业，得到政府的承认或帮助，但原则上受民法和教育法律的支配，不属于公法人。

（二）公益法人与营利法人

这是依法人成立或活动的目的所做的划分。公益法人是指以社会公共利益为目的而成立的法人；营利法人则是以取得经济利益并分配给其成员为目的的法人。很明显，无论是公立高等学校或社会力量举办的高等学校在我国均属公益法人。高等学校办学不得以营利为目的，而应把主要精力放在教学、科研等公益性活动上。当然，这并不意味着高等学校不能从事营利活动，而只是说明，高等学校的经营收益，不能用于投资者或经营者之间的利益分配，而只能用于高等学校的法人的办学上。

社会力量举办的高等学校在遵守上述一般原则外，由于其资金来源的特殊性，在某些国家，还具有一些特殊的权利。如日本《私立学校法》就有规定，学校法人可以在不妨碍学校教育的前提下，以办学为目的，经营以收益为目的的事业，但从我国目前情况考虑，还应坚持不得以营利为目的的举办大学的原则。

（三）企业法人与机关事业单位和社会团体法人

这是我国《民法通则》所采取的法人分类，其分类依据是法人所从事的业务活动。我国公立高等学校法人应属事业单位法人。

从以上分析可以看出，我国高等学校法人的性质是多重的，因而仅仅在民法上确立了高等学校的法人地位，还不能够满足高等学校自主办学的需要。国外许多国家都在相关的教育法律中明确了高等学校法人地位，我国也在刚刚颁布的《高等教育法》第三十条规定："高等学校自批准设立之日起取得法人资格。高等学校的校长为高等学校的法定代表人。"这项规定使高等学校的法人地位在教育法律上得到了明确。

二、高等学校法人的权利

一种观点认为，高校法人作为民法上的一般法人，相应也仅仅具有一般法人的民事权利。其权利在民法上已有规定，教育法律对此不必规定。另一种观点认为，高校法人的权利包括民事权利和办学自主权利，故其权利应由民法和有关的教育法律共同加以规定。

高等学校法人的权利是与其性质密切相关的。社会力量举办的高等学校作为独立的法人，它的权利包括法人的财产自主权，组织机构权和经营决策权。公立高等学校作为公法人性质的特别法人，必然享有民事方面的权利和公法上的权利。鉴于公立高等学校在我国高等学校中数量占绝大多数，而且它的权利问题是高等教育立法所重点关注的问题，所以下面主要谈公立高等学校的权利。

（一）高等学校法人在民事方面的权利

高等学校法人在民事方面的权利主要是财产权，还有知识产权等。但它与一般民法上的法人不同的是，高等学校法人的民事权利是不充分的，要受到教育法律的限制。主要表现在，高等学校不得以营利为目的进行活动，而且其财产权也需由相应的教育法律作出规定。从我国现有的有关教育的法律、法规来看，公立高等学校法人的财产权应包括对财产的占有、使用、收益和机构章程规定的处分权能，而不享有完全的所有权。高等学校的教学、科研财产应与从事经营活动的财产相分离，未经举办者同意高等学校不得改变用于教学和科研的财产的用途，不得转移使用权、作抵押或为他人担保。而社会力量举办的高等学校因其财团法人的性质，因而享有的民事权利较公立高等学校充分，但它仍然也不是完全充分的。

独立财产权是法人至关重要的权利。高等学校法人独立的财产自主权是高等学校自主地从事多项办学活动的最重要的基础。在我国旧的高等教育管理体制下，高等学校之所以没有自主权，一个最重要的原因就是没有处理好高等学校与政府的产权关系。在高度集中的计划体制下，国有高等教育资产的所有权归国家所有，其使用管理权则属于高等教育主管部门，高等学校对所获得的办学资源，只能按照主管部门的计划进行再分配和使用，没有财产自主权。在市场经济体制下，经济管理领域中国有资产的两权分离问题已经在理论和实践上得到解决，国有高等教育的财产也可以参照经济管理中解决国有资产两权关系的办法进行。即高等学校的财产所有权属于国家，但其占有、使用、收益权属于高等学校，高等学校可以依法享有对高等学校财产行使分配、收益和章程规定的处分权利。因此，我们所说的高等学校法人的独立财产权，实质上就是这种从国家所有权中分离出来的高等学校法人的占有、使用、收益和章程规定的处分权。

当前，在如何实现高等学校法人财产权问题上，无论从理论还是从实践都存在一个困难，那就是如何既保证政府向高等学校提供必要的经费，同时又使高等学校享有实质上的财产与经费的自主支配权。解决这一问题的途径本文认为有以下三种：（1）设立中介机构来统筹管理政府提供的大学经费。如英国的前大学拨款委员会（UGC）。通过该中介机构将政府的拨款以切块方式向高等学校分配，政府尽量减少戴帽拨款的比例。（2）通过合同拨款。高等学校与政府签订合同，高等学校法人通过合同得到政府的资助，同时按合同规定完成既定的任务。英国的前大学拨款委员会（UGC）很早就采用任务书的形式与高等学校达成某种协定，法国近年来为了改变政府对高等学校干预过多的弊端，也开始以签订合同的方式来取代原有的拨款方式。（3）建立高等学校法人基金制度。仿照私立高等学校法人以私人捐赠形成的基金来管理大学的方式，设立公立高等学校基金，政府将拨款（教育经费和教育基建投资款项）拨入公立高等学校法人的基金。由高等学校法人按其公益性的目自主安排使用。这三种方式各有可取之处，但都尚需一定条件。

（二）高等学校法人在公法上的权利

高等学校法人在公法上的权利俗称办学自主权，但实际上它只是办学自主权的一部分，是由政府授权或委托，以高等学校章

程的形式确定下来的那部分权利。公立高等学校的章程由政府制
定，一经制定，章程中规定的属于高等学校自主决定的权利就成
为高等学校法人的权利，政府要尊重它们，不得侵犯。但政府对
高等学校这部分权利的行使仍然保持着监控权，如果高等学校不
当行使，政府可以依法将其收回。由于章程对于高等学校有着极
为重要的作用，所以有关章程的形式、内容及修改等应该在相应
的教育法律中加以规定。高等学校在公法上享有哪些权利，这是
近年研究比较多的一个问题。

　　林正范等学者将高等学校的办学自主权分为：教育权、科研
权、校办产业权、后勤服务权。教育自主权包括：招生、专业
设置权和专业方向调整权、教职员工的评聘与解聘权、教材选择
权、教学计划的编写权、学术水准自主权。科研自主权包括：自
主确定研究课题，有权依据自身的条件与学术研究的内在规律有
选择地接受政府的科研要求，自主确定研究计划，自主确定处理
科研成果的办法等。校办产业权是指学校的校办产业机构拥有与
企业一样的经营自主权。后勤服务权即学校后勤服务社会化，实
行分流管理，一部分成为教育的有机组成部分，体现着教育科研
的基本特点，另一部分成为社会服务行业的一部分，享有企业经
营自主权。①

　　范先佐先生则将办学自主权分为两类：各级各类学校共同拥
有的自主权和各级学校独立拥有的自主权。各级各类学校共同拥
有的自主权有四条：a. 有权根据国家教育部、劳动人事部的有关
规定聘用和解雇教职工；b. 有权在不违反国家财经纪律的情况下
调节使用从政府和非政府渠道取得的经费，调整内部工资关系；c.
有权依法同社会各界建立广泛的合作关系和联系；d. 有权接受厂
矿企业、事业单位、社会团体和个人以及港澳同胞、海外侨胞、外

---

① 林正范等，《学校办学自主权的含义、依据与范畴》，《上海高教研究》1994.2。

籍团体和友好人士提供的资助和捐赠。高等学校独立拥有的办学自主权有：a. 在保证完成国家投资的人才培养和研究项目的前提下，有权根据自己的条件，招收委培生、自费生的数量，提供社会所需要的各种教育和培训服务；b. 除国家重点扶植和资助的对国计民生有重大影响的专业外，有权增减调整本科学科，专业和课程设置，有权选编教材；c. 在国家有关法律和政策允许的范围内，有权与各类企事业单位签订研究、开发、技术转让和共同开办产业以及联合办学的合同；d. 在不违反国家有关规定的前提下，有权独立开展国际学术交流和科研合同。①

　　以上研究由于立足点不同，因而在权利的归属、层次上不尽一致。但总的来说，在高等学校办学自主权的外延方面已经基本有了共识。即：招生权、专业设置权、科学研究权、教学权、校内人事权、资产权以及对外交往权。不过我们此处需要指出的是：高等学校虽然拥有上述诸种权利，但这并不意味着这些权利的行使是完全自由、不受约束的。事实上，尽管随着改革的不断深入，高等学校在这些方面拥有的权利正在增加，但它仍然要受到政府的监控。同时，权利与义务是统一的，高等学校法人也应当是权利与义务的统一体，只有将行使权利与履行义务结合起来，才能促使高等学校形成自我发展、自我约束的机制。

---

　　① 林正范等，《学校办学自主权的含义、依据与范畴》，《上海高教研究》1994.2。

第八章 《中华人民共和国高等教育法》讲解（下）

第一节 《高等教育法》概述

一、《高等教育法》的立法基础

高等教育担负着培养高级专门人才，繁荣和发展科学、技术和文化，提高全民族思想道德和科学文化水平的任务，在我国社会主义现代化建设中发挥着不可忽视的作用。经过四十多年的努力，我国现在已经初步建立起了一个学科门类比较齐全、形式较为多样，专科、本科和研究生教育相互配套，具有相当规模的社会主义高等教育体系。到 1994 年，我国普通高等学校已达1 080所，成人高等学校达到 1 172 所。全国在校学生共计 515.06 万人，其中硕士生 104 991 人、博士生 22 660 人。建国四十多年来，我国各类普通高等学校累计为国家培养出 980 万名专科层次以上的高级专门人才，并且还有 110 万人通过自学完成了高等学历教育。总之，高等教育至今已经得到了长足的发展，高等教育的各项制度，也已初见端倪，高等教育立法已经有了较好的实践基础。

另一方面，我国在高等教育立法方面也已积累了一定经验，取得了一定的成绩。自 1980 年全国人大常委会制定了第一部有关教育的法律《中华人民共和国学位条例》之后，国务院又相继制定了《高等教育管理职责暂行规定》、《普通高等学校设置暂行条例》、《高等教育自学考试条例》等行政法规，国务院教育行政部门也陆续制定了《普通高等学校招生暂行条例》、《高等学校培养研究生工作暂行条例》、《普通高等学校本科专业设置暂行规定》、

《普通高等学校教育评估暂行规定》、《关于开展大学后继续教育的暂行规定》等一大批有关高等教育的部门规章，地方的人大和政府也制定了一些有关高等教育的地方性法规和规章。这些法规的制定和实施为当前的高等教育立法工作奠定了一定的法制基础。

二、《高等教育法》的制定

《高等教育法》的研究、起草工作始于 80 年代中期。1985 年《中共中央关于教育体制改革的决定》颁布之后，教育立法的任务日益迫切。原国家教委分别委托北京和上海市高教局进行高等教育法的前期调研起草工作。

1993 年春，根据全国人民代表常务委员会的指示精神，原国家教委制定了教育法律法规体系起草工作总体规划，高等教育法的起草工作被列为重点项目。原国家教委高教司、政策法规司牵头成立了包括教育理论家、法律专家和教育行政管理人员在内的高等教育法起草小组和咨询小组。

高等教育法起草小组经过认真地收集有关资料、召开座谈会听取各方面意见并请专家就若干重点问题做专题研究，于 1995 年 2 月形成了《中华人民共和国高等教育法（草案）》（征求意见稿），向全国 500 多个单位和高等教育、法律界的有关人士广泛征求意见。经认真审理修改后于 1996 年 5 月经原国家教委党组讨论后报送国务院。之后又经过一年的修改、形成了提交国务院常务会议审议的草案。1997 年 6 月 4 日，国务院第 57 次常务会议讨论通过了该草案，并于 6 月 10 日提请全国人大常委会审议。

八届全国人大常委会第 26 次会议对草案初步审议后，将草案印发给各省、自治区、直辖市和中央有关部门征求意见，同时并召开座谈会听取有关部门和高等学校的意见。人大法律委员会根据常委会组成人员和教科文卫委员会的审议意见和其他有关部门的意见，审议形成草案修改稿提请八届人大常委会第 29 次会议进行第二次审议。之后李鹏委员长在江苏、浙江召开座谈会进一步征求意见，九届人大法律委员会于 1998 年 4 月对草案修改稿逐条审议，提请九届人大常委会第二次会议进行第三次审议。1998 年 7 月，李鹏委员长在吉林召开座谈会，听取长春的部分全国人大代表和吉林 13 所高等学校党委书记、校长、教授对草案的修改意见。终于在 1998 年 8 月 29 日，九届全国人大常委会第 4 次会议审议通过了《中华人民共和国高等教育法》。

三、《高等教育法》的地位和适用范围

（一）《高等教育法》的地位

《高等教育法》是以宪法和《教育法》为依据制定的法律。它是在《教育法》之下的调整高等教育部门内部关系的部门教育法，与《义务教育法》、《教师法》同在教育法体系的第二个层次，先前已经颁布的《中华人民共和国学位条例》属于《高等教育法》这一部门法。

（二）《高等教育法》的适用范围

《高等教育法》由第九届全国人民代表大会常务委员会于 1998 年 8 月 29 日通过，自 1999 年 1 月 1 日起施行。

《高等教育法》第二条规定："在中华人民共和国境内从事高等教育活动，适用本法。"根据这一规定，《高等教育法》适用于一切在中华人民共和国境内从事高等教育的个人和组织。其中，中国境外的个人符合我国规定的条件并办理有关手续，进入中国境内高等学校学习、研究，进行学术交流或者任教，也适用本法有关的规定。

《高等教育法》中所称的"高等教育"，是指在完成高级中等教育基础上实施的教育。"高等学校"是指大学、独立设置的学院和高等专科学校，其中包括高等职业学校和成人高等学校。"其他高等教育机构"是指除高等学校和经批准承担研究生教育任务的科学研究机构以外的从事高等教育活动的组织。

《高等教育法》中有关高等学校的规定适用于其他高等教育机

构和经批准承担研究生教育任务的科学研究机构，但是对高等学校专门适用的规定除外。

第二节 总 则

一、我国高等教育的性质、方针和任务

（一）我国高等教育的性质

《高等教育法》第三条规定："国家坚持以马克思列宁主义、毛泽东思想、邓小平理论为指导，遵循宪法确定的基本原则，发展社会主义的高等教育事业。"上述规定清楚地表明，我国高等教育是社会主义性质的高等教育。

我国高等教育的社会主义性质，是由我国以公有制为主体的生产关系和社会主义国家的政治经济制度所决定的。其社会主义性质主要表现为：（1）必须坚持以马克思列宁主义、毛泽东思想、邓小平理论为指导，这是我国教育、包括高等教育的基本指导思想。（2）高等教育必须遵循宪法确定的四项基本原则，其中主要是坚持中国共产党的领导，这是坚持高等教育社会主义方向的根本保证。

高等教育的性质问题是高等教育的根本性问题，必须坚持和保证高等教育的社会主义性质。

（二）我国高等教育的方针

我国的教育方针是于 1995 年在《教育法》上第一次以法律的形式确立下来的。《教育法》第五条这样规定："教育必须为社会主义现代化建设服务，必须与生产劳动相结合，培养德、智、体等方面全面发展的社会主义事业的建设者和接班人。"这是新时期我国的教育方针。《高等教育法》再次重申了这项方针。

我国高等教育的方针主要包括三个内容：

（1）高等教育必须为社会主义现代化建设服务，这是我国高

等教育工作的总方向。

（2）高等教育必须与生产劳动相结合，这是培养全面发展的社会主义建设者和接班人的根本途径。首先，在宏观上，整个高等教育事业要适应国民经济发展的要求。其次，在微观上，要把教育与生产劳动相结合的方针贯彻到学校教育的全过程。

（3）培养德、智、体等方面全面发展的社会主义建设者和接班人，这是我国教育、也是高等教育的培养目标。其中，培养社会主义事业的建设者和接班人是对培养目标所作的功能分析，即培养什么样的人。德、智、体等方面全面发展是培养目标的重要内涵，实际上是教育所要形成的人的素质及其结构的问题。

（三）我国高等教育的任务

根据《高等教育法》第五条的规定，我国高等教育的任务主要有以下内容：

（1）培养具有创新精神和实践能力的高级专门人才。

高等教育不仅要培养德、智、体等方面全面发展的社会主义的建设者和接班人，而且因为高等教育是传授高深知识的场所，因此它所培养的还必须是具有创新精神和实践能力的高级专门技术人才和管理人才，能够在社会主义现代化建设中发挥积极作用，这是高等教育与其他层次的教育在培养目标上的主要差别之处。

（2）发展科学技术文化。

高等学校不仅是培养人才的场所，而且还是发展科学技术文化的基地。高等学校集中了一个国家的许多著名专家、教授和高级的学者，而且拥有良好的科研设备和实验室、图书资料等条件。这些使得其在发展科学技术文化方面占据了得天独厚的优势。因此，高等教育不仅应当，而且有能力为发展科学技术文化做出贡献。

（3）促进社会主义现代化建设。

高等教育要促进社会主义现代化建设，这是高等教育与经济建设，社会发展的本质关系所决定的，同时也是总结我国高等教育的历史经验教训所得出来的结论。社会主义现代化建设是一个有机统一的整体，既包括物质文明建设，也包括精神文明建设和民主法制建设等各个方面，高等教育促进社会主义现代化建设，就必须全面促进社会主义现代化建设的各个方面。这是高等教育必须完成的任务。

二、我国高等教育的基本原则

高等教育的基本原则是发展高等教育所必须遵循的基本要求和指导原理。我国高等教育的基本原则是根据国家教育方针和高等教育的客观规律制定的，既是对我国社会主义高等教育实践经验的总结，也是在批判吸收国外教育经验的基础上丰富发展起来的。

《高等教育法》将我国高等教育的若干基本原则以法律的形式固定下来，使其法制化、规范化。根据《高等教育法》的规定，我国高等教育的基本原则可以概括为以下方面：

（一）积极发展高等教育的原则

我国的高等教育在建国以后得到了较大发展，取得了不少成绩，但相对于社会需求和国家建设的需要，其发展速度还远远不能满足要求。按人口比例计算，1994年我国每万人口中在校大学生仅43.3人，大学生的数量不仅不能与发达国家相比，就是在发展中国家，也是偏低的。因此，必须积极发展高等教育。但高等教育不能盲目发展，它不仅要满足当前经济与社会发展的需求，而且还要为未来培养人才，这就需要国家制定高等教育发展规划，有计划、有目的地发展高等教育。

积极发展高等教育事业，要采用多种形式。首先，国家要举办高等学校，并采取其他方式发展高等教育。其次，各企业事业组织、社会团体及其他社会组织和公民等社会力量也可以依法举办高等学校，国家鼓励社会力量参与和支持高等教育事业的改革和发展。

（二）提高高等教育质量和效益原则

发展高等教育，不仅仅是数量上的发展，更重要是质量上的发展，我国发展高等教育，尤其要坚持重视提高质量和效益的原则，为此，《高等教育法》第七条规定："国家按照社会主义现代化建设和发展社会主义市场经济的需要，根据不同类型、不同层次高等学校的实际，推进高等教育体制改革和高等教育教学改革，优化高等教育结构和资源配置，提高高等教育的质量和效益。"

（三）扶持和帮助少数民族高等教育原则

我国地域辽阔，民族众多，地区发展很不平衡，而且教育基础也有较大差别。尤其在少数民族聚居地区，教育条件更为艰苦，高等教育发展水平相对很低。但少数民族地区的高等教育发展不仅事关少数民族地区的发展，也关系到整个国家的民族团结、社会安定。因此国家对少数民族的高等教育事业持特殊扶持和帮助的原则。这一原则体现在两个方面，一是帮助和支持少数民族地区发展高等教育事业，二是为少数民族培养高级专门人才。

（四）公民受高等教育权利平等原则

这一原则是公民依据宪法和《教育法》享有的平等受教育权在高等教育领域的体现。这一原则包括下列内容：（1）扩大就学范围，把高等教育从培养少数尖子向大众化方向转化，使更多的人有机会接受高等教育。（2）竞争机会均等。高等教育不是人人都有资格接受的，必须经过竞争和选拔，只有保证竞争机会均等，才能保证受高等教育的权利平等。（3）成功机会均等。这是指不仅在招生选拔上要体现机会均等，而且在整个高等学校学习期间都应体现机会均等。只有如此才能真正保证公民的平等受教育权利。

为保证本原则的实现，《高等教育法》还特别规定："国家采取措施，帮助少数民族学生和经济困难的学生接受高等教育。高等学校必须招收符合国家规定的录取标准的残疾学生入学，不得因其残疾而拒绝招收。"

（五）保障高等学校科学研究、文学艺术创作和其他文化活动自由原则

高等学校以研究高深知识为己任，知识本身的专业性、自主性以及累积性和长期性决定了高等学校的学术活动要以学术价值为导向，任何高等学校的教师和研究人员都可以在不违反法律的条件下，自由进行科学研究、文学艺术创作和其他文化活动，自由发表自己的见解和主张而不至受到惩罚。我国的《高等教育法》第十条确立了这一原则。

（六）高等学校面向社会，依法自主办学，实行民主管理原则

随着社会主义市场经济体制的建立和完善，我国高等学校的外部关系发生了显著变化，高等学校与社会的联系越来越紧密。高等学校要想更好地发展，从社会得到更多的投资和支持，就必须面向社会、满足社会的需求。这就要求高等学校成为具有自身利益要求的独立实体，拥有自主办学的权利，自我管理、自我发展。《高等教育法》在总则部分规定了这一基本原则，在"高等学校的组织和活动"一章具体规定了有关高等学校自主办学的权利，以及实行民主管理的方式和组织机构等问题，它们都是对此原则的具体化。

（七）鼓励高等学校开展交流与协作原则

这一原则包括两方面内容，第一，国家鼓励高等学校之间、高等学校与科学研究机构以及企业事业组织之间开展协作，实行优势互补，提高教育资源的使用效益。第二，国家鼓励和支持高等教育事业的国际交流与合作，这是世界各国高等教育的一条普遍原则。高等教育事业的国际交流与合作包括我国的有关人员出国留学、研究、进行学术交流或者任教；国外的个人来我国学习、研究、进行学术交流或者任教；依照我国与他国签订的双边协定或

我国参加的国际公约，对有关国家教育机构颁发的学位证书、学历证书及其他学业证书予以承认；以及国外的组织和个人在中国境内办学和合作办学等方面。

三、高等教育管理体制

（一）高等教育管理体制概述

高等教育管理体制就是对国家对教育的领导管理的组织结构和工作制度的总称。它是在一个国家的政治、经济、社会、历史、文化等多种因素共同作用下，经过长期演化而逐渐形成的。

高等教育管理体制通常分为三种类型：中央集权制、地方分权制、中央与地方合作制。高等教育实行中央集权制的国家，以前苏联、法国为典型代表；实行地方分权制的国家，以美国为典型代表；实行中央与地方合作制的国家，以英国、日本和原联邦德国为典型代表。集权制与分权制各有优缺点，因此各个国家都在不断改革自己的高等教育管理体制，总的改革趋势是根据本国的具体情况或加强集权、或加强分权。

（二）我国高等教育管理体制的历史沿革

新中国建立以后，围绕着中央与地方高等教育管理权限的划分问题，我国高等教育管理体制经历了几个不同的阶段。

建国初至1958年，国家对高等教育的管理强调集中统一，高等学校主要由教育部和国务院各部委直接管理。

1958年开始对高等教育管理体制进行第一次改革，改革的方向是向地方放权。1958年4月中央颁布《关于高等学校和中等技术学校下放问题的意见》，同年8月，又发布《关于教育事业管理权力下放问题的规定》。在此之后，原由中央一级领导管理的229所高等学校，先后有187所下放归地方管理。

高等教育领导管理权力下放之后，出现了一些盲目发展高等教育的混乱现象，为了纠正这些问题，中央对高等教育管理体制进行第二次改革。1963年中共中央、国务院颁发了《关于加强高等学校统一领导，分级管理的决定（试行草案）》，提出要对高等学校实行中央统一领导，中央和省、市、自治区两级管理的制度，加强了中央权力。

文革以后，随着经济体制的改革，原来过于集中的高等教育管理体制已不适于发展需要，因此，1985 年《中共中央关于教育体制改革的决定》指出"必须从教育体制入手，有系统地进行改革。"1993 年颁布的《中国教育改革和发展纲要》又明确提出进行教育管理体制改革。作为此次改革的阶段性成果，1995 年颁布的《教育法》明确规定："高等教育由国务院和省、自治区、直辖市人民政府管理。"

（三）《高等教育法》对高等教育管理体制的原则规定

按照高等教育管理体制改革的方向，我国《高等教育法》第十三条规定："国务院统一领导和管理全国高等教育事业。""省、自治区、直辖市人民政府统筹协调本行政区域内的高等教育事业，管理主要为地方培养人才和国务院授权管理的高等学校。"

同时，《高等教育法》还对国务院教育行政部门与国务院其他部门的高等教育管理权限作出了原则性的规定。该法第十四条规定："国务院教育行政部门主管全国高等教育工作，管理由国务院确定的主要为全国培养人才的高等学校。国务院其他有关部门在国务院规定的职责范围内，负责有关的高等教育工作。"

第三节　高等教育基本制度

一、高等学校的学制

学制，又称学校教育制度，是教育制度的主要组成部分，学制规定各级各类学校的性质、任务、入学条件、学习年限以及它们之间的关系与联系等。它不仅要符合教育的客观规律，而且要反映它所在国家的生产力发展水平和政治经济发展的要求。我国高等学校的学制主要规定各级各类高等学校的性质、任务、入学条件、学习年限以及它们之间的关系与联系，它的制定反映了我国当前生产力的发展水平和政治经济发展的要求。

（一）高等教育的类型及实施机构

《高等教育法》第十五条第一款规定："高等教育包括学历教育和非学历教育"。所谓学历，是指学习的经历、历程，一般是指曾在哪些学校毕业或肄业。在这些学校毕业或肄业后，一般可获得毕业证书或肄业证书一类的学历证明。因而学历教育就是学习过程结束以后即可获得相应国家承认的毕业证书等学历证明的教育，而非学历教育则不能获得此类学历证明。高等学历教育分为专科教育、本科教育和研究生教育。非学历教育没有这些层次划分。

高等教育由高等学校和其他高等教育机构实施。大学、独立设置的学院主要实施本科及本科以上教育，其中，实施硕士研究生和博士研究生教育的大学或独立设置的学院，须经国务院及国务院教育行政部门批准。高等专科学校实施专科教育，经国务院教育行政部门批准，科学研究机构也可以承担研究生教育的任务。其他高等教育机构实施非学历教育。

（二）高等学历教育的学业标准

高等学历教育分为专科教育、本科教育和研究生教育，不同层次的学历教育具有不同的学业标准，《高等教育法》将这些学业标准以法律的形式确定了下来。

（1）专科教育应当使学生掌握本专业必备的基础理论、专门知识，具有从事本专业实际工作的基本技能和初步能力。

（2）本科教育应当使学生比较系统地掌握本学科坚实的基础理论、系统的专业知识，掌握相应的技能、方法和相关知识，具有从事本专业实际工作和研究工作的初步能力。

（3）硕士研究生教育应当使学生掌握本学科坚实的基础理论、

系统的专业知识，掌握相应的技能、方法和相关知识，具有从事本专业实际工作和科学研究工作的能力。

（4）博士研究生教育应当使学生掌握本学科坚实、宽广的基础理论、系统深入的专业知识、相应的技能和方法，具有从事本学科创造性科学研究工作和实际工作的能力。

（三）高等学历教育的基本修业年限

根据《高等教育法》的规定，各个层次的高等学历教育的基本修业年限如下：

专科教育的基本修业年限为二至三年，本科教育的基本修业年限为四至五年，硕士研究生教育的基本修业年限为二至三年，博士研究生教育的基本修业年限为三至四年。

以上基本修业年限主要是针对采用全日制教育形式的高等学历教育而言的。在我国高等教育体系内，不仅有全日制的高等学历教育形式，还有一些非全日制的高等学历教育形式。这种教育形式不要求学生全天都在学校学习，学生可以不脱产在职学习，一边进行自己的本职工作，一边接受一定的学历教育。这种教育形式对于在职工作人员比较适用，但由于这种形式下学生每天的学习时间相对减少，因而需要适当延长其修业年限，以保证他们接受完整的教育内容。

此外，高等学校也可以根据实际需要，报主管的教育行政部门批准，对本学校的修业年限作出调整。就硕士研究生教育而言，有一些高等学校的修业年限为三年，也有一些高等学校的修业年限为两年半，还有一些学校采用硕博连读形式，硕士研究生教育的修业年限仅为两年或者另有不同。

（四）高等学历教育的入学条件

接受一定层次的高等学历教育需要具备相应的入学条件。由于高等学历教育在我国并不是人人都有资格接受的，因而国家对它的入学条件做了法律上的详细规定。这些规定具体如下：

（1）高级中等教育毕业或者具有同等学历的，经考试合格，由实施相应学历教育的高等学校录取，取得专科生或者本科生入学资格。此处的"具有同等学历"是指没有取得高级中等教育毕业证书，但通过自学等方式达到了高级中等教育毕业的教育程度，或者是取得了与高级中等教育毕业证书同等学力效力的其他证书。此处所指的考试主要是指全国普通高等学校入学招生统一考试，也包括各省为职业中等学校和师范学校学生组织的省内统一考试。

（2）本科毕业或者具有同等学历的，经考试合格，由实施相应学历教育的高等学校或者经批准承担研究生教育任务的科学研究机构录取，取得硕士研究生入学资格。此处的"具有同等学历"是指获得专科毕业证书，工作3年或3年以上，修完学士学位课程，并有达到学士学位论文水平的学术论文公开发表。此处所称的考试是指全国硕士研究生入学统一考试。

（3）硕士研究生毕业或者具有同等学历的，经考试合格，由实施相应学历教育的高等学校或者经批准承担研究生教育任务的科学研究机构录取，取得博士研究生入学资格。此处的"具有同等学历"是指获得学士学位后，工作8年或8年以上，修完全部硕士学位课程，并有一定科研成果，有在国家一级刊物上公开发表的、达到硕士学位论文水平的学术论文。此处所称的考试是指各实施博士研究生学历教育的高等学校或者经批准承担博士研究生教育任务的科学研究机构自行设置的博士生入学考试。

除上述规定条件外，《高等教育法》还特别规定："允许特定学科和专业的本科毕业生直接取得博士研究生入学资格，具体办法由国务院教育行政部门规定。"

二、高等教育学业证书制度和学位制度

我国实行高等教育学业证书制度，《高等教育法》第二十条规定："接受高等学历教育的学生，由所在高等学校或者经批准承担

研究生教育任务的科学研究机构根据其修业年限、学业成绩等,按照国家有关规定,发给相应的学历证书或者其他学业证书。""接受非学历高等教育的学生,由所在高等学校或者其他高等教育机构发给相应的结业证书。结业证书应当载明修业年限和学业内容。"

有关学业证书制度的具体内容,参看"教育法讲解"一章教育基本制度部分。

我国实行学位制度,《高等教育法》第二十二条规定:"国家实行学位制度。学位分为学士、硕士和博士。公民通过接受高等教育或者自学,其学业水平达到国家规定的学位标准,可以向单位申请授予相应的学位。"

关于不同学位的学位标准,"教育法讲解"一章教育基本制度部分已有介绍。此处仅阐释学位的申请与授予。

按照《中华人民共和国学位条例》的规定,凡是拥护中国共产党的领导、拥护社会主义制度,具有一定学术水平的公民,都可以申请相应的学位。其中,对于非学位授予单位应届毕业的研究生,由原单位推荐,可以就近向学位授予单位申请学位;在我国学习的外国留学生和从事研究工作的学者,可以向学位授予单位申请学位。

授予学位是一项严肃的大事,有权授予学位的只能是由国务院授权的高等学校和科学研究机构。经授权的学位授予单位,应设立学位评定委员会,并组织有关学科的学位论文答辩委员会。学位论文答辩委员会必须有外单位的有关专家参加。学位论文答辩委员会负责审查硕士和博士学位论文,组织答辩,并以不记名投票的方式,作出是否授予学位的决议。学位评定委员会负责审查通过学士学位获得者的名单;负责对学位论文答辩委员会报请授予硕士学位和博士学位的决议,作出是否批准的决定。在学位评定委员会作出授予学位的决定后,学位授予单位授予学位获得者相应的学位。

三、高等教育自学考试制度

高等教育自学考试制度是我国自己创建的一种高等教育制度。它自 1981 年开始酝酿建立，经过十几年的发展，已经为国家培养出了百万余名的本、专科人才，在社会上赢得了较高的声誉，成为人们接受高等教育的一种灵活、开放的新形式，同时也节省了教育投资，为国家造就和选拔人才开辟了广阔的道路。

什么是高等教育自学考试，按照《高等教育自学考试暂行条例》的界定："高等教育自学考试，是对自学者进行以学历考试为主的高等教育国家考试，是个人自学、社会助学和国家考试相结合的高等教育形式。"根据这个界定，高等教育自学考试具有如下特征：

（一）以学历考试为主

高等教育自学考试主要是学历考试，应考者根据自己选报的专业，参加该专业的指定课程考试，全部通过者即获得相应本科或专科毕业证书，只通过某一单科课程者可获单科合格证书。除此以外，高等教育自学考试已扩展到中专、职教的考试，专业合格证书的考试，成人高等学校监督指导性的考试以及其他社会需要的考试。

（二）属于国家教育考试

高等教育自学考试属于国家教育考试，工作由国务院教育行政部门领导下的全国高等教育自学考试指导委员会负责。其开考专业，主考学校，考生的学籍管理、考试程序、证书的颁发等都是由国家和省级高等教育自学考试委员会确定的，具有公正性和严肃性，而且通过高等教育自学考试获得的相应证书，在全国范围内都具有统一的效力。

（三）个人自学、社会助学和国家考试相结合

高等教育自学考试，自学是基础和关键，这是高等教育自学

考试的基本特点。但由于培养人才也是国家进行社会主义现代化建设的需要，因而也得到国家和社会各界的扶助。国家鼓励企事业单位和其他社会力量，按照高等教育自学考试的专业考试计划和考试大纲的要求，通过广播、电视、面授和函授等多种形式开展助学活动。并且遵照国家的有关规定，出版、发行各种自学考试辅导材料以方便应考者自学。高等教育自学考试的核心是考试，应考者只有在参加某一专业全部课程考试并且合格以后，才能取得相应的学历证书和其他学业证书。因而其考试的命题、组织和管理都尽量做到标准化、科学化、达到普通高等学校相应专业教学计划和教学大纲的要求，真正选拔出有真才实学的人才。

第四节　高等学校的设立

一、设立高等学校的基本要求

高等学校是实施高等教育的主要机构，承担着培养具有创新精神和实践能力的高级专门人才，发展科学技术文化，促进社会主义现代化建设的重要任务。因此，设立高等学校必须要符合一定的基本要求。《高等教育法》第二十四条规定："设立高等学校，应当符合国家高等教育发展规划，符合国家利益和社会公共利益，不得以营利为目的。"根据这一规定，设立高等学校必须符合下列基本要求：

（一）符合国家高等教育发展规划

国家在一定时期内都会制定高等教育发展规划，根据国家经济建设、社会发展、科技进步和人才培养的要求对高等教育的整体发展规模、速度、高等学校的层次、类别、形式等结构作出相应的设计和调整。设立高等学校，首先必须符合国家的高等教育发展规划。

（二）符合国家利益和社会公共利益

高等学校是社会组织的一员，对于国家的发展、社会的进步有着举足轻重的作用。任何一个国家都不会允许自己的高等学校存在违背本国利益和社会公共利益的行为，我国的高等学校也不例外。任何组织和个人设立高等学校都必须以符合中华人民共和国的国家利益和社会公共利益为原则，不得为追求其它利益而损害中华人民共和国的国家利益和社会公共利益。

（三）不得以营利为目的

高等学校是以社会公共利益为目的而存在的，具有社会公益性。设立高等学校必须遵守这一公益性原则，不得以营利为目的而设立高等学校。举办者设立高等学校的同时可以从事其他的营利性事业，也可以向入学的学生收取适当的学杂费等相关费用来维持学校办学，但不得将投入高等学校的办学资金抽回用于其他营利性事业，也不得以收取学生费用营利为目的而设立高等学校。

二、设立高等学校的条件

根据《教育法》第二十六条的规定，设立高等学校的基本条件有以下四个方面：

（一）有组织机构和章程

组织机构是高等学校得以运行的组织基础，包括高等学校的决策部门、执行部门、监督部门等管理机构和它们的组成人员，章程被称为学校的"法律"，是高等学校的基本文件，它规定高等学校的基本任务、政策制度和权责关系。根据我国《高等教育法》第二十八条的规定，高等学校的章程应当规定以下事项：①学校名称、校址；②办学宗旨；③办学规模；④学科门类的设置；⑤教育形式；⑥内部管理体制；⑦经费来源、财产和财务制度；⑧举办者与学校之间的权利、义务；⑨章程修改程序；⑩其他必须由章程规定的事项。该法第二十六条还对学校名称特别规定；"设立高等学校，应当根据其层次、类型、所设学科类别、规模、教学和科学研究水平，使用相应的名称。"

（二）有合格的教师

高等学校的教师是履行教育教学职责的专业人员、承担着培养高级专门人才、传递和创造科学文化的历史使命。高等学校教师的素质在一定程度上决定着一所高等学校的教学、科研水准，对于高等学校的生存和发展有着举足轻重的影响作用。因此，《教育法》及《高等教育法》都规定设立高等学校必须有合格的教师。在这里所称的合格的教师是指取得高等学校教师资格的人员，没有高等学校教师资格的人员不得从事高等学校的教育教学活动。

（三）有符合规定标准的教学场所及设施、设备等

设立高等学校必须具有一定的物质条件，它们主要包括校舍、场地、教学仪器、设备、图书资料等。在设立一所高等学校时，这些物质条件应当一次性投入且符合规定标准。所谓规定标准，是指国务院教育行政部门会同计划、建设、卫生等部门制定的校舍规划面积定额、实验室、教室和课桌凳的具体要求；学生活动场地、住宿学生的食宿条件和厕所等必要的生活设施的具体要求、以及图书资料、教学仪器设备、体育设施的配备标准。

（四）有必备的办学资金和稳定的经费来源

高等学校办学不仅要具备一定的物质条件，而且还要定期投入一定数额的办学资金，这就需要高等学校的举办者在设立高等学校时保证有稳定、合法的经费来源渠道，这是保证高等学校存续的基本要求。

除了以上四方面基本条件以外，《高等教育法》第二十五条第二款还对大学及独立设置的学院的设立条件作了特别要求，该款规定："大学或者独立设置的学院还应当具有较强的教学、科学研究力量，较高的教学、科学研究水平和相应规模，能够实施本科及本科以上教育。大学还必须设有三个以上国家规定学科门类为主要学科。"

关于设立高等学校的具体标准由国务院制定，设立除高等学

校和经批准承担研究生教育任务的科学研究机构以外的从事高等教育的机构的具体标准，由国务院授权的有关部门或者省、自治区、直辖市人民政府根据国务院规定的原则制定。

三、设立高等学校和其他高等教育机构的程序规定

设立高等学校和其他高等教育机构须经两个步骤：申请和审批。申请设立一所高等学校，必须向审批机关提交下列材料：①申办报告；②可行性论证材料；③章程；④审批机关依照本法规定要求提供的其他材料。

各级主管机关收到高等学校举办者的设立申请之后，首先对申请材料是否完备、申请内容是否明确具体进行审查，不完备或不具体的可要求举办者补齐。申请材料完备之后，主管机关开始对申请内容进行实质性审查。《高等教育法》在第二十九条第二款规定："审批高等学校的设立，应当聘请由专家组成的评议机构评议。"根据此规定，各级审批主管机关需要在审批过程中聘请专家评议机构对举办者的设立申请进行评议，然后作出审批结论。

各类高等学校和其他高等教育机构的设立审批机关，根据《高等教育法》第二十九条第一款的规定，具体如下：

设立高等学校，包括大学、独立设置的学院和高等专科学校，含高等职业学校和成人高等学校，由国务院教育行政部门即教育部审批；其中设立实施专科教育的高等学校，经国务院授权，也可以由省、自治区、直辖市人民政府审批。

设立其他高等教育机构，指的是除上述高等学校和经批准承担研究生教育任务的科学研究机构以外的从事高等教育的组织，由国务院授权的有关部门或者省、自治区、直辖市人民政府审批。

对不符合规定条件审批设立的高等学校和其他高等教育机构，国务院教育行政部门有权予以撤销；并且根据《教育法》的相关规定，对有违法所得的，没收违法所得；对直接负责的主管人员和其他直接责任人员，依法给予行政处分。

除高等学校和其他高等教育机构的设立行为以外，有关他们的分立、合并、终止，变更名称、类别及其他的重要事项，也必须由原审批机关审批；有关章程的修改，应当报原审批机关核准。

第五节 高等学校的组织和活动

一、高等学校的办学自主权及相关义务

高等学校办学自主权是高等教育领域一个十分重要的问题。高等学校办学自主权的范围、内容、大小等既是高等学校自主办学的依据，也是高等教育主管机关对高等学校进行管理的界限和尺度。高等学校的办学自主权必须受到尊重和法律保护，《高等教育法》第四章从第三十二条至第三十八条对此作出了比较全面的规定。具体说来，高等学校的办学自主权包括以下内容：

（一）招生权

高等学校可以根据招生年度的社会需求状况、本校的办学条件，包括师资、校舍、教育教学设施及其他生活设施的条件和水平、以及国家核定的办学规模，制定本校的招生方案，并可以自主调节系科的招生比例。

（二）专业设置权

《高等教育法》第三十三条规定："高等学校依法自主设置和调整学科、专业。"根据 1993 年原国家教委印发的《普通高等学校本科专业目录》和《普通高等学校本科专业设置规定》等规章和文件的规定、普通高等学校可以在《专业目录》所列十大门类所属的二级类范围内自主调整专业。国家重点普通高等学校还可以按学校的学科性质，在学校主管部门核定的本科专业数和相关学科门类内自主设置、调整其他专业。但高等学校调整不属于以上情况的专业以及其他设置、调整学科、专业的情况，还应当由学校主管部门审批并报国务院教育行政部门备案。

（三）教学权

高等学校享有教学自主权是根据高等教育的特点和高等学校教师工作的专业性、创造性特点而必需的。我国《高等教育法》赋予高等学校的教学自主权包括：①教学计划制定权。高等学校的教学计划是按照高等学校培养目标而制定的体现课程体系结构的教学文件，内容包括专业培养目标、学习年限和学年编制、课程设置及其主要教学形式和学时（学分）分配、各种教学活动、总学时（学分）数与每学期学时（学分）数以及周学时数等等；②选编教材权；③组织实施教学活动权。高等学校可据此自主制定教学计划，选编适当的教材并组织实施教育教学活动。

（四）科学研究权

科学研究和社会服务是随着高等教育的不断发展而逐渐形成的高等学校的两项职能，国家保障高等学校根据自身条件，自主地开展科学研究、技术开发和社会服务。而且随着生产力的发展，科学技术越来越成为社会经济发展的动力，社会对高等学校的需要越来越迫切，两者的联系日益紧密，国家还鼓励高等学校同企业事业组织、社会团体及其他社会组织在科学研究、技术开发和推广等方面进行多种形式的合作。

（五）对外交往权

开展教育交流与合作，可以促进各国人民相互了解、相互学习、推进教育共同发展。自高等学校产生之始，高等教育的国际交往与合作就广泛进行，尤其是处在当今国际化的信息时代，任何国家的高等学校如果不积极开展对外交流与合作，都难免导致退步和落后。因此，我国《教育法》第二十七条第一款规定："国家鼓励开展教育对外交流与合作。"我国《高等教育法》第三十六条规定："高等学校按照国家有关规定，自主开展与境外高等学校之间的科学技术文化交流与合作。"但必须注意，高等学校在自主开展对外交流与合作的过程中，应该遵守《教育法》第六十七条第二款的规定，坚持独立自主、平等互利、相互尊重的原则，不得违反中国法律，不得损害国家主权、安全和社会公共利益。

（六）校内人事权

根据《高等教育法》第三十七条的规定，高等学校享有以下方面的校内人事权：（1）根据实际需要和精简、效能的原则，自主确定教学、科学研究、行政职能部门等内部组织机构的设置，并且有权为其配备合适的人员；（2）按照国家的有关规定，自主评定高等学校教师和其他专业技术人员的职务；（3）根据有关规定，自主聘任具备任职条件的教师和其他专业技术人员；（4）调整学校内部教师及其他专业技术人员的津贴和工资分配。

（七）财产权

《高等教育法》第三十八条第一款规定："高等学校对举办者提供的财产、国家财政性资助、受捐赠财产依法自主管理和使用。"这项规定确定了高等学校的财产管理和使用权。对于我国绝大多数的公立高等学校来说，其举办者是国家及有关政府部门，举办者提供的财产属于国家的财产，高等学校不具有所有权，但可依法享有自主管理和使用的权利。对于社会力量举办的高等学校来说，举办者提供的财产以及受捐赠的财产一旦提供或捐赠行为生效，其财产所有权即归高等学校法人所有，高等学校可对这些财产自主管理和使用。但对指定用途的国家财政性资助和捐赠财产，高等学校必须按照事先指定的用途管理、使用。

为了保证高等学校的正常教学、科学研究工作的开展，保证高等学校的教学和科研质量，《高等教育法》规定任何高等学校均不得将用于教学和科学研究活动的财产挪作他用。

除了以上所列的高等学校根据《高等教育法》的规定享有的七个方面的权利以外，根据《教育法》的相关条文，高等学校还享有下述权利：（1）按照章程自主管理；（2）对受教育者进行学籍管理，实施奖励或处分；（3）对教师及其他职工实施奖励或者处分；（4）拒绝任何组织和个人对教育教学活动的非法干涉。

权利与义务是对应的，《高等教育法》在全面规定高等学校的权利的同时，也对高等学校的义务作了原则性的规定。该法第三十一条规定："高等学校应当以培养人才为中心，开展教学、科学研究和社会服务，保证教育教学质量达到国家规定的标准。"第四十四条规定："高等学校的办学水平，教育质量，接受教育行政部门的监督和由其组织的评估。"同时根据《教育法》第二十九条的规定，高等学校还应履行下列义务：（1）遵守法律、法规；（2）维护受教育者、教师及其他职工的合法权益；（3）以适当方式为受教育者及其监护人了解受教育者的学业成绩及其他有关情况提供便利；（4）遵照国家有关规定收取费用并公开收费项目；（5）依法接受来自其他方面的监督。

二、高等学校内部管理体制

（一）我国高等学校内部管理体制的历史沿革

高等学校内部管理体制是高等学校内部的领导分工、机构设置、管理权限以及相互关系的根本组织制度。它直接支配着高等学校的管理工作，是一项关系全局的制度。

我国的高等学校内部管理体制自建国后经历了七次变更，1950年到1956年实行校长负责制，1956年到1961年实行党委领导下的校务委员会负责制，1961年到1966年实行党委领导下的以校长为首的校务委员会负责制，1971年到1976年实行党委"一元化"领导制，1978年到1985年实行党委领导下的校长分工负责制，1985年开始试行校长负责制，1989年以后主要实行党委领导下的校长负责制。这些变革都是围绕"委员会制"与"一长制"的优缺点而进行的，事实证明，只有将"委员会制"与"一长制"互相靠拢，实行集体决策与个人负责相结合，才能发挥最佳效果。

因此，《高等教育法》明确规定，国家举办的高等学校实行中国共产党高等学校基层委员会领导下的校长负责制。此项规定将高等学校实行党委领导下的校长负责制的内部管理体制以法律形式确定了下来。

（二）高等学校党委领导与校长负责的相互关系

关于党委领导与校长负责的具体分工问题，依照《高等教育法》第三十九条第一款第二目和第四十一条第一款的规定，具体如下：

（1）中国共产党高等学校基层委员会按照中国共产党章程和有关规定，统一领导学校工作，支持校长独立负责地行使职权。

（2）中国共产党高等学校基层委员会的领导职责是：执行中国共产党的路线、方针、政策，坚持社会主义办学方向，领导学校的思想政治工作和德育工作，讨论决定学校内部组织机构的设置和内部组织机构负责人的人选，讨论决定学校的改革、发展和基本管理制度等重大事项，保证以培养人才为中心的各项任务的完成。

（3）高等学校的校长全面负责本学校的教学、科学研究和其他行政管理工作，行使下列职权：

（1）拟订发展规划，制定具体规章制度和年度工作计划并组织实施；

（2）组织教学活动、科学研究和思想品德教育；

（3）拟订内部组织机构的设置方案，推荐副校长人选，任免内部组织机构的负责人；

（4）聘任与解聘教师以及内部其他工作人员，对学生进行学籍管理并实施奖励或者处分；

（5）拟订和执行年度经费预算方案，保护和管理校产，维护学校的合法权益；

（6）章程规定的其他职权。

但必须注意，校长处理上述事务，应当通过主持校长办公会议或者校务会议进行。

（三）高等学校内部管理体制的其他规定

1. 高等学校的校长

高等学校的校长是高等学校的法定代表人，也是学校最高行政负责人，为此《高等教育法》专门对高等学校校长的任职条件作出了规定，依照该法第四十条和《教育法》第三十条第二款，高等学校校长应当符合如下任职条件：

（1）必须具备中华人民共和国国籍并在中国境内居住。这是维护我国高等教育主权的一项规定。

（2）具备国家规定任职条件。这些具体条件可见于国务院教育行政部门制定的规章中，包括政治思想要求、文化水平、业务素质、工作能力及身体条件等。

同时，《高等教育法》还规定了高等学校的校长、副校长按照国家有关规定任免，这就从程序上对校长和副校长的任免进行了规范，使任免工作具有法律效力。

2. 学术委员会

高等学校设立学术委员会，审议学科、专业的设置，教学、科学研究计划方案，评定教学、科学研究成果等有关学术事项。学术委员会一般由高等学校各有关学科、专业的资深专家、教授组成，设立学术委员会在教学、科学研究方面成为学校的咨询机构和审议机构，可以为学校在这方面的科学决策提供保证。

3. 教职工代表大会或其他组织形式

《高等教育法》总则部分规定高等学校应当实行民主管理，高等学校实行民主管理的方式之一就是通过教职工代表大会或其他组织形式。《高等教育法》第四十三条规定："高等学校通过以教师为主体的教职工代表大会等组织形式，依法保障教职工参与民主管理和监督，维护教职工的合法权益。"这项规定是对高等学校应当实行民主管理原则的具体落实，是教职工依法参与高等学校民主管理、维护自己合法权益的法律依据。

4. 社会力量举办的高等学校的内部管理体制

《高等教育法》规定，社会力量举办的高等学校的内部管理体制按照国家有关社会力量办学的规定确定。根据《民办高等学校设置暂行规定》第二十九条规定：民办高等学校依照国家法规和政策，有权设置校内管理机构；有权聘任校长。这表明社会力量举办的高等学校的内部管理体制由其自行确定。但是，社会力量举办的高等学校聘任校长，须报省级教育行政部门核准。同时，如果学校实行董事会制度，则应在申请举办时向省级教育行政部门上报董事会章程、董事长、董事名单及资格证明文件。

第六节　高等学校教师和其他教育工作者

一、高等学校教师和其他教育工作者的权利及其保障

高等学校教师及其他教育工作者享有法律规定的权利，履行法律规定的义务。这些权利和义务包括公民的基本权利、义务和教师作为专业人员所特有的权利、义务。它们分别在《宪法》和《教育法》中有明确的规定，前面"教师"及"教育法讲解"部分已有详细分析，此处不再赘述。

《高等教育法》在此基础上进一步对高等学校教师的权利保障作出了规定，其中第五十条规定："国家保护高等学校教师及其他教育工作者的合法权益，采取措施改善高等学校教师及其他教育工作者的工作条件和生活条件。"第五十一条规定："高等学校应当为教师参加培训、开展科学研究和进行学术交流提供便利条件。高等学校应当对教师、管理人员和教学辅助人员及其他专业技术人员的思想政治表现、职业道德、业务水平和工作实绩进行考核，考核结果作为聘任或者解聘、晋升、奖励或者处分的依据。"

《高等教育法》还对教师及其他教育工作者规定了一项基本义务，即高等学校的教师、管理人员和教学辅助人员及其他专业技

术人员，应当以教学和培养人才为中心做好本职工作。这表明，任何一所高等学校，无论其职能是以教学为主、亦或教学与科学研究兼具，还是偏重社会服务，高等学校最基本的职能——培养高级专门人才都是不能忽视的。任何高等学校的教师及其他教育工作者，都应首先以教学和培养人才为中心做好本职工作，然后才可以从事其他方面的研究和工作。

二、高等学校教师资格制度

《高等教育法》规定高等学校实行教师资格制度。

高等学校教师资格的条件，依据《高等教育法》第四十六条的规定，包括以下方面：

（1）遵守宪法和法律，热爱教育事业，具有良好的思想品德；

（2）具备研究生或者大学本科毕业学历；

（3）有相应的教育教学能力；根据《教师资格条例》第六条的规定，教育教学能力，包括符合国家规定的从事教育教学工作的身体条件。

具备以上条件的中国公民，只要经有关部门认定，即可取得高等学校教师资格。申请认定教师资格的程序，在"教师法讲解"部分已有介绍。

对于不具备国家规定学历即不具备研究生或者大学本科毕业学历的公民，《高等教育法》规定，如果"学有所长，通过国家教师资格考试，经认定合格，也可以取得高等学校教师资格。"

根据国务院 1995 年发布的《教师资格条例》，高等学校教师资格考试根据需要举行，考试的科目、标准和考试大纲由国务院教育行政部门审定，由国务院教育行政部门或者省、自治区、直辖市人民政府教育行政部门委托的高等学校组织实施。申请参加高等学校教师资格考试的，应当学有专长，并有两名相关专业的教授或者副教授推荐。通过国家教师资格考试，依同样程序经有关部门认定，也可以取得高等学校教师资格。

三、教师职务制度

《高等教育法》规定高等学校实行教师职务制度。

高等学校教师职务设四级：助教、讲师、副教授、教授。他们是根据学校所承担的教学、科学研究等任务的需要而设置的。

高等学校教师职务的基本任职条件，根据《高等教育法》的规定，包括如下方面：

（1）取得高等学校教师资格；这是最为基本的任职条件。

（2）系统地掌握本学科的基础理论；这是对教师知识基础、理论水平的要求。

（3）具备相应职务的教育教学能力和科学研究能力；这是对教师能力，包括教学和科研两方面能力的要求。职务级别越高，对其的能力要求也就越高。

（4）承担相应职务的课程和规定课时的教学任务。这是对教师教学方面职责的要求，教师职务不同，对教学任务的职责也不同，例如助教在教学方面主要承担课程的辅导、答疑、批改作业、辅导课、实验课、实习课、组织课堂讨论等工作；而讲师要系统担任一门或一门以上课程的讲授工作；副教授和教授则需担任一门主干基础课或者两门或者两门以上课程的讲授工作。

由于教授和副教授是高等学校教学和科学研究工作的主要指导者和带头人，他们的教学、科研水平影响着一门学科、一个系甚至一所学校的教育质量和声望，因此国家对他们的任职条件作了额外要求。《高等教育法》第四十七条第三款规定："教授、副教授除应当具备以上基本任职条件外，还应当对本学科具有系统而坚实的基础理论和比较丰富的教学、科学研究经验，教学成绩显著，论文或者著作达到较高水平或者有突出的教学、科学研究成果。"

高等学校教师职务的具体任职条件由国务院规定。

四、教师聘任制

高等学校教师聘任制就是高等学校与教师在平等自愿的基础上，由高等学校根据教育教学需要设置一定的工作岗位，按照教师职务的职责、条件和任期聘请具有一定任职条件的教师担任相应职务的一项制度。它是适应社会主义市场经济的发展而在教师任用制度方面进行的一项重大改革。我国《高等教育法》明确规定"高等学校实行教师聘任制。教师经评定具备任职条件的，由高等学校按照教师职务的职责，条件和任期聘任。高等学校教师的聘任，应当遵循双方平等自愿的原则，由高等学校校长与受聘教师签订聘任合同。"

根据上述规定和相关法律规定，订立教师聘任合同必须遵守下列原则：

（一）合法的原则

所谓合法，就是依法订立教师聘任合同。订立教师聘任合同，不得违反法律、行政法规的规定。依法订立教师聘任合同，必须符合三项要求：（1）当事人必须具备合法资格。作为高等学校，应当是依法成立的公立高等学校或社会力量举办的高等学校。作为受聘教师，必须符合《高等教育法》第四十七条规定的基本任职条件和由国务院制定的有关教师职务的行政法规。（2）聘任合同内容合法。教师聘任合同各项条款必须符合法律、行政法规的规定。（3）聘任合同形式合法。教师聘任合同以书面订立，方为合法。只有依法订立教师聘任合同，才能得到国家承认，并受法律保护。

（二）平等自愿的原则

平等，是指受聘教师与用人的高等学校双方法律地位平等，双方都以平等的身份订立聘任合同。自愿，是指订立教师聘任合同完全出于双方当事人自己的意志，任何一方不得将自己的意志强加给对方，任何第三者也不得对其订立的聘任合同进行非法干涉。

受聘教师与用人高等学校依法对聘任合同各项条款在充分表达自己意思的基础上，经过平等协商，取得一致意见，即可签订聘任合同。

教师聘任合同内容可包括聘任合同期限，工作内容、条件、报酬、纪律以及违反聘任合同的责任等内容，可将其分为聘任合同必须具备的必要内容和其他商定的补充内容。但无论是何种内容，都不得违反法津、行政法规的规定。

教师聘任合同的期限包括试用期，一般为 1 年，根据聘任期限的不同，可将教师聘任合同分为以下几类：

（1）有固定期限的聘任合同，又称定期聘任合同。它是指双方当事人约定合同有效的起始和终止日期的聘任合同。

一般适用于聘任刚从高等学校毕业的教师。聘任合同期限届满，聘任合同即告终止。经双方当事人协商同意，期限届满可以续订聘任合同。

（2）无固定期限的聘任合同。又称无定期聘任合同。它是指双方当事人不约定合同终止日期的聘任合同。只要不出现法律、法规规定或双方约定的可以解除、终止聘任合同的条件，聘任合同就不能解除、终止。这种类型的聘任合同一般适用于在一所高等学校已经工作较长时间的教师或者一些资深的教授、副教授。

（3）以完成一定工作为期限的聘任合同。它是指双方当事人将完成某项工作或任务作为合同终止日期的聘任合同。当某项工作或任务完成后，聘任合同自行终止。这种合同实际上是定期合同，只是不规定聘任合同的起始和终止日期。

依法订立的教师聘任合同自合同签订之日起即生效。但有下列情形的，聘任合同无效：①聘任合同违反法律、行政法规。②采取欺诈、威胁等手段订立的聘任合同。所谓违反法律、行政法规，是指违反法律、行政法规所明令禁止的行为，不能作任意扩大化的解释。采取欺诈手段订立聘任合同，是指一方当事人故意告知对方当事人虚假的情况，或者故意隐瞒真实的情况，诱使对方当事人作出错误意思表示，同意签订聘任合同。采取威胁手段订立聘任合同，是指当事人一方要挟对方，迫使对方违心地同意签订聘任合同。

第七节 高等学校的学生

一、高等学校学生的基本权利与义务

高等学校的学生与其他层次学校的学生一样，享有《教育法》规定的基本权利与义务。这些基本权利包括：参加教育教学活动权；获得学金权，包括奖学金、贷学金和助学金；获得公正评价权；获得学业证书、学位证书权；申诉、起诉权及法律、法规规定的其他权利。这些权利的具体内涵在"教育法讲解"一章已有阐述。《高等教育法》明确规定，高等学校学生的合法权益，受法律保护。

除了上述基本权利以外，《高等教育法》第五十七条规定："高等学校的学生，可以在校内组织学生团体。"这是高等学校的学生享有的另一项权利。但高等学校学生组织的学生团体必须在法律、法规规定的范围内活动，并且服从学校的领导和管理。

高等学校学生应该履行的基本义务，根据《教育法》第四十三条和《高等教育法》第五十三条的规定，包括如下方面：遵守法律、法规，遵守学生行为规范和学校的各项管理制度，尊敬师长，刻苦学习，增强体质，树立爱国主义、集体主义和社会主义思想，努力学习马克思列宁主义、毛泽东思想、邓小平理论，具有良好的思想品德，掌握较高的科学文化知识和专业技能。

此外，根据《高等教育法》的有关规定，高等学校学生还应履行按照国家规定缴纳学费的义务。高等教育属于非义务教育阶段，应当并可以收取适量的学费。但我国自建国以来，高等教育一直是免费的，这与我国高等教育的非义务性和高回报的特点是很不相称的。而且，我国目前还处于社会主义初级阶段，国家的经济水平尚不发达，财政收入也不太高，而在有限的财政性教育经费支出中，高等教育占据了很大一部分。如果还继续依靠国家财政拨款来维持一个庞大的免费高等教育系统，其结果将对我国普及九年义务教育任务的完成构成巨大压力，同时，对于那些没有接受高等教育的纳税人来说也是不公平的，而且这对于高等学校本身的发展也没有好处。因此，我国自1994年秋季起，在全国将近50所高校进行并轨改革，1995年又扩大到200所，自1997年实现全面并轨，对所有高等学校学生实行统一的收费制度。在这样的制度下，高等学校学生有义务按照国家规定缴纳学费。

二、对家庭经济困难学生的特别帮助

高等学校全面实行收费制度以后，可能会导致一部分家庭经济特别困难的学生因交不起学费而影响入学。我国是社会主义国家，公民接受高等教育的机会均等，《高等教育法》总则部分规定："公民依法享有接受高等教育的权利。"为了避免任何一个有资格和能力接受高等教育的学生因家庭经济困难而不能享有和行使这项权利，《高等教育法》第九条第二款明确规定："国家采取措施，帮助少数民族学生和经济困难的学生接受高等教育。"为了落实这一原则规定，该法在"高等学校的学生"一章又作了如下具体规定：

（一）家庭经济困难的学生可以申请补助或者减免学费

对于家庭经济困难的学生，依据《高等教育法》的规定，他们可以向被录取或所在的高等学校申请补助或者申请减免部分或全部学费。高等学校也可以对家庭经济特别困难的学生主动作出补助或者减免学费的决定。

（二）国家设立高等学校勤工助学基金和贷学金

国家专门设立高等学校勤工助学基金，使每一个参加勤工俭学的学生都可以获得一定的报酬，通过使家庭经济困难的学生参加勤工俭学活动获得报酬的方式对其提供帮助。国家还实行贷学金制度，制定优惠政策，通过金融机构或者设立的专门教育金融机构向家庭经济困难的学生提供优惠贷款，帮助其解决上学期间的部分费用，然后待其毕业后一定期限内逐步偿还贷款。贷学金制度可以保证家庭经济困难的学生在接受高等教育期间的基本的学习、生活条件，有利于其安心学习并珍惜来之不易的学习机会。而且就我国当前来说，接受完高等教育的学生在毕业后基本上可以得到较好的就业机会，一般有能力逐步偿还贷学金。因而贷学金制度具有很强的现实意义。但由于这项制度尚起步不久，其具体的环节和办法还需逐渐得到完善。

（三）国家鼓励高等学校、企业事业组织、社会团体以及其他社会组织和个人设立助学金

国家除设立高等学校学生勤工助学基金外，还鼓励高等学校、企事业组织、社会团体以及其他社会组织和个人设立各种形式的助学金，包括勤工助学性质的助学金，针对某些特别专业，特别人群的助学金等各种形式。目前已有一些高等学校将校内的服务岗位用于学生的勤工助学职位。也有一部分企事业组织设立勤工助学金，学生可以通过向其提供一定的技术及其他服务获得助学金。还有一些企事业组织、团体及个人设立专项助学金，对某些专业的学生，或者一些特定的人群，如家庭经济困难的女生，或毕业后到特定地区、行业、单位工作的学生等提供资助。总之，无论设立何种形式的助学金，只要合法，国家就鼓励其开展。

（四）奖学金制度

奖学金制度是对一定的高等学校的学生进行奖励的制度，但它同时也是为家庭经济困难的学生提供资助的一种方式。国家设立奖学金，并鼓励高等学校、企业事业组织、社会团体以及其他社会组织和个人按照国家有关规定设立各种形式的奖学金，对品

学兼优的学生、国家规定的专业的学生以及到国家规定的地区工作的学生给予奖励，为此国家还专门制定发布了《普通高等学校本、专科学生实行奖学金制度的办法》。根据以上规定，只要家庭经济困难的学生品学兼优，或者学习国家规定的专业，或者到国家规定的地区工作，就可获得相应的奖学金。

并且，《高等教育法》还规定，高等学校的学生在课余时间可以参加社会服务和勤工助学活动；高等学校应当对学生的社会服务和勤工助学活动给予鼓励和支持，并进行引导和管理。这些规定为家庭经济困难的学生从事社会服务和勤工助学活动提供了法律依据。但是，他们在参加勤工助学活动时，必须做到以下两点：（1）在课余时间参加；（2）不影响学业任务的完成。此外对于获得贷学金和助学金的学生，《高等教育法》还规定，他们应当履行相应的义务。

三、有关高等学校学生毕业的规定

《高等教育法》第五十八条规定："高等学校学生思想品德合格，在规定的修业年限内学完规定的课程，成绩合格或者修满相应的学分，准予毕业。"根据本条规定，高等学校学生毕业须符合如下要求：（1）思想品德合格；（2）在规定的修业年限内学完规定的课程；按照高等教育的学制，专科教育的修业年限为三年；大学本科教育的修业年限为四至五年，硕士研究生教育的修业年限为二至三年，博士研究生教育的修业年限为三至四年。高等学校学生必须在以上规定年限内修完规定课程。（3）成绩合格或者修满相应的学分。我国当前有的高等学校采用学分制，有的采用百分制或等级制。因而相应地要求或者修满学分，或者成绩合格。只有同时符合以上三方面要求，才允许毕业。

随着我国高等教育逐步向有偿性方向转变，我国高等学校毕业生分配制度也相应从统一分配改为在国家方针政策指导和宏观调控下，经过学校推荐，毕业生自主择业，用人单位择优录用的

"双向选择制度"，并逐步过渡到毕业生自主择业的就业制度。在这种新形势下，要求高等学校在毕业生分配工作方面做出更多的指导和服务工作，因此，《高等教育法》第五十九条第一款规定："高等学校应当为毕业生、结业生提供就业指导和服务。"同时，国家还鼓励高等学校毕业生到边远、艰苦地区工作，高等学校应当在毕业生就业指导中贯彻、落实这一政策。

第八节　高等教育投入和条件保障

一、高等教育经费筹措体制

《高等教育法》第七章原则规定了我国高等教育的经费筹措体制，即以财政拨款为主，其他多种渠道筹措高等教育经费的体制。在这一体制框架下，我国高等教育经费筹措渠道主要包括：

（一）国家财政拨款

我国的高等学校绝大多数是国家举办的公立高等学校，根据《高等教育法》的规定，高等学校的举办者应当保证稳定的办学经费来源，作为公立大学的举办者，国家应当保证公立高等学校稳定的办学经费来源，这个来源即国家财政拨款。

国家为高等学校筹措办学经费的基本依据，《高等教育法》作出如下规定："国务院教育行政部门会同国务院其他有关部门根据在校学生年人均教育成本、规定高等学校年经费开支标准和筹措的基本原则；省、自治区、直辖市人民政府教育行政部门会同有关部门制定本行政区域内高等学校年经费开支标准和筹措办法，作为举办者和高等学校筹措办学经费的基本依据。"

此外，为了使高等教育事业的发展同经济、社会发展的水平相适应，国务院和省、自治区、直辖市人民政府应依照《教育法》第五十五条的规定，即"各级人民政府教育财政拨款的增长，应当高于财政经常性收入的增长，并使在校学生人数平均的教育费用逐步增长，保证教师工资和学生人均公用经费逐步增长"，保证国家举办的高等教育的经费逐步增长。

（二）企业事业组织、社会团体及其他社会组织和个人的投入

我国财政性教育经费支出是有限的，仅仅依赖它不可能满足高等教育发展的需要。在新的高等教育经费筹措体制中，国家鼓励企业事业组织、社会团体及其他社会组织和个人向高等教育投入。在发达国家，社会团体和个人捐资助学非常普遍，如美国的福特基金会、洛克菲勒基金会、原联邦德国的大众汽车公司基金会等，对高等教育的投入力度都很大。近些年来，我国的一些企事业组织、社会团体与海外华侨、港澳同胞等也在高等教育投入方面做出了较大贡献，但仍然是远远不够的，应当更进一步有所发展。

（三）高等学校有关的销售和服务收入

高等学校拥有一些校办产业，它们的收入也构成学校办学经费的一个来源渠道，有的甚至构成学校自筹办学经费的重要一部分。高等学校还可通过转让知识产权，如专利权等，以及其他科学技术成果获取一部分经费。另一种途径就是高等学校为社会提供智力、技术等服务，以此获得服务收入。

（四）学费

高等教育实行有偿教育之后，学生每年要向学校交纳少量培养费用。这部分学费收入，也是高等学校办学经费的来源渠道之一。

此外，国家还有一些政策性措施保障高等学校在经费方面享有优惠的权利，如在高等学校进口图书资料、教学科研设备以及校办产业方面都有一些税收上的优惠政策。

二、高等教育经费管理

依照《高等教育法》第三十八条的规定，高等学校有权自主管理和使用举办者提供的财产、国家财政性资助和受捐赠财产。这

项规定表明,高等学校对自己的办学经费有自主管理使用的权利。但是,《高等教育法》同时也对高等学校的这项权利作出了限制,对高等教育的经费管理作出了规定。具体如下:

(1) 高等学校的举办者应当保证稳定的办学经费来源,不得抽回其投入的办学资金。(第六十一条)

(2) 高等学校所办产业或者转让知识产权以及其他科学技术成果获得的收益,用于高等学校办学。(第六十三条第二目)

(3) 高等学校不得将用于教学和科学研究活动的财产挪作他用。(第三十八条第二款)

(4)高等学校收取的学费应当按照国家有关规定管理和使用,其他任何组织和个人不得挪用。(第六十四条)

(5) 高等学校应当依法建立、健全财务管理制度,合理使用、严格管理教育经费,提高教育投资效益。""高等学校的财务活动应当依法接受监督。"(第六十五条)

第九章　教育法的法律责任

第一节　法律责任概说

一、法律责任的概念

法律责任是指因违法行为而必须承担的具有强制性的法律后果。

法律是由国家制订或认可，由国家强制力保障实施的行为规范。法律责任是这一行为规范的最具体的体现，它从反面告诫人们应当怎么做和不应当怎么做，否则就要承担责任，受到法律的制裁。它不仅对行为人的行为有约束力，而且为行为人运用法律武器，维护自身合法权益，同违法行为作斗争，提供了必不可少的法律帮助。

责任是个人与他人及社会联系的方式，是维持权利和社会存在的手段。如果无责任，不管何种社会，权利都将不受义务的限制，自由都将不受纪律的约束，整个社会就会混乱无序。因此，只要有社会存在就必须有责任存在，如道义责任、习惯责任、纪律责任等。法律责任作为一种特殊的社会责任，有自己的特点：（一）法律责任的性质、范围、大小、期限，都在法律上有明确具体的规定；（二）法律责任的认定和追究，只能由国家专门机关依照法定程序来进行；（三）法律责任的实现由国家强制力作保证。

法律责任是基于违法行为而产生的，没有实施违法行为就不应承担惩罚性的法律责任。因此，要对法律责任有全面的了解，须对违法行为有所认识。

二、违法行为

违法行为指具有法定责任能力的个人或组织违反法律规定，危害社会的、有过错的行为。它表现为不履行法定的义务，作出法律禁止的行为，超越法律允许的范围或程序滥用权利，从而对他人的权益和统一的法律秩序造成危害。一行为构成违法，必须具备以下要件：

（1）违法的客体，即违法行为所侵犯的为法律所保护的社会关系。违法必须是在不同程度上侵犯法律所保护的社会关系，具有社会危害性。

（2）违法的客观方面，即违反法律规定的某种行为。该要件有两层含义：一是只有行为才是法律评价的对象，单纯的思想活动不构成违法。因此，必须把思想问题与违法行为区别开来。二是行为的违法性，即只有违反法律规定的行为才是违法行为。

（3）违法的主体，即达到了法定责任年龄、具有法定责任能力或法定行为能力的违法行为的实施者。它可能是自然人、法人或其他社会组织，也可能是国家机关。所谓具有责任能力是指，行为人具有辨认和控制自己行为的能力，能够以自己的行为依法行使权利及承担义务。所谓责任年龄，是指法律规定的可以承担法律责任的年龄，它在不同的法律法规中有不同的规定。依《刑法》规定，不满14周岁，不负刑事责任；14至16周岁的特定行为负刑事责任；16周岁以后负完全刑事责任。《民法通则》规定，18周岁以上的公民具有完全民事行为能力，同时具有完全责任能力；16周岁以上不满18周岁，但以自己的劳动收入为主要生活来源的公民也视为完全行为能力人；10周岁以上的未成年人负不完全的民事责任；10周岁以下的公民不负民事责任。行政违法的法定责任年龄的规定，散见于不同的法律法规之中。

（4）违法的主观方面，即违法主体实施违法行为时具有故意或过失的心理状态。所谓故意是指明知自己的行为会发生危害社会的后果，并希望或放任这种后果的发生。所谓过失是指应当预见自己的行为可能发生危害社会的后果，因疏忽大意而没有预见，或已经预见而轻信能够避免，以致发生这种结果。除法律有特殊规定，如不是由于主观上的过错而造成的客观危害，不构成违法。

违法行为依不同的标准，可有不同的分类。依违法行为的方式，可分为作为的违法和不作为的违法。"明知校舍或者教育教学设施有危险，而不采取措施，造成人员伤亡或者重大财产损失的，对直接负责的主管人员和其他直接责任人员，依法追究刑事责任。"这条规定就是针对典型的不作为违法行为而确定法律责任的。"侵占学校及其他教育机构的校舍、场地及其他财产的"，就是一种典型的作为的违法。另外，依违法主体的不同，可分为自然人违法、法人违法和国家机关违法等。依违法者心理状态的不同，可分为故意违法和过失违法。现实中，人们使用最多的分类是依违法行为的具体性质、危害程度和调整方法而将违法行为分为刑事违法、民事违法、行政违法、经济违法和违宪行为。

三、法律责任的分类

由于违法现象错综复杂，从而对法律责任也可从不同的角度或按不同的标准，作出不同的分类，最常见的是按违法的性质和危害的程度，将法律责任划分为以下几类：

（1）刑事法律责任，指由刑事违法行为所导致的受刑罚处罚的法律责任，简称刑事责任。刑事违法属于严重违法，也称犯罪。依我国《刑法》规定，"一切违害国家主权、领土完整和完全，分裂国家，颠覆人民民主专政的政权和推翻社会主义制度，破坏社会秩序和经济秩序，侵犯国有财产或者劳动群众集体所有的财产，侵犯公民私人所有的财产，侵犯公民的人身权利、民主权利和其他权利，以及其他危害社会的行为，依照法律应当受到刑罚处罚的，都是犯罪，但情节显著轻微危害不大的，不认为是犯罪。"这一规定表述了犯罪的基本特征：第一，犯罪是危害社会的行为，具有社会危害性；第二，犯罪是触犯刑律的行为，具有刑事违法性；第三，犯罪是应当受刑罚处罚的行为，具有应受刑罚性。但是，有几种情形不应认为是犯罪：实施了上述行为，但情节显著轻微，危害不大的；行为在客观上虽造成了损害结果，但该结果不是出于故意或过失，而是由于不能抗拒或者不能预见的原因所引起的；为了使公共利益、本人或者他人的人身和其他权利免受正在发生的危险，不得已采取的紧急避险行为。犯罪就其主观心理状态而言可分为故意或过失。"过失犯罪，法律有规定才负刑事责任。"

犯罪与一般违法的区别，不仅在于这种行为对社会危害的量比一般违法要大，而且这种危害已达到了质的变化。与之相应，承担该行为后果的刑事责任也是最严厉的一种法律责任。刑事责任的特点有：第一，承担刑事责任的主体只能是犯罪者本人，不能连带他人。如"没收财产只能没收犯罪分子个人所有的财产的一部分或全部"，"在判处没收财产的时候，不得没收属于犯罪分子家属所有或者应有的财产"。第二，认定和追究刑事责任的是审判机关，即只有人民法院按照刑事诉讼程序才能决定行为人是否承担刑事责任，其他机关没有这项权力。第三，刑事责任具有可变性。根据犯罪人自身的悔改程度，可以对其加刑或减刑，以加重或减轻刑事责任的程度。第四，刑事责任较其他法律责任更为严厉，其实施方式包括剥夺犯罪人的生命在内。

（2）民事法律责任，指由民事违法行为或特定的法律事实出现所导致的赔偿或补偿的法律责任，简称民事责任。民事责任根据责任人违反民事义务的性质和内容的不同，分为以下几种：第一，当事人违反合同的规定而应承担的责任，即违约责任。违反合同的表现为对合同所规定义务的不履行、不适当履行或迟延履行。第二，行为人因不法侵害他人民事权利而承担的责任，即侵权责任。第三，其他如无过错行为承担的补偿责任，以及民事行为被确认无效或撤销时的返还责任等。另外，又可根据民事责任的归责原则分为过错责任、无过错责任和公平责任；根据民事责任是否具有财产内容分为财产责任与非财产责任；根据承担同一民事责任主体的多寡及其内在关系,分为单独责任与共同责任；根据承担民事责任是单方还是双方分为单方责任与双方责任。

民事责任的特征主要有：第一,民事责任主要是财产责任。民法主要是调整平等主体之间的财产关系和人身关系。调整财产关系用承担财产责任的办法来解决自不待言,即使是调整人身关系,也可以是财产责任。如公民的姓名权、肖像权、名誉权、荣誉权受到侵害时，受侵害人除了有权要求停止侵害，恢复名誉，消除影响，赔礼道歉外，还可要求赔偿损失。第二,在一定条件下,民事责任可以由当事人协商确定。如：对违约金比例规定有一定幅度的，双方当事人可以协商确定违约金的比例；一方损坏他人财物的，当事人双方可以协商，确定是修理或是折价赔偿；公民由于过失而伤害他人身体的，受害人可以根据情况，适当减免加害人的赔偿责任等等。第三,它体现责损相当的原则。公平、等价有偿原则是我国民法确认的进行民事活动遵循的基本原则,体现在民事责任中，即要求承担民事责任实行责损相当，即民事责任的范围及程度与损害的范围与程度基本相适应，承担民事责任方式的范围不能随意扩大或缩小,其程度也不能随意加重或减轻。该原则具体体现为《民法通则》第一百一十二条的规定:"当事人一方违反合同的赔偿责任，应当相当于另一方因此所受到的损失。"

(3)行政法律责任,指因行政违法行为而承担的法律责任,简称行政责任。它是基于违反行政法律义务而产生,主要包括四个方面：一是行政机关的行政责任。国家的行政机关应依照法定的授权，履行行政管理的职责。国家机关有行政管理的权力，但同时也有保障相对人合法权益的义务。滥用职权和懈怠义务将导致承担相应的法律责任。二是国家行政工作人员的行政责任。国家行政工作人员滥用职权和违反职责的行为，表明他们的行为已超出法定的限度。为此他们将承担个人责任。三是行政受托人的行政责任。公民和组织受行政机关委托进行一定的行政活动，必须在规定的授权范围内行使权利和承担义务，如果超出这个范围将承担一定的行政责任。四是相对人的行政责任。行政机关在依法对相对人进行管理时，相对人应服从行政机关的命令和决定。否则，就要追究他的行政责任。前三种，是由行政主体的职务过错引起的，如玩忽职守、滥用职权、泄露机密、弄虚作假、压制批评等。后一种，由公民或社会组织的行政过错引起，如违反治安、交通、税收、土地、工商等管理法规的行为。

作为法律责任的一种，行政法律责任除具有法律责任的一般特征外，还有自身的特征：第一，行政法律责任的承担具有相互性。行政责任大量地表现为行政违法者对国家承担的责任，但同时也包含国家对行政相对人的赔偿责任，这种责任承担的相互性是由行政法律关系的特点决定的。在行政法律关系中，行政主体的行政相对人作为双方当事人，其地位是不平等的。行政主体作为国家的管理者是以国家的名义对行政相对人来行使职权的，行政相对人必须接受行政主体依照法律法规作出的具有法律拘束力的命令、决定。如果拒绝接受，其直接对抗的便是国家正常的管理秩序，无疑须对国家承担相应的法律责任。同样，行政主体行使的是国家授予的职权，这就要求行政主体必须合法合理地履行自己的职责，如果滥用职权侵害了相对人的合法权益，给行政相对人（包括公民和其他社会组织等）造成了损失，则必须按照相应的法律规定给予一定的赔偿，这样才能保证相对人的合法权益在受到损害后得到法律救济。而民事责任是平等主体之间由违法行为人对受害人承担的责任，这是由民法调整的社会关系平等性决定的。刑事责任则体现了国家对犯罪分子的惩罚，是犯罪分子对国家承担的一种单方责任。第二，行政责任的追究机关及追究程序具有多元性。该特点是由行政责任的主体的多样性决定的。刑事责任和民事责任的追究机关只能是国家的司法机关，行政责任的追究机关既包括司法机关，也包括国家的权力机关。国家权力机关对行政责任的追究权是其行使监督权的一部分，这一权力直接来自宪法和组织法的规定，其形式主要包括罢免权和撤销权，其适用的程序由宪法、组织法和全国人民代表大会议事规则等法律做出规定。国家司法机关对行政责任的追究范围仅限于行政主体的具体行政行为，其形式限于撤销和行政赔偿，适用行政诉讼法规定的程序。行政机关对行政责任的确认权是其依法对一定行政主体和行政管理相对人的行政法律责任直接进行裁定的权力，其适用各单行法律法规规定的行政司法程序。如教师申诉制度就是适用行政程序的制度。

（4）经济法律责任，其性质和地位，学术界有不同认识，依通说是指因违反经济法规或特定的法律事实出现但尚不构成犯罪，所承担的法律责任，简称经济责任。它主要是国家与企事业单位之间，企业内部领导机构、职能科室、生产单位之间以及他们与劳动者之间，在纵向的经济管理关系中发生的违法行为所承担的责任。它主要是具有经济内容的责任，其承担者主要是经济违法单位、直接责任人及领导人。

经济责任的特征有：第一，查处经济违法行为、追究违法主体的经济法律责任的目的在于维护经济法所确认的经济关系和经济秩序，保障和促进社会经济的发展。而一般也具有财产内容的民事责任，多是违法人以自己的财产补偿受害人的损失，对社会经济关系不会产生较大的影响，不会威胁经济秩序的稳定。第二，经济责任的追究，通常由法律法规授权的具体经济行政机关负责。而民事责任和刑事责任，归司法机关追究和查办。第三，经济责任具有"违法必究"的属性，经济行政机关不仅免除义务主体的法律责任或限制其责任范围。经济法是国家经济利益的要求和反映。经济法中规定的经济法律关系主体的义务，实际上是该主体对国家的义务。经济行政机关拥有的经济管理权（含经济处罚权）源于国家的授权；服从国家意志和利益要求，又成为经济行政机关的义务。经济行政机关追究经济违法主体的法律责任就是对国家利益的维护；反之，则是对国家利益的损害。因此，经济责任具有"违法必究"的属性，这与民事责任中，权利主体可自由处分自己的权利是有根本区别的。

（5）违宪法律责任，指因违宪行为而承担的法律责任，简称违宪责任。所谓违宪行为，是指违反宪法的行为，是一种特殊的违法行为，具有特定的主体和内容，通常包括两种情况：一种是国家机关制定与宪法相抵触的法律、法规和其他规范性法律文件的行为；另一种是国家重要领导人的公务活动违反宪法的规定。判断违宪的标准只能是宪法，不包括根据宪法制定的法律、法规。违宪的主体只能是国家机关和国家重要领导人，不包括法人和一般公民。与之相应，违宪责任的主体只能是国家机关和国家重要领导人，违宪责任的机关是国家最高权力机关。违宪责任兼有政治上和法律上的责任。

四、法律责任承担的主要方式——法律制裁

法律制裁是指特定的国家机关，对应负法律责任的主体，依法采取的强制措施，它是法律责任承担的主要方式。

法律责任与法律制裁密切相关。法律责任是实施法律制裁的前提和必要条件。法律制裁则是实现法律责任的主要方式和最终保障手段。受到法律制裁的人必然是承担法律责任的人。承担法律责任的人则不一定都受到法律制裁，即负有法律责任的人并不一定都给予处罚。如民事活动中，如果受害人要求致害人赔偿损失时，致害人主动承担，或受害人谅解，或通过调解，双方达成协议，人民法院就不需要予以民事制裁。如果致害人拒不赔偿损失，受害人向法院提出请求保护时，法院就要依法作出裁决，对致害人给予民事制裁。

根据责任主体应负法律责任的性质，我国的法律制裁可分为以下几种：

（1）刑事制裁。这是由国家审判机关对违反刑事法规的犯罪分子依其所负的刑事责任而实施的刑罚制裁，它是法律制裁中最严厉的，属惩罚性制裁。

根据刑法规定，刑罚包括主刑和附加刑两种。主刑包括：管制；拘役；有期徒刑；无期徒刑；死刑。附加刑包括：罚金；剥夺政治权利；没收财产。附加刑也可以独立适用。对于犯罪的外国人，可以独立适用或者附加适用驱逐出境。由于犯罪行为而使受害人遭受经济损失的，对犯罪分子除依法给予刑事处罚外，并应根据情况判处赔偿经济损失。对于犯罪情节轻微不需要判处刑罚的，可以免予刑事处罚，但是可以根据案件的不同情况，予以训诫或者责令其悔过、赔礼道歉、赔偿损失，或者由主管部门予以行政处罚或者行政处分。

承受刑事制裁的主体不仅是公民个人，也包括公司、企业、事业单位、机关、团体。一般情况下，单位犯罪的，对单位判处罚金，并对其直接负责的主管人员和其他直接责任人员判处刑罚。

（2）民事制裁。这是由国家审判机关或法律规定的合同管理机关对民事违法者或无过错行为者依其所应负的民事责任而实施的强制措施。由于民事责任的复杂性，民事制裁既有惩罚性制裁，也有保护性制裁。

根据我国民法通则的规定，承担民事责任的方式有：停止侵害；排除妨碍；消除危险；返还财产；恢复原状；修理、重作、更换；赔偿损失；支付违约金；消除影响、恢复名誉；赔礼道歉。这些承担民事责任的方式，可以单独适用，也可以合并适用。人民法院审理民事案件，除适用上述制裁外，还可以予以训诫、责令具结悔过、收缴进行非法活动的财物和非法所得，并可以依照法律规定处以罚款和 15 日以下的拘留。

（3）行政制裁。它指国家对于违犯行政法律规范的违法者依其应承担的行政责任而实施的惩罚性强制措施。根据行政违法的危害程度，实施制裁的机关、方法和承受制裁的主体不同，行政制裁又可分为行政处分、行政处罚和对行政主体的制裁。

行政处分是指国家行政机关依照行政隶属关系对有轻微违法失职行为的国家工作人员所实施的惩罚措施。行政处分必须是依法具有这种处分权的机关才能决定和执行。至于企事业单位对其成员违反本单位内部的纪律、规章、制度所实施的某种处分，虽然也称行政处分或纪律处分，但由于它只适用于本单位成员，不是由特定的国家机关所实施，不具有国家强制性，因此不属于国家的法律制裁，而是单位内部的纪律制裁。行政处分的方式有：警告、记过、记大过、降级、撤职、开除等。行政处分除开除外应分别在半年至两年内由原处理机关解除，国家工作人员在受行政处分期间有特殊贡献的可提前解除行政处分。国家工作人员对行政处分决定不服的，可以向行政监察机关申诉，申诉和复核期间不停止处分的执行。

行政处罚是依法享有行政处罚权的主体依法对违反行政法律规范尚不够刑事处罚的个人或组织所实施的惩罚措施。它一般是行政主体基于行政管理权的单方意思表示，不能调解或协商。在实施中应遵循处罚法定和一事不再罚的原则，即实施行政处罚须有严格的法律规定，法律无规定的则不能处罚；某一违法行为只能依法给予一次处罚，不能实施两次或多次处罚。根据《教育行政处罚暂行实施办法》，教育行政处罚的种类有：警告；罚款；没收违法所得，没收违法颁发、印制的学历证书、学位证书及其他学业证书；撤销违法举办的学校和其他教育机构；取消颁发学历、学位和其他学业证书的资格；撤销教育资格；停考、停止申请认定资格；责令停止招生；吊销办学许可证；法律、法规规定的其他教育行政处罚。行政处罚的主体在作出处罚决定前，应告知当事人作出处罚决定的事实、理由及依据，并告知当事人依法享有的权利。当事人有权进行陈述和申辩。处罚机关不得因当事人申辩而加重处罚。

对行政主体的制裁是指因行政主体及其公务人员违法给行政相对方造成了损失，而对作为行政法律责任主体的行政主体实施的强制措施。它的种类有：承认错误，赔礼道歉；恢复名誉，消除影响；履行职务；撤销违法行为；纠正不当；返还权益，恢复原状；行政赔偿等。该制裁的对象只包括行政主体及其公务人员而不包括相对人。

（4）经济制裁。由国家审判机关或授权的行政机关对违反一般经济法规的组织或个人依其所应负的经济责任而实施的强制措施。我国经济法规定的制裁方式，有些与民事制裁和行政处罚的方式相同，有些是经济制裁所专有的。主要有赔偿损失，支付违约金、罚款、支付滞纳金等等。

（5）违宪制裁。由监督宪法实施的国家机关对违宪行为依其所应负的违宪责任而实施的强制措施。在我国，根据宪法规定，实施违宪制裁的机关是全国人大及其常委会。违宪制裁的方式有两种：一是撤销同宪法相抵触的法律、行政法规、地方性法规，撤销中央国家机关和省级权力机关有关违宪的决议、决定和命令；二是罢免违宪失职的国家重要领导人。

第二节　教育法的法律责任

一、教育法的法律责任概述

教育法的法律责任是指违反教育法所规范的社会关系而需承担的制裁性后果。教育法是"国家机关依照法律程序制定的有关教育的法律"。在实践中，人们常把教育法看作是综合性的法律部门。教育法的法律责任也因此不被认为是法律责任中一种独立的分类方式，它属于多种法律责任并存的法律责任。但就目前来说，教育法还主要属于行政法，是行政法在教育领域中的一个分支。所以，在教育领域中大量存在的法律关系是行政法律关系。例如，教育行政部门对学校、教师、学生等所作出的行政决定，即属于行政关系。如果这种决定触犯了学校、教师、学生的合法权益，那么行政机关就要承担因滥用职权等原因造成的行政法律责任。此外，教育领域中也存在着平等主体之间的民事关系。如《外国文教专家聘用合同管理暂行办法》规定："当事人一方不履行合同或履行合同不符合约定条件，即违反合同的，另一方有权要求履行或采取补救措施，如果采取其他补救措施后，尚不能完全弥补的，另一方仍有权要求赔偿损失。当事人一方违反合同，应向另一方支付一定数量的违约金。如果违约金不足以弥补违反合同所造成的损失，当事人有权要求赔偿。"这些规定，就是对合同双方民事责任的准确界定。还有，如果违法情节严重，同样要负刑事责任。例如，行政机关挪用教育经费数额巨大导致挪用公款罪；结伙斗殴，寻衅滋事，扰乱学校教育教学秩序，情节严重，造成重大损失的，构成扰乱公共秩序罪。总之，教育法的法律责任的基本特点为行政性，但属于多种法律责任并存，即有行政责任、民事责任，也有刑事责任、经济责任。就教育法目前的发展来看，我国的教育法律责任尚不包括违宪责任。但在国外，例如美国，教育法的法律责任也包括违宪责任。

　　在教育领域中，存在着许多违法现象。其中，有一些违法行为受到了应有的惩罚，而也有一些违法行为，因为人们的教育法制观念淡薄等，没有受到应有的惩罚。对教育法律责任的追究，是纠正违反教育法规行为的重要手段，对教育法的贯彻落实，有着重要的意义。

　　在教育领域中，大致存在行政机关、学校、教师、学生、社会等五大法律关系主体。与之相应，承担法律责任的违法主体也基本上是这五者。

二、有关行政机关的法律责任

以行政机关为违法主体的违法行为大致可依承担责任的主体不同而分为两类：行政机关越权或滥用职权侵犯相对人合法利益的违法；行政机关工作人员滥用职权、触犯法律的违法。前者的责任主体是行政机关，责任承担方式有：通报批评、撤销违法决定、撤销违法的抽象行为、履行职务、纠正不法、行政赔偿等。后者的责任主体是国家机关工作人员，责任承担方式有：通报批评、赔礼道歉、承认错误、退赔、恢复原状、停止违法行为、经济处罚、赔偿损失、行政处分、罢免等。当然，这两者有时也非截然分开的，在行政机关承担责任、接受制裁后，它还可以向其工作人员进行追偿有关责任。目前，以行政机关为违法主体的违法行为主要包括教育经费核拨、使用不当，非法收取费用，在招生中和国家考试中徇私舞弊，以及其他行政机关侵犯行政相对人合法权益的情形。

（一）教育经费核拨、使用不当的法律责任

教育经费核拨、使用不当的违法行为表现之一为不按预算核拨教育经费。根据我国《预算法》的规定，教育事业经费支出属于预算支出，"各级预算由本级人民政府组织执行，具体工作由本级政府财政部门负责"，"预算经本级人民代表大会批准后，按照批准的预算执行。""各级政府财政部门必须依照法律、行政法规和国务院财政部门的规定，及时、足额地拨付预算支出资金，加强对预算支出的管理和监督。各级政府、各部门、各单位的支出必须按照预算执行。"我国《教育法》也规定了我国教育投入的渠道和筹措教育经费的体制，即国家建立以财政拨款为主，其他多种渠道筹措教育经费为辅的体制。各级人民政府的教育经费支出，在财政的预算中单独列项。因此，根据《预算法》和《教育法》等的规定，教育经费须由各级人民政府定额、及时地核拨。

　　教育经费是发展教育的物质保证。不按照预算核拨教育经费是一种有害于教育事业发展的渎职行为，尤其是不按照预算核拨教育经费情节严重的行为，危害更大，可能造成学校教学活动无法正常进行。因此《教育法》规定，"违反国家有关规定，不按照预算核拨教育经费的，由同级人民政府限期核拨；情节严重的，对直接负责的主管人员和其他直接责任人员，依法给予行政处分。"所谓直接负责的主管人员，是指直接主管对教育经费进行核拨业务的单位领导；所谓其他直接责任人员是指应该直接负责办理核拨教育经费业务的工作人员。不管负有直接责任的主管人员等是出于故意或是过失，只要未按预算核拨教育经费且情节严重的，就应给予相应的行政处分。

　　教育经费核拨、使用不当的违法行为表现之二为挪用、克扣教育经费。所谓挪用、克扣教育经费是指有关人员违反国家对财政预算内或预算外但仍具有财政性质的教育经费的核拨、征收、上缴、划分、留解使用等方面的财政和管理制度，利用工作或职务上的便利，使教育经费全部或部分地归个人或集体所有，或归个人或集体进行其他活动或非法活动。所谓预算外但仍具有财政性质的教育经费包括社会对教育的投入，如社会集资、群众捐资、学生缴纳的学杂费等。挪用、克扣教育经费的违法主体不仅包括行政部门的有关人员，同时，学校或其他教育机构中，凡有权管理教育经费的人员，都有可能成为该违法主体。

　　挪用、克扣教育经费，使教育经费在相当一段时间内无法追回用之于教育甚至被行为人据为己有而造成教育经费的亏空。因此，挪用、克扣教育经费具有更大的社会危害性。我国《教育法》规定，"违反国家财政制度、财务制度，挪用、克扣教育经费的，由上级机关责令限期归还被挪用、克扣的经费，并对直接负责的主管人员和其他直接人员，依法给予行政处分；构成犯罪的，依法追究刑事责任。"在对挪用、克扣教育经费行为的处理中，数额的大小和其他情节，如款项退还情况，是否造成其他严重后果以及是否有悔改表现等，是认定罪与非罪以及给予怎样的刑事处罚或行政处分的依据。利用职务上的便利，克扣教育经费集体私分或归个人非法占有是贪污行为；挪用教育经费数额较大不退还的，也以贪污论。对挪用、克扣教育经费的违法行为主体，在认定其法律责任和实施法律制裁时，应依照或参照《中华人民共和国刑法》和《国家行政机关工作人员贪污贿赂行政处分暂行规定》以及《国家行政机关工作人员贪污贿赂行政处分暂行规定实施细则》的有关规定办理。

（二）乱收费的法律责任

乱收费是指一些地方的有关部门或者个人，在国家法律法规和有关收费管理规定之外，无依据或违反有关收费标准、范围、用途、或程序的要求，向学校或其他教育机构，特别是社会力量所办的教育机构，收取费用。合法的收费行为应符合下列几项条件：首先，收费要符合国家法律法规规定的收费项目；其次，收费要符合国家法律法规规定的收费标准；再次，收费要符合国家法律法规的收费程序。违反任何一项，都属于乱收费行为。

我国的法律法规对向学校及其他教育机构收取费用有着明确的规定。如 1989 年国务院同意并转发国家教委、财政部、人事部、国家税务局《关于高等学校开展社会服务有关问题的意见》中规定："高等学校开展社会服务，可以取得合法收入。""高等学校校办工厂的应征税产品，凡用于本校教学、科研方面，免征产品税、增值税；对外销售的，按规定征收产品税、增值税；对其营业所得，免征所得税。""高等学校举办的为本校教职工和学生服务的服务性企业（不包括商店、宾馆、对外营业的招待所），免征营业税、所得税。""高等学校举办的各类进修班、培训班的收入，免征营业税、所得税。""高等学校进行技术转让、技术咨询、技术服务、技术培训、技术承包、技术出口的收入所得，免征所得税。"

"学校和独立核算的校办企业为纳税义务人。"1980年由教育部、财政部发布的《关于勤工俭学收益的纳税问题的答复》中规定："大、中、小学勤工俭学所得收入，一律不向财政上缴利润，也不缴所得税。"另外，还有其他一些法规对向教育机构收取税、费等作了限制。

近几年来，由于一些地区、部门管理体制、监督机制的混乱，也由于部分执法人员素质不高、法制观念淡薄等原因，不少地区和单位违反国家有关规定，向学校或其他教育机构任意增加各种名目的收费项目或随意提高收费标准，严重侵犯了学校或其他教育机构的合法权益，扰乱了其教学秩序，削弱了其办学积极性。因此，中共中央、国务院于1990年发布了《关于坚决制止乱收费、乱罚款和各种摊派的决定》。另外，我国《教育法》也明确规定："违反国家有关规定，向学校或其他教育机构收取费用的，由政府责令退还所收费用；对直接负责的主管人员和其他直接责任人员，依法给予行政处分。"

（三）在招生过程中的有关法律责任

在招生中的违法行为是指主管人员、直接从事和参与学校及其他教育机构招生工作的人员，违反有关招生管理的规定和要求，利用招生或与其相关的工作中，实行歪曲事实、掩盖真相、以假乱真等手段，从而达到招收本不应该录取的人员，或不招应该录取的人员，并从中获得好处的目的。招生工作环节众多，包括调阅考生档案、思想品德考核审查、身体健康状况检查、新生入学复查、体检，还包括报名、命题、试卷印刷、接送、保管、考场管理、评卷等工作，任何一个环节的工作人员徇私舞弊，都是违法行为。因此，在招生中徇私舞弊的违法行为主体，除行政机关工作人员外，还包括学校和其他教育机构的工作人员。

招生工作是培养现代化建设所需人才的重要前提条件之一，同时，它也是关系考生前途命运的一项大事。因此，人们对招生中徇私舞弊的行为深恶痛绝。为坚持招生工作全面考核、择优录取的原则，使招生工作有利于教育的发展，有利于社会的稳定，我国《教育法》规定，"在招收学生工作中徇私舞弊的，由教育行政部门责令退回招收的人员；对直接负责的主管人员和其他直接人员，依法给予行政处分；构成犯罪的，依法追究刑事责任"。《普通高等学校招生暂行条例》规定，"有下列行为之一的招生工作人员和其他有关人员，省、自治区、直辖市招生委员会或高等学校可撤销其招生工作职务，取消工作人员资格，或给予行政处分：（1）在出具、审定考生的户口、政治思想品德考核、身体检查、三好学生、优秀学生干部、体育竞赛获奖名次及其他证明材料中弄虚作假；（2）纵容或伙同他人舞弊；（3）涂改考生志愿、试卷、考试分数及其他有关材料；（4）违反招生工作规定，给工作造成损失。""有下列行为之一的人员，由司法机关根据情节轻重，依据治安管理处罚条例和刑法，追究行政责任和刑事责任：（1）盗窃或泄漏试题、参考答案、评分标准；（2）扰乱考场、录取场所秩序，威胁工作人员人身安全；（3）行贿受贿、敲诈勒索；（4）国家工作人员利用职权，徇私舞弊，妨碍招生工作；（5）其他破坏招生工作的行为。"《普通高等学校招生管理处罚暂行规定》也对招生过程中违法行为所应承担的法律责任作了明确的规定，"招生工作人员有下列行为之一的，视情节轻重，分别给予通报批评或取消招生工作人员资格的处罚；情节严重的，应给予降级以下的行政处分：（1）在组建考生档案中，故意隐瞒考生真实情况的；（2）略；（3）在录取过程中，私自查询、泄漏录取工作情况；……""有下列行为之一的在职人员，给予记大过以上的行政处分；是招生工作人员的，还要取消招生工作人员资格：（1）为考生出具假证明或者伪造考生档案材料的；……（6）向招生工作人员送财物，要求徇私，达到目的的；……"《高等教育自学考试暂行条例》也对在考试过程中的徇私舞弊违法行为规定了明确的法律责任。在招生中，徇私舞弊，情节严重的，还可构成受贿罪、泄露国家秘密罪或违法招生罪。所谓受贿罪，是指行政机关内负责招生工作的有关人员，利用职务上的便利，索要他人财物，或非法收受他人财物为他人谋取利益。对犯受贿罪的，将根据其受贿数额和情节、后果给予不同的制裁。所谓泄露国家机密罪是指负责招生的有关工作人员违反国家保密法规，故意或过失泄露国家秘密，情节严重的行为。我国保密法针对教育工作规定，地区（市）级以上政府教育行政部门及其所属考试机构组织各类高等及中等教育统一考试启用之前的试题（包括副题）、参考答案和评分标准、命题工作及其人员的有关情况，属于国家秘密的具体范围。所以，泄露高等教育和中等教育统一考试的试题等，就是泄露国家秘密。另外，我国《刑法》第四百一十八条规定，"国家机关工作人员在招收公务员、学生工作中徇私舞弊，情节严重的，处三年以下有期徒刑或者拘役。"除此之外，《治安管理处罚条例》也对尚不够刑事处罚的有关行为规定了法律责任。

（四）其他违法行为的法律责任

以行政机关为违法主体的违法行为除以上内容外，尚有其他的内容。如对依法提出申诉、控告、检举的教师进行打击报复，以及其他侵犯学校、教师、学生或其他机构和人员的合法权益的行为等。所谓侵犯合法权益，主要包括：（1）拖欠教师工资；（2）侵犯教师、受教育者的生命健康权和人格权；（3）侵犯学校或者其他教育机构的名称权、名誉权、荣誉权；（4）侵占学校或者其他教育机构的校舍、场地或者损害学校或者其他教育机构、教师、受教育者的财产所有权；（5）侵犯教师、受教育者、学校或者其他教育机构的著作权、专利权、商标专用权、发现权、发明权和其他科技成果权。对于行政机关侵犯学校、教师、学生或其他教育机构和人员的上述合法权益的，除承担部分民事责任外，还应依《中华人民共和国赔偿法》承担相应的赔偿责任。

三、有关学校的法律责任

学校是有计划、有组织、有系统地进行教育教学活动的重要场所，是教育法调整的重要对象。以学校为违法主体的违法行为主要有以下几种：一是违法招收学员、向学员乱收费的行为；二是违犯国家有关财政法规的行为；三是忽视教育教学设施危险的违法行为。前两种行为的违法主体通常是出于故意的心理状态，即明知违法但仍坚持实施；而后一种通常是出于过失的心理状态，即应该预见到违法后果的产生，因疏忽大意而没有预见到，或已经预见到后果可能发生而轻信能够避免，从内心深处讲，也是不希望后果发生。因而，对这两类违法行为，在依法判处违法主体所应承担的法律责任时，应考虑违法主体所不同的主观心理状态。

（一）违法招收学员、向学员乱收费的法律责任

我国《教育法》规定，学校有"招收学生或者其他受教育者的权利。"但权利不能滥用，不能超出应有的范围和规定的程序，否则就会发展成为违法行为。违法招收学员就是指学校及其他教育机构或其他社会组织、个人，违反国家办学和招生方面的规定，不按照国家的招生计划或者超出经批准的办学权限和招生范围，招收录取学员。另外，不具有招生审批权限的部门，违反国家有关招生管理的规定，擅自越权批准学校及其他教育机构招生或擅自更改招生计划，也属违法招生的行为。因此，违法招生的责任主体除学校和其他教育机构外，还包括其他社会组织、国家机关等。

我国有关招生工作的法规大多是关于普通高等教育的。如1985年教育部、卫生部发布的《普通高等学校招生体检标准》、国家教委1987年发布的《普通高等学校招生暂行条例》、《关于扩大普通高等学校录用新生工作权限的规定》、《关于普通高等学校试行招收高水平运动员工作的通知》，1988年发布的《普通高等学校招收保送生的暂行规定》等。所有这些法规，为学校行使其招生

权作了严格的规定，并为其违法行为制定了法律责任。我国《教育法》第七十六条也专门规定："违反国家有关规定招收学员的，由教育行政部门责令退回招收的学员，退还所收费用；对直接负责的主管人员和其他直接责任人员，依法给予行政处分。"在招收学员工作中有其他违法行为，如诈骗钱财、侵吞款物的，若触犯《治安管理处罚条例》或构成犯罪的，则适用该《条例》或《刑法》中的有关法律责任。

学校违法向学员收取费用是指国家和社会力量举办的各级各类学校及其他教育机构，违反国家有关收费范围、收费项目、收费标准以及有关收费事宜的审批、核准、备案以及收费的减、免等方面的规定，自立收费项目或超过规定的收费标准，非法或不合理地向教育者收取费用，给受教育者的财产权益和其他合法权益带来损害的行为。

学校及其他教育机构担负着培养德、智、体等方面全面发展的社会主义事业的建设者和接班人的重要任务。向受教育者乱收费同教育事业的公益性质和任务极不相称，是教育领域的不正之风，乱收费不仅加重了学生家长的经济负担，直接影响、妨碍了学生受教育权利的行使，而且严重败坏了学校及其他教育机构的声誉，在社会上造成了不良影响。为此，《义务教育法》及其《实施细则》对义务教育阶段的学校收费作了严格的规定。国家教委、国家物价局和财政部于1989年下发了《关于清理整顿中小学有关收费项目的通知》和《关于普通高等学校收取学杂费和住宿费的规定》，明确了学校收费的项目、标准和审批权限，划分了合理收费与不合理收费。1987年由国家教委和财政部发布的《社会力量办学财务管理暂行规定》，对社会力量所办学校的收费也作了规定。我国《教育法》第七十八条也专门为违法收费行为确立法律责任："学校及其他教育机构违反国家有关规定向受教育者收取费用的，由教育行政部门责令退还所收费用；对直接负责的主管人员和其他直接责任人员，依法给予行政处分。"

（二）违犯国家有关财政法规的法律责任

学校的财务工作是整个学校工作的重要组成部分，也是整个国家财政工作的一部分。学校各项资金的安排和使用，都直接关系到党和国家有关方针、政策的贯彻执行，关系到学校各项工作的开展和广大师生员工的生活。因此，国家就学校的财务工作颁布了一系列的法规,对违反其规定的行为确立了明确的法律责任。

1982 年由教育部发布的《教育部部属高等学校财务管理试行办法》就违犯国家财务法规的法律责任规定，"在财务检查中，发现领导人员和工作人员有下列违法行为之一者，应当按照情节轻重，报经领导机关批准，给予必要的行政处分，直到移送司法机关惩处：（1）领导工作失职、管理不善，财务工作极端混乱，给学校工作造成重大损失浪费的；（2）伪造账目，篡改会计数字，弄虚作假的；（3）非法销毁财会档案、营私舞弊、贪污盗窃的；（4）用暴力、威胁、恐吓、欺骗、贿赂等非法手段破坏或妨害财会人员行使职权的；（5）对揭发、检举、控告违反财经纪律和财会制度行为的人进行压制、打击报复的。"我国《刑法》第二百五十五条也规定，"公司、企业、事业单位、机关、团体的领导人，对依法履行职责、抵制违反会计法、统计法行为的会计、统计人员实行打击报复，情节严重的，处三年以下有期徒刑或者拘役。"

1979 年教育部发布的《教育部部属高等学校〈会计人员职权条例〉实施细则》就会计人员的法律责任规定，"财会人员因失职或滥用职权，使工作遭受损失的，应分别情况给予批评或处分，财会人员执法犯法、犯有弄虚作假、营私舞弊、贪污盗窃等违法行为的，给予纪律处分；情节严重的要依法惩处，并撤销技术职称。"1987 年由国家教委发布的《高等学校会计师工作试行规程》也对财务人员的法律责任规定："规模较大的高等学校应设置总会计师，建立在校（院）长领导下的，以总会计师为首的经济责任。"

"规模较小的高等学校应充分发挥财务会计机构负责人的作用,由主管财务的副校（院）长或财务处长代行总会计师的职权。""总会计师在工作中发生下列过错,应当区别性质和情节轻重,由校（院）长或上级主管部门给予行政处分,或由司法机关依法追究刑事责任:第一,无视国家财经政策、法规,违反财经纪律,指使或纵容有关单位获取非法收入、偷税漏税和进行其他违法经济活动,严重损害国家利益;第二,玩忽职守,对违反财经纪律、任意挥霍浪费公共资财等行为不检查、不制止、不纠正,使国家造成重大经济损失;第三,领导不力,对学校核算不实、监督不严、不讲求经济效益、财会审计工作混乱等现象,长期不采取有力措施,造成严重经济后果;第四,盲目草率从事,重大经济决策失误,造成重大经济损失;第五,以权谋私,违法乱纪,弄虚作假,骗取荣誉或经济利益。"

1990 年由国家教委发布的《教育系统内部审计工作规定》就学校违犯审计工作的法律责任规定:"违犯本法规定,有下列行为之一的单位或个人,根据情节轻重,审计机构可提出警告、通报批评、行政处分、经济处罚等意见,报请单位领导或监察等有关部门处理:（1）拒绝提供有关文件、凭证、账簿、报表、资料和证明材料的;（2）阻挠审计人员行使职权,抗拒、破坏监督检查的;弄虚作假、隐瞒事实真相的;……（4）拒不执行审计决定的……""违反本规定,有下列行为的审计机构、人员,其所在单位应酌情处以罚款、行政处分或提请有关部门处理:（1）利用职权,以谋私利的;（2）弄虚作假,徇私舞弊的;（3）玩忽职守,给国家和单位造成重大损失的。

《教育行政处罚暂行实施办法》也明确规定:"社会力量举办的学校或者其他教育机构不确定各类人员的工资福利开支占经常办学费用的比例或者不按照确定的比例执行的,或者将积累用于分配或者校外投资的,由审批的教育行政部门责令改正,并可给予警告；情节严重或者拒不改正的，由审批的教育行政部门责令停止招生、吊销办学许可证。"

（三）忽视教育教学设施危险的法律责任

教育教学设施有危险，是指在学校及其他教育机构中供受教育者、教师及其他员工学习、教学、居住、锻炼、游玩的校舍、场地、教具、实验仪器设备、体育游玩等设施中，房屋的承重物件已属危险物件，结构丧失稳定和承载能力，随时有倒塌、毁损的可能，不能确保住用安全；在学校及其他教育机构的教育教学场地中施工、建筑等，危及人身、财产安全；教具、实验仪器设备、体育游玩等设施，在结构、功能上具有潜在的不安全因素，或系采用有毒、有害物质制成，随时会有可能给受教育者、教师员工带来身体或健康损害以及造成重大财产损失的情形。忽视教育教学设施危险的责任主体除学校外，还有可能包括：设计、建筑校舍及设计、生产教育教学设施的单位或个人；教育及其他有关主管部门、当地人民政府的有关负责人员等。

根据《教育法》规定，设立学校及其他教育机构，必须具备符合规定标准的教学场所及设施、设备等。因此，"明知校舍或教育教学设施有危险，而不采取措施，造成人员伤亡或者重大财产损失的，对直接负责的主管人员和其他直接责任人员，依法追究刑事责任。"我国《刑法》第一百三十八条规定："明知校舍或者教育教学设施有危险，而不采取措施或者不及时报告，致使发生重大伤亡事故的，对直接责任人员，处三年以下有期徒刑或者拘役；后果特别严重的，处三年以上七年以下有期徒刑。"1991年由国家教委发布的《普通高等学校学生安全教育及管理暂行规定》也规定，"因忽视安全生产，管理不善；工作不负责任，违章指挥；玩忽职守，徇私舞弊等，对学生造成严重的人身、财物损害的，由其所在单位或上级主管部门，视具体情况对有关责任人员分别给予责令检查、赔偿损失、行政处分，直至依法追究刑事责任。"

除以上三种主要情况外，作为违法主体的学校还可能接受其他法律制裁。如《教育行政处罚暂行实施办法》规定，"社会力量举办的学校或者其他教育机构管理混乱，教学质量低下，造成恶劣影响的，由审批的教育行政部门限期整顿，并可给予警告；情节严重或经整顿后仍达不到要求的，由审批的教育行政部门给予责令停止招生、吊销办学许可证的处罚。"

四、有关教师的法律责任

教师是履行教育教学职责的专业人员，承担教书育人、培养社会主义事业的建设者和接班人，提高民族素质的使命，教师应当忠诚于人民的教育事业。教师是教育法律关系中的重要主体之一。该主体权利的适当行使、义务的圆满履行，是教育法所调整的社会关系得以实现的重要条件。为此，我国的教育法也对教师滥用权利、逃避义务等违法行为规定了明确的法律责任。现实中，教师的法律责任比较多地表现为违犯《教师法》的法律责任和其他法律责任。

（一）违犯《教师法》的法律责任

《教师法》是我国专门以教师为对象的立法。在该法中，对教师的权利和义务都有详尽的规定。为了使这些规定得以落实，《教师法》还就教师违犯该法的法律责任作了具体的规定："教师有下列情形之一的，由所在学校、其他教育机构或者教育行政部门给予行政处分或者解聘：（1）故意不完成教育教学任务给教育教学工作造成损失的；（2）体罚学生，经教育不改的；（3）品行不良、侮辱学生，影响恶劣的。教师有前款第（2）项、第（3）项所列情形之一，情节严重，构成犯罪的，依法追究刑事责任。"

其中，所谓的"教育教学任务"，是依照聘任合同的约定或岗位职责所明确的教师应当完成的教育教学任务。体罚学生，是指教师以暴力的方法或以暴力相威胁，或以其他强制性的手段，侵害学生的身体健康的侵权行为。品行不良，影响恶劣的行为，是指教师的人品或行为严重有悖于社会公德和教师的职业道德，严重有损为人师表的形象和身份，在社会上和学生中产生恶劣影响的行为。侮辱学生，是指教师公然贬低或侵害学生的人格，损害学生名誉的违法行为；该行为可能因较轻的侵犯名誉而承担民事责任，也可能因严重而承担刑事责任。各级各类学校及其他教育机构的教师，凡有规定的四种情形之一，按学校教师管理权限的不同类型，分别由所在学校、其他教育机构或者教育部门分别给予行政处分或解聘。解聘包括解除岗位职务聘任合同，由学校或其他教育机构另行安排其他工作；也包括解除教师聘任合同，被解聘者另谋职业。教师有"品行不良、侮辱学生、影响恶劣的"情形，除给予行政处分外，还可依《教育行政处罚暂行实施办法》给予行政处罚，即由教育行政部门给予撤销教师资格，自撤销之日起五年内不得重新申请认定教师资格。

教师有《教师法》规定的违法行为之一，对学校和学生造成损失或损害的，还应当依照《民法通则》的规定承担民事责任，如停止侵害、消除影响、恢复名誉、赔礼道歉、赔偿损失等。如果情节恶劣，后果严重，还要承担刑事责任。如依《刑法》规定，"故意伤害他人身体的，处三年以下有期徒刑、拘役或者管制"。"过失伤害他人致人重伤的，处三年以下有期徒刑或者拘役。""以暴力或者其他方法公然侮辱他人或者捏造事实诽谤他人，情节严重的，处三年以下有期徒刑、拘役、管制或者剥夺政治权利。"

（二）其他违法行为的法律责任

以教师为违法主体的违法行为还有许多其他情况，如私拆学生的信件，违反学校校园秩序管理的有关规定等。在高等教育领域，比较突出的是有关弄虚作假的行为。

教师，特别是高等学校的教师，除了有教学任务外，大多还承担科研的任务。与之相应，与科研有关的违法行为便成为教师承担法律责任的又一个原因。1987年由国家教委发布的《高等学校优秀教材奖励试行条例》规定，"申报及评奖工作必须采取严肃认真和实事求是的科学态度，凡发现有弄虚作假或其他不正之风，经调查核实后，立即取消评奖资格。"由国务院 1993 年发布的《教学成果奖励条例》也规定，"弄虚作假或者剽窃他人教学成果获奖的，由授奖单位予以撤销，收回证书、奖章和奖金，并责成有关单位给予行政处分。"另外，我国的《科学技术进步法》也对剽窃、篡改、假冒或者以其他方式侵害他人著作权、专利权、发现权、发明权和其他科学技术成果权的违法行为，规定了法律责任。因此，与科研有关的弄虚作假行为，除承担相应的行政责任外，还有可能承担相应的民事责任或刑事责任。

另外，《教育行政处罚暂行实施办法》对教师弄虚作假的行为还规定，教师有"弄虚作假或以其他欺骗手段获得教师资格的"的情形，由教育行政部门给予撤销教师资格，自撤销之日起五年内不得重新申请认定教师资格。参加教师资格考试的人员有作弊行为的，其考试成绩作废，并由教育行政部门给予三年内不得参加教师资格考试的处罚。

五、有关受教育者的法律责任

受教育者是教育的对象，也是教育法调整的社会关系的重要主体之一。对受教育者违法行为规定明确具体的法律责任，也是教育法的一项重要任务和内容。

（一）考试作弊的法律责任

考试是一项很严肃的教育活动。它既是对学校教学质量的检查，又是对学生学习效果的测评，公正性是其存在的基础。因而，考试中的作弊行为必须承担责任，接受惩罚。

《高等学校招生全国统一考试管理处罚暂行规定》第七条规定："考生有下列情形之一的，扣除该科所得分的 30%～50%：（1）携带规定以外的物品进入考场的；（2）开考信号发出前答题的；（3）考试终了信号发出后继续答卷的；……"第八条规定：

"考生在两科以上考试中有第七条所列情形之一的,所考科目的考试成绩无效。"第九条规定:"考生有下列情形之一的,取消当年考试资格,情节严重的,不准参加下一年度的全国统一考试:(1)交头接耳、互打暗号、手势的;(2)夹带的;(3)接传答案的;……"第十条规定:"考生有下列情形之一的,取消当年考试资格,并从下一年起两年内不准参加全国统一考试;……(4)伪造证件、证明、档案以取得考试资格的。"第十二条规定:"高等学校在校生代他人参加全国统一考试的,由其所在学校勒令退学或开除学籍;在校高中生代他人参加全国统一考试的,从该生毕业当年起两年内不准参加全国统一考试。"

《教育行政处罚暂行实施办法》也规定,参加国家教育考试的考生,有下列情形之一的,由主管教育行政部门宣布考试无效;已被录取或取得学籍的,由教育行政部门责令学校退回招收的学员;参加高等教育自学考试的应试者,有下列情形之一,情节严重的,由各省、自治区、直辖市高等教育自学考试委员会同时给予警告或停考一至三年的处罚:(1)以虚报或伪造、涂改有关材料及其他欺诈手段取得考试资格的;(2)在考试中有夹带、传递、抄袭、换卷、代考等考场舞弊行为的;……"

（二）其他违法行为的法律责任

学生应当遵守学校或者其他教育机构的管理制度。但有些学生由于受来自社会或家庭的不良影响,实施了违法行为,如偷窃,打架斗殴、强奸、抢劫、投毒等。学校根据其违法行为的严重性,轻者给以批评教育,重者则应移交司法机关依照《治安管理处罚条例》或《刑法》处理。当然,司法机关在确定学生的法律责任和给予法律制裁时,应考虑学生的年龄因素,应区别不同的责任年龄和不同的责任能力。所有这些,已超出了教育法的调整范围。

教育法对学生其他违法行为的纠正,集中体现在对学生违犯学校校园秩序管理的行为规定相应的法律责任上。当然,该违法行为的主体还包括教师、教育教学辅助人员等。1990年由国家教委发布的《高等学校校园秩序管理若干规定》中指出，"告示、通知、启示、广告等，应当张贴在学校指定或者许可地点。散发宣传品、印刷品应当经过学校有关机构同意。对于张贴、散发反对我国宪法确立的根本制度、损害国家利益或者侮辱诽谤他人的公开张贴物、宣传品和印刷品的当事者，司法机关依法追究其法律责任。""在校内举行文化娱乐活动，不得干扰学校的教学、科研和生活秩序。""师生员工应当严格按照学校的安排进行教学、科研、生活和其他活动，任何人不得破坏学校的教学、科研和生活秩序，不得阻止他人根据学校的安排进行教学、科研、生活和其他活动。禁止师生员工赌博、酗酒、打架斗殴以及其它干扰学校教学、科研和生活秩序等行为。""对违反本规定，经过劝告、制止仍不改正的师生员工，学校可视情况给予行政处分或纪律处分；属于违反治安管理行为的，由公安机关依法处理；情节严重构成犯罪的，由司法机关处理。"另外，有关学生学籍管理方面的法规，也对学生相应的法律责任作了规定，为学校依法治教、科学管理学生提供了法律依据。

六、社会违法时所应承担的法律责任

社会在这里是一个统称，在教育法中，它包括武装力量、政党、社会团体、企事业组织、城乡基层群众性自治组织以及除行政机关、学校、教师、学生以外的其他组织、团体和公民。社会作为违法主体的情形复杂、种类繁多，现实中比较突出的有非法举办学校、违法颁发证书、侵扰学校的教育教学活动等。

（一）非法举办学校的违法行为

我国鼓励企事业单位、人民团体或其他社会组织及个人依法举办学校或者其他教育机构，这种办学形式称为社会力量办学。社会力量办学是我国教育事业的组成部分，是国家办学的补充。各级人民政府及教育行政部门应鼓励和支持社会力量办学；同时，社会力量办学必须坚持四项基本原则，必须符合我国教育法规的规定。我国在教育机构的设置管理上，实行批准设立制度和登记注册制度。举办教育机构，必须经主管机关的批准或者经主管机关登记注册，才能取得合法地位，并受法律保护。违背这些制度规定设置学校或其他教育机构，则是非法的，应承担相应的法律责任。

国务院 1986 年发布的《普通高等学校设置暂行条例》规定，"凡违反本规定有下列情形之一的，由国家教育委员会区别情况，责令其调整、整顿、停止招生或停办：（1）虚报条件，筹建或建立普通高等学校的；（2）擅自筹建或建校招生的；（3）超过筹建期限，未具备招生条件的；（4）第一届毕业生经考核验收达不到规定要求的；（5）在规定期限内，达不到审定的计划规模及正常的教师配备标准和办学条件的。"1988 年由国家教委发布的《成人高等学校设置的暂行规定》中也对举办成人高校过程中的违法行为规定了具体的法律责任。自 1997 年 10 月施行的《社会力量办学条例》对社会力量举办学校的有关违法行为，如虚假出资、抽逃出资、伪造、变造和买卖办学许可证、超过核定项目和标准滥收费用等，作了详细的规定。我国的《教育法》也就非法举办学校的违法行为规定："违反国家有关规定，举办学校或者其他教育机构的，由教育行政部门予以撤销；有违法所得的，没收违法所得；对直接负责的主管人员和其他直接责任人员，依法给予行政处分。"

追究非法举办教育机构（包括学校）的法律责任，对保证教育事业的正常发展，维护教育的严肃性，防止某些单位或个人打着办学的招牌进行违法活动或从事偏离社会主义办学方向的活动，有着重要意义。

（二）违法颁发证书的法律责任

实行学业证书制度和学位制度是我国教育的基本制度。颁发学位证书、学历证书或者其他学业证书的机构，必须具有我国法律法规规定的资格。如《中华人民共和国学位条例》和该条例的《暂行实施办法》规定：学士学位由国务院授权的高等学校和科学研究机构授予。我国《教育法》也规定，学校及其他教育机构享有对受教育者颁发相应的学业证书的权利。

违法颁发证书的行为包括：不具有颁发学业证书和学位证书资格而发放学业证书、学位证书的；伪造、编造、买卖学业证书、学位证书的；在颁发学业证书、学位证书中弄虚作假、徇私舞弊的；对不符合规定条件的受教育者和其他人员颁发学业证书、学位证书；滥发学业证书、学位证书牟利的；等等。因此，该行为的违法主体还有可能包括有权授予有关证书的机关、教育机构等。

违法颁发证书是一种扰乱教育管理秩序的违法行为，破坏了我国的教育证书制度，我国《教育法》也专门对这种行为规定了明确的法律责任："违反本法规定，颁发学位证书、学历证书或者其他学业证书的，由教育行政部门宣布证书无效，责令收回或者予以没收，情节严重的，取消其颁发证书的资格；有违法所得的，没收其违法所得。"因此，对违法颁发证书的行为所实施的制裁除行政处分外，还可以有行政处罚等。

（三）侵扰学校教育教学活动的违法行为

侵扰学校教育教学活动的违法行为有许多种，如有关人员或组织在学校及其他教育机构内部或周围，寻衅滋生事端，结伙打架斗殴、围攻教师、学生或者调戏女学生，闯入课堂、教学场地，妨碍或阻挠教师的授课活动以及在学校及其他教育机构周围架设高音喇叭或非法施工等。

为加强校园环境管理，创造良好育人环境，保障学校及其他教育机构的教师员工、受教育者的合法权益不受侵犯，我国《教育法》规定，"结伙斗殴、寻衅滋事，扰乱学校及其他教育机构教育教学秩序或者破坏校舍、场地及其他财产的，由公安机关给予治安管理处罚；构成犯罪的，依法追究刑事责任。侵占学校及其他教育机构的校舍、场地及其他财产的，依法承担民事责任。"我国《教师法》也规定，"侮辱、殴打教师的，根据不同情况，分别给予行政处分或者行政处罚；造成损害的，责令赔偿损失；情节严重，构成犯罪的，依法追究刑事责任。"依此，对于侵扰学校教育教学活动的违法行为，要根据情节轻重和所造成的后果是否严重决定其违法主体承担何种责任。如果情节较轻，危害不大的，可由主管部门给予批评教育直至行政处分；如果情节严重，致使学校的教育教学秩序遭到重大破坏，影响恶劣的，应给予行政处罚或刑事制裁；造成民事损失的，还应承担民事责任，接受民事制裁。

第十章 教育法的法律救济

第一节 法律救济概说

"没有救济就没有权利",一句英国法谚这样称道。实际上,没有权利也没有救济,因为权利与救济是密切相关,紧密联系的。救济的存在以权利为前提,没有权利就无所谓救济;权利的存在也以救济为前提,因为一种无法许诺法律救济的权利根本就称不上真正的法律权利。

权利为什么需要救济?这是因为权利常常被侵犯,如果权利不会受到侵犯的话,救济根本就不需要了。而在现实生活中,权利的合法实现往往受到来自各方面的阻碍和侵犯,因此才有必要消除阻碍,实现救济。因此,现代法律不仅宣示主体的权利,而且还为其配置了各种救济程序。

救济的途径有很多种,《牛津法律大辞典》认为"主要有宽厚的行为,例如权利要求的撤回或出自恩惠的给付;政治救济方法,例如向下议院议员或地方议员提出申诉,向议会或其他政治机关提出申诉;还有法律救济方法,也就是依法律规则获得的救济"。①我们在这里谈的便是这种依法律规则的救济,即法律救济方法。

一、法律救济释义

法律救济的概念表述有许多种,我们在这里以权威的《牛津法律大辞典》的解释为准进行分析。它这样解释道:"救济是纠正、

---

① 《牛津法律大辞典》光明日报出版社,1988 年版,第 764 页。

矫正或改正发生或业已造成伤害、危害、损失或损害的不当行为。"① 进一步分析这个概念，我们会发现，在法律制度中法律往往赋予特定关系中的当事人以两种权利与义务：第一权利（和义务）与第二权利（和义务）。前者又称主权利，如取得所购买的货物和取得货物的价款；后者又称从权利，如强制对方交货或就未交货一事给付赔偿，这一从权利就是要求救济的权利。虽然要求救济的权利（第二权利）只有在第一权利受到侵害或未被满意地满足的情况下才能发生作用，但要求对方履行义务的权利，或要求对方就未履行义务或不适当履行义务给予救济的权利，却都是一种法定的权利。因此，救济可以起到补救或减轻由他方当事人违反义务行为所带来损失的作用。

根据上述定义，我们发现法律救济具有三个特征：（1）法律救济的前提是第一权利受到侵害，即取得所购买的货物或取得货物的价款这项权利受到了侵害，如果第一权利未受损害，则法律救济不发生作用。（2）法律救济具有权利性。法律救济是法律关系中当事人所享有的第二权利，是附属于第一权利的权利，当第一权利受到侵害或未被令人满意地满足的情况下，当事人有权利要求对方履行义务或要求对方就未履行义务或不适当履行义务给予救济。即"强制对方支付货物的价款或者强制对方就拒收货物而给予赔偿。任何人都不能剥夺当事人的这种权利。（3）法律救济具有弥补性。因为法律救济的前提是权利受到损害，而法律救济就在于通过排除权利行使的障碍，使权利的原有状态得以恢复，使受阻碍的权利及法定义务能得到实现或履行。在不能恢复原状的情况下，要对受损害的利益进行补救，合理地补偿当事人所遭受的损失、伤害、危害或损伤。

---

① 《牛津法律大辞典》光明日报出版社，1988 年版，第 764 页。

二、高等教育领域内法律救济的意义

（一）保障高等学校及其师生的合法权利

"有权利必有救济"，"无救济的权利是无保障的权利"，民主政治最基本的涵义是公民的合法权益不受侵犯，受到侵害之后能够得到恢复和补救。实现这一点的要求，关键在于要为公民的合法权益提供必要的保障，在高等教育领域中也是这样。我国的高等学校及其师生作为社会生活中的法人和公民，具有自己的多项权利，尤其是《教育法》、《教师法》及其他法律法规又赋予了他们一些独特的与其身份相关连的权利，这些权利都需要得到保障。如果没有法律救济，那么当这些权利受到侵害时，没有途径使其得到恢复和补救，因而实际上权利无法实现，所谓的权利也就成了一纸空文，变得没有意义。因此，为了更好地保障高等学校及其师生的合法权益，必须为其提供一定的救济途径，并且使法律救济的意识深入人心，使高等学校及其师生在合法权益受到损害时，能够寻求恰当的法律救济手段，使自己的合法权利得到恢复或补救。

（二）监督政府依法治教

以法律手段管理教育是现代国家的一个基本经验。但长期以来，人们只注意到通过制定法律、实施法律使学校、教师和学生有法可依、有法必依，而对于政府权力的滥用有可能带来的消极影响却认识不足，因此在法律上对政府权力的控制和约束较少。这不仅使得政府部门无法有效地运用手中的权力进行教育管理，而且使学校、教师和学生的权利受到侵害。而法律救济制度，尤其是其中的行政救济制度，其着眼点在于保护公民和组织的合法权利和规范、监督行政权力，如我国的两大行政救济法《行政复议法》和《行政诉讼法》都在第一条开宗明义地指出，立法的目的之一是"维护和监督行政机关依法行使行政职权"。因此，通过行政救济，高等学校及其师生可以将行政机关的违法、滥用职权的行为诉至其上的行政机关或人民法院，由它们对行政行为的合法性或合理性进行审查，进而撤销其违法的行政行为甚至责令行政机关赔偿损害，从而达到事后监督的目的。这对于督促行政机关依法治教是很有意义的。

三、法律救济方法及其在高等教育领域内的运用

法律救济方法是指救济可以采取的形式。它的种类很多，英美法等国家主要有行政救济方法和民事救济方法，其中行政救济可以通过向更高级的行政官员或大臣申诉取得，也可以通过向特殊的行政机关或法庭、仲裁庭提出申诉而取得。民事救济可通过在民事法庭中进行诉讼取得，也可以在可能的情况下通过当事人之间的磋商取得，还可以通过对他方威胁要提起诉讼的方法取得。在英美法等国家，一般认为刑事诉讼不能直接向受害人提供救济，但是可以间接地提供救济，如在法律制度中向更高的法院或机关上诉就被视为一种救济方法。

我国主要的法律救济方法也是两种，一种是行政救济，一种是民事救济。行政救济起因于公民或组织的合法权益受到违法或不当的行政行为的侵害，行政救济就是对违法或不当的行政行为加以纠正，或对因行政行为而使公民的合法权益受到损害予以弥补的一种法律救济。它包括内部行政救济和外部行政救济两类，其中内部行政救济在我国主要有行政监察的救济和审计复审；而外部行政救济主要表现为依照《行政复议法》和《行政诉讼法》以及《国家赔偿法》规定的途径、方式发生的行政复议、行政诉讼和行政赔偿。民事救济是与行政救济相对称的，它起因于公民、组织的合法权利受到其他公民或组织的侵权行为的侵害，它通常以民事诉讼的方式获得救济。

在高等教育领域内，由于不涉及教育行政部门之间以及教育行政部门及其工作人员的关系，而且高等学校是独立的法人组织，不是政府部门的附属机构，同时高等学校的教师与学生也不是政

府部门的工作人员，因此不涉及内部行政救济，只涉及外部行政救济。在外部行政救济中，行政复议和行政诉讼都是经常采用的救济方法。同时，在高等教育领域中，高等学校、教师和学生都与社会发生各种各样的民事关系，而且高等学校与其师生之间也可能发生有关人身权、财产权方面的关系，因此，民事救济也在高等教育领域内发挥着重要作用，民事诉讼就是它的基本救济途径。

此外还需特别提到的是，教育领域还有另一种特殊的救济制度，即教师申诉制度和学生申诉制度。说它特殊，首先是因为这种申诉制度是由《教育法》和《教师法》特别建立的。其次，这种申诉制度与内部行政救济中的行政监察救济不同，尽管行政监察救济中也有公务员不服行政处分或监察决定的申诉制度，但由于公务员是国家机关工作人员，他与所属国家机关构成的是内部行政关系，因而这种申诉制度属于内部行政救济制度。而就教师和学生申诉制度而言，如前所述，教师与学生不是国家机关工作人员，他们与政府部门构成的不是内部行政关系，因而这种申诉制度不属于内部行政救济制度。再次，教师与学生申诉制度虽然在某种程度上与行政复议制度有类似之处，但它并不是行政复议制度。因为教师和学生申诉制度中的被申诉人既可以是教育行政部门，也可以是学校。如前所述，高等学校是独立的法人，并不是行政部门的附属机构，也不是法律、法规授权的组织，不符合行政复议制度中被申请人的资格，故而不能笼统地认为教师、学生申诉制度就是行政复议制度。而且，行政复议制度的程序是法定的，非常严格，而教师与学生申诉制度则没有这么严格。

综上所述，高等教育领域中主要运用的法律救济形式包括：教师申诉制度，学生申诉制度，行政复议，行政诉讼和民事诉讼。在下面几节里我们将逐一对这些救济形式加以介绍。

第二节　教师和学生申诉制度①

一、申诉

申诉，从法律上讲是指公民和国家机关工作人员对国家机关作出的涉及个人权益的处理决定不服，依法向原处理机关或其上级机关或法定的其他专门机关声明不服、述说理由并请求复查和重新处理的行为。是公民和国家工作人员维护个人合法权益的重要救济手段。

申诉权是宪法确认的我国公民的基本政治权利。宪法第四十一条规定：中华人民共和国公民"对于任何国家机关和国家工作人员的违法失职行为，有向有关国家机关提出申诉、控告或者检举的权利，但是不得捏造或者歪曲事实进行诬告陷害。""对于公民的申诉、控告或者检举，有关国家机关必须查清事实，负责处理。任何人不得压制和打击报复。"为了保障宪法确认的公民申诉权得到具体落实，我国的各项法律法规从各个不同的角度和方面作了相应的保障性规定。我国《教育法》、《教师法》也是在宪法的指导下，针对教师和学生的申诉权作了法律规定，从而构成了我国的教师申诉制度和学生申诉制度。

二、教师申诉制度

（一）教师申诉制度及其建立

教师申诉制度是指教师对学校或其他教育机构及有关政府部门作出的处理不服，或对侵犯其权益的行为，依照《教师法》的规定，向主管的行政机关申诉理由，请求处理的制度。

教师申诉制度是由《教师法》确立的一项保障教师与教育教

---

① 本章中的学生指一切在学校或其他教育机构中学习的受教育者，也称受教育者申诉制度。

学有关的权利的法律救济手段。《教师法》第三十九条规定："教师对学校或者其他教育机构侵犯其合法权益的，或者对学校或者其他教育机构作出的处理不服的，可以向教育行政部门提出申诉，教育行政部门应在接到申诉的三十日内，作出处理。""教师认为当地人民政府有关行政部门侵犯其根据本法规定享有的权利的，可以向同级人民政府或者上一级人民政府有关部门申诉，同级人民政府或者上一级人民政府有关部门应当作出处理"，以及第三十六条"对依法提出申诉、控告、检举的教师进行打击报复的，由其所在单位或者上级机关责令改正；情节严重的，可以根据具体情况给予行政处分。""国家工作人员对教师打击报复构成犯罪的，依照刑法第一百四十六条的规定追究刑事责任。"以上规定确立了教师申诉制度的法律地位，使其成为一项专门保护教师权益的法律制度。

（二）教师申诉制度的特点

1. 教师申诉制度是一项正式的法律救济制度

我们上面提到，宪法第四十一条规定了公民的申诉权，在一般意义上为建立教师申诉制度提供了宪法依据和理论、思想基础。但是，宪法中关于公民申诉权的规定主要是从公民的基本政治权利这个角度提出的，而且它是原则性的规定，具有最普遍、最一般的适用性，并未形成一项专门的救济制度。它虽对维护教师的权益起到了一定的保障作用，但由于没有明确的法律规定，在实施过程中有很大的弹性和随意性，不能有效地保护教师的权益。而教师申诉制度的建立，其着眼点在于为教师提供一条法律救济途径，当教师的合法权益受到学校或有关行政部门权力的侵害时，能够据此排除权利行使中的不法或不当的阻碍，使受侵害的权利恢复原状或者使被损害的利益得到弥补。这样一项制度的建立，使教师申诉程序具有了法律的确定性与严肃性，各级行政机关在受理教师申诉后，必须在规定的期限内作出处理决定，处理决定对申诉人与被申诉人双方均具有约束力，并且，那些违反教师申诉制度有关规定的行为也将构成违法行为，必须承担相应的法律责任。这与一般的公民申诉具有了很大不同。

2. 教师申诉制度是一项专门性的申诉制度

教师申诉制度是专门为教师这一特定的专业人员设立的，目的在于保护教师的合法权益。它只能由教师及其代理人提出申诉请求，向法律规定的特定主管行政机关提出，由它们进行处理。这些"特定主管机关"分别为：当教师认为学校或者其他教育机构侵犯其合法权益，或者对学校或者其他教育机构作出的处理不服时，受理机关是主管的教育行政部门；当教师认为当地人民政府有关部门侵犯其合法权益时，受理机关为同级人民政府或者上一级人民政府有关部门。并且，教师申诉制度中所指的教师的合法权利必须是《教师法》上所规定的权利，是教师作为专业人员而不是一名普通公民时所享有的职务上的权利，而不是一般的民事权利。只有《教师法》上规定的权利受到侵犯才符合教师申诉制度的申诉范围。而一般公民的申诉则可对一切国家机关作出的涉及公民个人权益的任何处理决定提出申诉，它面向全体公民，并不针对某一特定人群，这是与教师申诉制度不同的。

此外，教师申诉制度也与一般的信访制度不同。信访制度是指公民通过写信或者上访等形式，向各级党和政府的组织、有关的企、事业组织、人民团体及其领导人反映个人或者集体的愿望和要求，提出批评和建议的制度。信访制度在受理主体、受理范围方面都比申诉制度宽泛得多，而且也并非所有的信访问题都会得到处理，只有那些被认为需要查处的，才予以立案查处。在《教师法》颁布之前，我国教师没有专门的权利救济途径，信访方式是被广泛运用的，直到现在，也仍然有一些教师通过信访方式表达自己的意见，但我们应该弄明白它与教师申诉制度的区别。

3. 教师申诉制度是一项非诉讼申诉制度

依照是否涉及诉讼，可以将申诉分为诉讼上的申诉和非诉讼上的申诉两种。教师申诉制度属于非诉讼上的申诉制度，具有非诉讼性。教师申诉制度从诉讼的提出，到诉讼的受理和处理都是按照行政程序进行的，而诉讼上的申诉制度是公民对司法机关作出的已经发生法律效力的判决、裁定不服，向法院或检察院申诉理由，请求再审的制度，完全依诉讼法的程序进行。二者显然有很大差别。但是，我们说教师申诉制度具有非诉讼性，仅仅是针对依《教师法》建立的这一申诉制度而言的，这并不意味着教师不能在诉讼活动中提起诉讼上的申诉，如当教师对法院已经发生法律效力的判决、裁定不服时，可以向更高一级的法院或检察院提出申诉，请求再审，这时提起的申诉就是诉讼上的申诉了，但这已不属于教师申诉制度这一专门性的法律救济制度。

（三）教师申诉制度的具体内容

1. 申诉人

教师申诉制度中的申诉人是合法权益受到侵害的教师本人，特殊情况下也可委托他人行使。委托代理人按照委托人的意愿进行申诉，委托代理人直接承担法律责任。申诉人不止一个的，如解决相同的问题，可以联合起来选出代表进行申诉。代表申诉的性质与委托申诉相同，代表人应按委托人的意愿进行申诉，代表人直接承担法律责任。

2. 被申诉人

依据《教师法》的规定，教师申诉制度的被申诉人是教师所在的学校或其他教育机构，以及当地人民政府的有关行政部门。需要说明的是，被申诉人是学校或其他教育机构，而不是学校或其他教育机构的负责人。学校或者其他教育机构的负责人，只有在以单位的名义侵害教师的权益时，才能成为被申诉人。同样，教师在对当地人民政府有关部门进行申诉时，被申诉人也只能是有关的行政部门，申诉书上的单位负责人仅是其法人代表，而不是被申诉人。

3. 申诉范围

在下列几种情况下，教师可以提起申诉。

（1）教师认为学校或其他教育机构侵犯其合法权益的，可以提起申诉。这里的合法权益是指《教师法》规定的教师在职务聘任、教学科研、工作条件、民主管理、培训进修、考核奖惩、福利待遇等方面的权利。

（2）教师对学校或其他教育机构作出的处理不服的、可以提起申诉。当教师本人主观上认为学校及其他教育机构作出的处理不合法、不公正，表示不服时，就可以提起申诉。

（3）教师认为当地人民政府有关部门侵犯其合法权益的，可以提起申诉。这里的权益也是教师据《教师法》而享有的权益。

4. 提出申诉的形式

教师应以递交申诉书的书面形式向行政机关申诉。申诉书的内容包括以下事项：

（1）申诉人的姓名、性别、年龄、民族、籍贯、职业、住址等。委托代理的，写明代理人的有关情况。

（2）被申诉人的名称、地址、法定代表人的姓名、性别、职务、住址等。

（3）申诉要求，申诉人认为被申诉人侵犯了其合法权益或不服被申诉人的处理决定，而要求受理机关进行处理的具体要求。

（4）申诉理由，写明被申诉人侵害其合法权益或不服被申诉人处理决定的事实依据、法律依据并陈述理由。

（5）附项，写明并附交有关的物证、书证或复印件等。

5. 受理申诉的机关

《教师法》规定，如果是对学校或其他教育机构提出申诉的，受理机关为教育行政部门，如果是对当地人民政府有关部门提出申诉的，受理机关为同级人民政府或上级人民政府有关部门。

6. 教师申诉的管辖

教师申诉的管辖，是指行政机关之间受理教师申诉案件的分工和权限。具体分为隶属管辖、地域管辖、选择管辖和移送管辖。

（1）隶属管辖。教师进行申诉时，应当按照所属学校的隶属关系向主管的行政机关提出申诉，由主管的行政机关受理，这称为隶属管辖。

（2）地域管辖。它是指没有直接隶属关系的学校的教师提出申诉时，可以按照教育行政部门的管理权限提出申诉，由有管理权限的教育行政部门受理，这就是地域管辖。如社会力量举办的高等学校的教师的申诉，应由省级高等教育部门或计划单列市的高等教育主管部门管辖。

（3）选择管辖。指在两个或两个以上的行政机关都有管辖权的情况下，教师可以任选一个，选择的标准以能方便、准确处理为原则。

（4）移送管辖。指行政机关对不属于自己管辖范围的申诉案件移送到有管辖权的机关受理，同时告知申诉人。

7. 教师申诉的处理

有关部门接到申诉案件后，首先应对申诉人的资格和申诉的条件进行审查。对于申诉人无资格，被申诉人不明确、申诉请求不明或不属于申诉范围的，可以不予受理或要求重新提交申请书。对符合申诉条件的，在查明事实的情况下于收到申诉的次日起30天内作出处理。

处理决定有如下几种：

（1）学校或其他教育机构、人民政府有关部门的管理行为符合法定权限和程序，适用法律法规正确，事实清楚的，维持原处理结果。

（2）学校或其他教育机构、人民政府有关部门的管理行为违反相关的法律、法规规定，侵害了申诉人的合法权益，可撤销原处理决定或责令被申诉人限期改正。

（3）学校或其他教育机构、人民政府有关部门的管理行为部分适用法律、法规或规章错误、或事实不清的，可责令退回原机关重新处理或部分撤销原处理决定。

（4）学校或其他教育机构，人民政府有关部门的管理行为所依据的内部规章制度与法律、法规及其他规范性文件相抵触的，可撤销该内部管理的规定或责令被申诉人修改其内部管理规定，并且撤销原处理决定。

三、学生申诉制度

学生申诉制度是学生在接受教育的过程中，对学校给予的处分不服，或认为学校和教师侵犯了其合法权益而向有关部门提出要求重新作出处理的制度。它是依据《教育法》第四十二条有关学生申诉权的规定建立起来的。在性质上也具有法定性、专门性和非诉讼性的特点。

学生申诉制度中有关申诉的形式、申诉的管辖、申诉的受理和处理等内容均与教师申诉制度相同，可比照教师申诉制度中的相关内容了解。与教师申诉制度相比，学生申诉制度有以下不同，首先，学生申诉制度中的申诉人是学生，其次，学生申诉的被申诉人包括作出处分决定的学校、侵犯学生合法权益的学校或教师，不包括教育行政机关或政府有关部门。再次，学生申诉的范围较大，主要有：对学校给予的处分不服；认为学校、教师侵犯了其合法权益。这里的处分对于高等学校来说，根据《普通高等学校学生管理规定》，包括警告、严重警告、记过，留校察看、勒令退学和开除学籍六项。这里的合法权益，不仅包括学生在接受教育过程中享有的受教育权、升学权、公正评价权、隐私权、名誉权和荣誉权，而且还包括其他人身权和财产权，因而申诉范围较教师申诉制度中的申诉范围要宽。

第三节　行政复议制度

行政复议是公民、法人或者其他组织获得行政救济的重要途径，同样也是高等学校及其师生获得行政救济的重要途径。行政救济制度当前主要是由《行政复议法》作出统一规定，但同时还有《行政诉讼法》及大量的法规、规章等涉及这项制度，本节有关行政复议制度的探讨，主要是结合《行政复议法》的规定展开的。

一、行政复议的概念及特征

《行政复议法》规定，行政复议是公民、法人或者其他组织认为行政机关的具体行政行为侵害其合法权益，依法向该机关的上一级行政机关或者法律、法规规定的行政机关提出申请，由受理申请的行政机关对原具体行政行为进行重新审查并做出裁决的活动及其制度。

行政复议具有如下特征：

（1）行政机关的具体行政行为的存在和争议是行政复议的前提条件。《行政复议法》规定的行政复议也只限于对具体行政行为的审查，而且是外部的具体行政行为。没有行政机关的具体行政行为的存在和争议，就不能提起行政复议申请。

（2）行政复议以行政相对人为申请人，以行政机关为被申请人。因为行政机关作出具体行政行为无需征得相对人的同意，只有行政相对人对该具体行政行为不服才会产生行政争议，提起行政复议申请。因此只可能以行政相对人为申请人，以行政机关为被申请人。

（3）行政复议是一种行政活动，是行政机关行使职权的一种活动。它依不服具体行政行为的相对方或利害关系人提出申请而引起，由行政复议机关对原具体行政行为进行审查并做出行政复议裁决，这是行政机关的活动。

（4）行政复议以行政机关具体行政行为的合法性与合理性为审查内容。行政复议对复议案件的审查是全面的，既进行合法性审查，又进行合理性审查。合法性审查内容为：主体合法有效成立；行政活动要有法律依据和事实根据；行政行为不得超越法定的权限范围；必须符合法定程序等。合理性是对合法性的补充和延伸，其内容包括：行政行为必须符合法律目的；必须具有合理的动机，必须考虑相关的因素，必须符合公正的法则等。

（5）行政复议适用特定程序。行政复议虽然是一种行政活动，但它同时具有司法性，适用特定程序。申请人如果认为行政机关的具体行政行为侵犯了他的合法权益，必须在法定的期限内向法定的复议机关提出复议申请。复议机关受理申请后要调查取证，对双方争议的对象进行审查，并要在法定期限内作出复议决定。这一切都使行政复议具有行政司法特征。

二、行政复议在高等教育领域的运用

在高等教育领域内，任何高等学校、教师和学生如果认为行政机关的具体行政行为侵害其合法权益，都可向该行政机关的上一级行政机关或者法律、法规规定的行政机关提起行政复议。但是这里的合法权益必须是《行政复议法》所规定的。

（一）申请复议的范围

根据《行政复议法》的规定，高等学校及其师生对下列具体行政行为不服的，可以向行政机关申请复议：

1. 对拘留、罚款、吊销许可证和执照，责令停产停业、没收财物等行政处罚不服的。行政处罚是行政机关对违法的公民、法人或者其他组织所实施的行政惩戒。除上述《行政复议法》所列举的这几种处罚形式外，还包括警告、追缴和没收非法所得，限期拆除或者没收在非法占用的土地上新建的建筑物和其他设施等在其他法律、法规规定的处罚形式。高等学校及其师生对任何一种行政处罚不服，都可以申请复议。

2. 对限制人身自由或者对财产的查封、扣押、冻结等行政强制措施不服的。限制人身自由的行政强制措施主要有：收容审查，劳动教养，强制戒毒，强制遣送、扣留。除以上几种主要强制措施外，限制人身自由的行政强制措施还包括对传染病人的强制隔离措施，对公共场所醉酒者的强制约束，对闹事者采取的带离现场的措施等。对财产的强制措施包括：查封、扣押、冻结等。

3. 认为行政机关侵犯法律、法规规定的经营自主权的。经营自主权是法律、法规赋予经济活动主体的一项最基本的权利，一般包括对财产的占有权、自主使用权、对收益的自主支配权、对资产的处分权、人事安排权等。凡是对经营主体依法行使上述各项权利的非法干预，都属于非法侵犯经营自主权。

4. 认为符合法定条件申请行政机关颁发许可证和执照，行政机关拒绝颁发或者不予答复的。所谓许可证，是指行政机关根据相对方的申请，依法赋予其某种权利能力或法律资格的法律证书。如学校校办工厂申请的关于某种产品的生产经营许可证或者教师资格证书都属于此类。所谓执照，是指行政机关经相对方的申请而依法发给准许其从事某种活动的合法证件和凭证。如营业执照、驾驶执照等，今后随着我国学校举办主体的多元化，社会力量举办高等学校也需首先申请举办执照。

5. 申请行政机关履行保护人身权、财产权的法定职责，行政机关拒绝履行或者不予答复的，行政机关的法定职责既是其法定的权力，又是其法定的义务，行政机关必须认真地履行。如果行政机关拒绝履行保护人身权、财产权的职责，属于失职行为，受害人可以申请行政复议。

6. 认为行政机关没有依法发给抚恤金的。抚恤金是公民（具备一定条件的）因公或因病致残、死亡时，由本人或其家属依法领取的费用。这里有两点需要注意：首先，这里指的抚恤金必须是法律、法规有规定的，如果没有规定，要求行政机关发给抚恤金遭到拒绝的，不能申请复议；第二，抚恤金必须是法定由行政机关发放的，对于那些应由企事业单位（包括高等学校）发给的抚恤金而企事业单位（包括高等学校）没有依法发给的，不能申请行政复议。

7. 认为行政机关违法要求履行义务的。行政机关要求相对方履行义务的，必须要有合法的依据，任何没有合法依据而让相对方承担义务的行为（如出钱、出工、出力等），都属违法要求履行义务的行为。其具体情形有三种：（1）行政机关违反规定而为相对人设定义务并令其履行，即相对方无法定义务但行政机关要求其履行；（2）行政机关要求相对方履行超过法定义务量的义务；（3）行政机关违反法定程度要求相对方履行义务。除此外，还有人认为行政机关用变相"赞助"方式索取财物的也属违法要求履行义务的行为，也可因之提起复议申请。①

8. 侵犯其他人身权、财产权的行为。除以上具体行政行为之外，如果公民、法人或者其他组织认为行政机关的具体行政行为侵犯其他人身权、财产权的，也可申请复议。人身权指的是与人身相联系的没有直接财产内容的权利，包括生命健康权、姓名权、名称权、肖像权、名誉权、荣誉权、婚姻自主权等。财产权是指具有经济利益的权利，包括物权、债权、著作权、专利权、商标权、继承权等。

9. 法律、法规规定的可以提起行政诉讼或者可以申请复议的其他具体行政行为。

《行政复议法》规定了不能申请一般行政复议的事项。它们包括：（1）对行政法规、规章或者具有普遍约束力的决定、命令不

---

① 杨解君等著《行政救济法——基本内容及评析》南京大学出版社，1997年版，第133页。

服的；（2）对行政机关工作人员的奖惩、任免等决定不服的；（3）对民事纠纷的仲裁、调节或者处理不服的；（4）对国防、外交等国家行为不服的。

（二）行政复议的管辖

行政复议的管辖是行政复议机关在受理行政复议案件上的分工和权限的制度。它是我们了解行政复议制度的一项重要内容。根据《行政复议法》规定，可将复议管辖分为上级管辖、本级管辖、特殊管辖、移送管辖、指定管辖等，本节只择要介绍。

1. 上级管辖

上级管辖就是由上一级行政机关管辖。绝大多数不服行政处罚的复议案件都由作出行政处罚决定的行政机关的上一级行政机关管辖。如治安处罚复议案件必须由上一级公安机关管辖。

2. 本级管辖

本级管辖是指由作出具体行政行为的行政机关本身或本级人民政府管辖。包括三种情况：上一级没有相应主管部门的由本级人民政府管辖；对省、自治区、直辖市人民政府的具体行政行为不服的，由作出具体行政行为的人民政府管辖；对国务院各部门的具体行政行为不服的，由作出具体行政行为的部门管辖。如对国家教育部的具体行政行为不服，复议案件由原机关即教育部管辖。

3. 特殊管辖

特殊管辖主要包括：（1）不服共同行政行为的由它们的共同上一级行政机关管辖；（2）不服派出机关和机构的具体行政行为的由设立派出机关或机构的政府或其部门管辖；（3）不服被授权或委托组织的具体行政行为的由直接主管该组织的行政机关管辖；（4）不服需要逐级批准的具体行政行为的由批准机关的上一级机关管辖；（5）不服被撤销的行政机关在被撤销前作出的具体行政行为的由继续行使其职权的行政机关的上一级行政机关管

辖。

（三）行政复议程序

行政复议程序基本上包括申请、受理、审理、决定、执行几个环节。

1. 申请

（1）申请复议的条件。根据《行政复议法》的规定，申请复议应当具备以下条件：①申请人是认为具体行政行为直接侵犯其合法权益的公民、法人或者其他组织；②有明确的被申请人；③有具体的复议请求和事实根据；④属于申请复议范围；⑤属于受理复议机关管辖；⑥法律、法规规定的其他条件。以上六条必须同时具备，缺一不可。

（2）申请复议的方式。申请复议必须递交复议申请书，即复议申请必须采取书面形式。申请书应包括以下内容：①申请人的基本情况；②被申请人的名字、地址；③申请复议的要求和理由；④提出复议申请的日期。提出复议申请的日期应是向复议机关提交复议申请书的日期，而不是写出复议申请书的日期。

（3）复议申请的期限。申请行政复议有严格的时间限制，超出规定时间则申请复议的权利就不复存在了。目前，各法律、法规对复议申请的时间期限规定不统一，但一般以十五日为最普通。

2. 受理

复议机关应当在收到复议申请十日内作出处理，处理形式有三种：（1）符合法定条件的应当受理；（2）不符合申请条件的不予受理；（3）复议申请书未载明应当载明的内容的，应责令申请人限期补正。

3. 审理

它是复议的中心阶段，主要内容包括调查收集证据，审查证据，查清事实，对具体行政行为作合法性与合理性审查。

4. 决定

复议机关对复议案件经过审理后，应根据不同的情况作出如下复议决定：①具体行政行为适用法律、法规、规章和具有普遍约束力的决定、命令正确，事实清楚，符合法定权限和程序的，决定维持；②具体行政行为有程序上不足的，决定被申请人补正；③被申请人不履行法律、法规和规章规定的职责的，决定其在一定期限内履行；④具体行政行为有下列情形之一的，决定撤销、变更，并可以责令被申请人重新作出具体行政行为：一是主要事实不清的；二是适用法律、法规、规章和具有普遍约束力的决定、命令错误的；三是违反法定程序影响申请人合法权益的；四是超越或者滥用职权的；五是具体行政行为明显不当的。

5. 执行

复议决定生效后，申请人如果对复议决定不服，可以在收到复议决定书之日起十五日内，或者法律、法规规定的其他期限内向人民法院起诉，但复议决定不停止执行。如果申请人逾期不起诉又不履行决定的，强制执行。

三、案例分析

有关行政复议制度的基本内容我们上面已作了介绍。下面以一个案例来说明。该案例是一所高等学校不服行政机关的行政处罚而申请复议。①

1990 年 8 月以后，北京联合大学建材轻工学院（以下简称建材轻工学院）在收取 1990 学年度该院所属夜大学理工科新生学费时，根据 1990 年 4 月 12 日国家教育委员会、国家物价局、财政部教财（1990）038 号文件《关于修订普通高等学校举办函授和夜大学收费办法的通知》（以下简称"038 号文件"）的规定，将北京市物价局审订的夜大学学生学费每生每学年 408 元的收费标准，提高到 460 元。

---

① 案例引自林准主编《行政案例选编》法律出版社，1995 年版，第217～218 页。

同年 11 月，北京市宣武区物价检查所（以下简称区物价所）在依法对建材轻工学院收取学费标准进行检查时，认为建材轻工学院按新标准收取夜大新生 69 人的学费，共超收 3 780 元，违反了 1985 年 3 月 28 日教育部、财政部（85）教计字 30 号文件《关于中央部门部属高等学校举办函授和夜大学实行收费的通知》（以下简称 030 文件"）的规定，属于价格违法行为。1991 年 2 月 6 日，区物价所根据《中华人民共和国价格管理条例》第 20 条第三项和国家物价局《关于价格违法行为的处罚规定》第 5 条第五项、第 9 条、第 10 条第四项的规定，作出没收建材轻工学院非法所得 3 780 元的处罚决定。建材轻工学院不服，于 1991 年 2 月 20 日向北京市物价检查所提出复议申请，主要理由是："038 号文件"颁布后，北京市有关部门没有及时制定出北京地区 1990 学年度夜大新招学生的具体收费标准。在这种情况下，建材轻工学院在"038 号文件"规定的收费幅度内，适当提高对 1990 学年度夜大新招学生收费标准的做法，并不违法。北京市物价检查所经复议认为，区物价所对建材轻工学院的处罚，"事实清楚，证据确实，依据充分，程序合法"，于 1991 年 4 月 18 日作出复议决定，维持区物价所的处罚决定。

分析：

1. 首先，本案例中，复议申请人是认为行政机关（区物价所）的具体行政行为直接侵犯其合法权益的法人——建材轻工学院。其次，区物价所是被申请人；第三，申请有具体的复议请求和事实根据（如原文中所述）第四，本案例中建材轻工学院是对"没收非法所得"这一行政处罚不服而申请复议，属于申请复议范围；第五，受理复议申请的机关（北京市物价检查所）是作出具体行政行为的行政机关（区物价所）的上一级行政机关，属上级管辖；并且在其他方面也符合法律规定，因而可以提起行政复议。

2. 北京市物价检查所受理复议申请后，对区物价所的具体行

政行为（没收违法所得）进行合法性与合理性审查，认为该具体
行政行为"事实清楚，证据确实，依据充分，程序合法"，因而作
出"维持原处罚决定"的复议决定。

3.复议决定一经作出即产生效力，但建材轻工学院不服复议
决定，故可在法定期限内向人民法院（宣武区人民法院）起诉。此
时即提起行政诉讼，至于法院审理的结果如何，属于行政诉讼范
畴将在下节交待。

第四节　行　政　诉　讼

诉讼，就是我们所说的"打官司"，行政诉讼是其中的一种，
是一种"民告官"的诉讼。我国独立的行政诉讼制度正式建立于
80 年代，1989 年《中华人民共和国行政诉讼法》通过并于 1990 年
10 月 1 日生效施行，标志着行政诉讼制度的全面创建。

一、行政诉讼的概念和特征

行政诉讼是指公民、法人和其他组织认为行政机关的具体行
政行为侵犯其合法权益依法向人民法院提起诉讼，由人民法院进
行审理并作出判决的制度。这一概念包含以下几个方面的内容：第
一，行政诉讼是处理和解决行政争议的活动；第二，行政诉讼是
在人民法院主持下进行的；第三，行政诉讼适用独立的行政诉讼
程序；第四，行政诉讼起因于处于相对一方的公民、法人或者其
他组织对具体行政行为不服而向法院提起诉讼。

行政诉讼与行政复议都是处理行政争议的行政救济制度。二
者有很多相似之处，如二者产生的根源都缘于行政纠纷的存在；目
的都是为了解决行政争议，保护相对方的合法权益，维护和监督
行政机关依法行使职权；都是对具体行政行为进行审查，都是依
申请的行为等。但二者还是有不少差别的，这些差别表现在：第
一，性质不同。行政复议是行政活动，而行政诉讼是人民法院行

使审判权的司法活动；第二，受理机关不同。行政复议的受理机关是行政机关，而行政诉讼的受理机关是人民法院；第三，适用程序不同。行政复议适用行政程序，实行一级复议制，进行书面审理，程序简便，而行政诉讼适用司法程序，实行两级终审制，以公开审理为主，程序严格；第四，审查范围不同。行政复议对具体行政行为进行合法性与适当性进行审查，而行政诉讼只对其合法性进行审查；第五，法律效力的终局性不同。行政复议决定除法律规定的终局复议外，一般不具有终局效力，相对方不服可在法定期限内向人民法院提起诉讼，而行政诉讼的终审判决具有最终的法律效力，当事人必须履行。

二、行政诉讼在高等教育领域的运用

行政诉讼在高等教育领域中正在得到越来越广泛的运用。高等学校、教师和学生如果认为行政机关的具体行政行为侵犯了其合法权益，都可依法向人民法院提起行政诉讼。

（一）受案范围

行政诉讼的受案范围在《行政诉讼法》中作了列举加概括的规定，其具体内容与行政复议的受案范围基本相同，但较行政复议稍窄。具体反映在行政诉讼的受案范围必须是在《行政诉讼法》中规定的八项之内，而行政复议除这八项外，还包括除《行政复议法》之外的其他法律、法规规定可以提起行政复议的具体行政行为。因有较大重复，本节不再列举这八项内容，读者可参阅上节行政复议相关内容。

（二）诉讼管辖

按照《行政诉讼法》第三章的规定，行政诉讼管辖的种类可以分为级别管辖、地域管辖、移送管辖和指定管辖等几种。

1. 级别管辖

级别管辖是指上下级人民法院之间受理和审判第一审行政案件的权限划分。一般来说，最高人民法院管辖全国范围内重大、复杂的第一审行政案件；高级人民法院管辖本辖区重大、复杂的第一审行政案件；中级人民法院管辖本辖区内重大、复杂的案件，确认发明专利权的案件以及国务院各部委、省级人民政府所作的具体行政行为引起的案件。

2. 地域管辖

地域管辖是指同级人民法院之间受理和审判第一审行政案件的权限划分。一般情况下，行政案件由最初作出具体行政行为的行政机关所在地的人民法院管辖。经过复议并改变原具体行政行为决定的也可由复议机关所在地的人民法院管辖。对限制人身自由的行政强制措施不服而提起诉讼的由原告或者被告所在地法院管辖。因不动产提起的诉讼由不动产所在地法院管辖。

3. 移送管辖

指法院在受理行政案件后，发现已受理的行政案件不属于自己管辖时，将案件移送给有管辖权的法院。

4. 指定管辖

如有某种特殊原因，有管辖权的法院不能行使管辖权，或对管辖权发生争议时，可由上级法院指定某一法院管辖，这就是指定管辖。

（三）行政诉讼程序

行政诉讼的程序总体上包括案件的起诉与受理、法院审理案件的第一审程序、第二审程序以及审判监督程序，另外还包括执行程序。

1. 起诉与受理

起诉是指公民、法人或者其他组织认为自己的合法权益受到具体行政行为的侵害，而以自己的名义向法院提出诉讼请求，以保护其合法权益的诉讼行为。

起诉要具有以下条件：①原告合格；②有明确的被告；③有具体的诉讼请求和事实根据；④属于人民法院的受案范围和受诉

人民法院管辖；⑤符合起诉的时间限定和法定形式要件。同时还必须注意，对于必须经过复议的案件不能直接提起诉讼。

法院进行起诉审查后要在七日内作出是否受理的决定。①符合受理条件的予以受理；②受理条件有欠缺或者基本证据不足的，要求当事人限期补正；③不符合受理条件的，不予受理，并通知原告。原告可在接到裁定书之日起十日内向上一级法院上诉。

2. 第一审程序

第一审程序是人民法院第一次对行政案件进行审理的程序。在这个过程中，法院对具体行政行为进行合法性审查并依法作出判决：①具体行政行为证据确凿，适用法律、法规正确、符合法定程序的，判决维持；②具体行政行为主要证据不足，适用法律、法规错误，违反法定程序，超越、滥用职权的，判决撤销或部分撤销；③被告不履行或者拖延履行法定职责的，判决其在一定期限内履行；④行政处罚显失公正的，判决变更原处罚决定。

3. 第二审程序

行政诉讼当事人不服地方各级法院未生效的判决、裁定在法定期限内提起上诉，请求上一级法院进行审判，上一级法院受理后依法审理上诉案件的程序就是第二审程序。第二审程序中，上级法院要对上诉案件进行全面审查并作出判决：①原判决认定事实清楚，适用法律、法规正确的，维持原判；②原判决认定事实清楚，但适用法律、法规错误的，依法改判；③原判决认定事实清楚，证据不足，或违反法定程序，可撤销原判决发回重审，或直接改判。

4. 审判监督的程序

审判监督程序又称再审程序，是指人民法院对已经发生法律效力的判决、裁定，发现违反法律、法规的规定，依法再审的程序。

5. 执行程序

执行程序是指有关执行机关对已生效的判决、裁定或其他法律文书，在义务人拒不履行时，依法采取强制措施使其得以实现的程序。它是整个诉讼过程的最后一道程序、但不是必经程序。

三、案例分析

案例 1 北京联合大学建材轻工学院不服北京市宣武区物价检查所行政处罚案

上节案例中北京联合大学建材轻工学院因不服北京市宣武区物价所（简称区物价所）的行政处罚，向北京市物价检查所（简称市物价所）申请行政复议，市物价所作出了维持原处罚决定的复议决定。建材轻工学院对此复议决定不服，对前述理由于 1991 年 4 月 30 日向北京市宣武区人民法院起诉。

宣武区人民法院审理后认为，"038 号文件"明确提出，"近几年由于情况变化，原收费标准和收费办法已不能适应当前的实际需要，决定修改收费标准。从 1990 年开始，对新招收的函授和夜大学生，按本通知规定的标准和办法收费。"该文件规定，1990 年新招收的夜大理工科学生每人每年可在 500 元内收取。函授和夜大具体收费标准由各省、自治区、直辖市教育、物价财政部门制定，而北京尚无具体规定。而且，建材轻工学院的收费也未超过"038 号文件"规定的标准。"030"号文件颁布在前，"038 号文件"颁布在后；因而，区物价所属适用规章错误。认定原告建材轻工学院超收的 3 780 元为非法所得，无法律依据。建材轻工学院要求撤销区物价所的处罚决定、理由正当。据此，宣武区法院依据《行政诉讼法》有关条款，判决撤销区物价所的处罚决定。

分析：

本案例是一起先经行政复议，对复议决定不服又提起行政诉讼的案件。案件中，原告为建材轻工学院，被告则为宣武区物价所。因为此案虽已经行政复议，但复议机关并未改变原具体行政行为，而是作出予以维持的决定，故被告仍为作出原具体行政行为的行政机关。

案件中，原告是对"没收非法所得"这项具体行政行为不服，属于行政诉讼的受案范围。且案件适用地域管辖，由最初作出具体行政行为的行政机关所在地的人民法院管辖，即宣武区物价所的所在地宣武区的人民法院管辖，符合管辖范围。

宣武区人民法院受理此案后，经过审理认为，宣武区物价所的具体行政行为适用规章错误，判决撤销原处理决定。这是第一审程序。

如果行政诉讼的当事人（如区物价所）对第一审判决不服，可以在第一审法院判决未生效前，在法定期限内（十五日）向上一级法院提起上诉，请求重新进行审判。如果上一级法院受理，即进入第二审程序。第二审程序作出的判决即为终审判决。

案例2　赵某不服浙江省教育委员会、浙江省高等教育自学考试委员会行政处罚案。①

1996年12月23日上午，杭州市上城区人民法院公开审理了原告赵福来不服浙江省教育委员会、浙江省高等教育自学考试委员会联合发文取消其考试成绩的行政处罚案件。

1996年4月的全国高等自学考试中，原告报考国际法、中国法制史、法学基础理论、宪法四门课程。同年7月，原告接到考试成绩通知单，四门课程得分分别是65、61、66、60，根据自考合格分数线，四门课程均已合格，应该发给单科合格证。但直到1996年10月，原告才得知早在两个月前，其考试成绩已被取消。原因是在他所在的考点，有两个考场的"法学基础理论"课程、一个考场的"经济法概论"课程的试卷均有雷同等大面积舞弊事实，于是联合发文取消了上述三个考场考生本次考试的所有课程

---

① 案例及双方代理意见转引自劳凯声等著《规矩方圆——教育管理与法律》，中国铁道出版社，1997年版，第434～436页。

成绩。

原告认为，自己按考试规定认真答题，没有作弊行为，但却受到牵连，被取消了考试成绩。原告对此处罚不服，提起诉讼。

分析：

本案是一起公民不服行政机关的行政处罚决定（取消考试成绩）而直接提起行政诉讼的案件。案件中，原告是认为具体行政行为侵犯其合法权益的公民，即赵福来。被告是浙江省教育委员会和浙江省高等教育自学考试委员会，二者构成共同被告。因为取消学生考试成绩这一行政行为是由这两个机关共同作出的，因而都是共同被告。本案中，另一个诉讼参加人为诉讼代理人。他是实施诉讼代理活动的人，在代理权限范围内以诉讼中原告、被告的名义进行诉讼，其法律后果由被代理人承受。

本案第一审程序中，经过准备开庭、开庭审理、法庭调查、法庭辩论、当事人陈述、合议庭评议、宣告判决几个环节。在这个过程中，原告、被告双方的诉讼代理人都要陈述自己的代理意见。

原告代理人的代理意见：

①原告在本次自考中没有任何作弊行为。两被告在庭审中没有证据证明原告参加的四门课程中，有任何一门课程的试卷与他人雷同或者有其他任何作弊行为。原告不是自己考试作弊而是因他人作弊受牵连而遭处罚。

②被告作出的行政处罚没有法律依据。行政机关的具体行政行为不仅实体处罚上要有法律依据，在程序上也应符合法律要求。两被告的处罚决定中只写着"经研究决定"而并没有引用具体的法律条款作为处罚依据，所以两被告的处罚决定当时是没有法律依据的。事后，原告起诉，被告在其答辩中才引用《中华人民共和国教育法》第七十九条作为法律依据。原告代理人认为：退一步讲，如果当初在处罚决定的文件中引用《中华人民共和国教育法》第七十九条，也是不适当的，因为《中华人民共和国教育

法》第七十九条是针对作弊的，而原告没有作弊，就不应该受处罚。两被告引用《中华人民共和国教育法》第七十九条对原告作出处罚。实际上是对《中华人民共和国教育法》第七十九条的扩大解释。《中华人民共和国教育法》是全国人大制定的一个基本法，其解释权属全国人大常委会，两被告不享有行政法中的设定权。同时被告是在作出处罚决定后，在原告起诉时，才引用法律作为依据，从程序上讲也是违法的。

原告代理人还认为：对高等教育自学考试的处理，在没有其他法律和法规规定的情况下，应以国务院颁布的《高等教育自学考试暂行条例》来规范、调整高等自学考试中出现的问题。而在这个暂行条例中有关处罚的规定，仅是针对作弊的考生，不牵连无辜。同时，根据《中华人民共和国教育法》第四十二条第（三）项的规定，受教育者在学业成绩和品行上有获得公正评价，在完成规定的学业后有获得相应的学业证书的权利。

③两被告对原告的处罚违背我国法制的"不株连原则"和行政法的"合理、合法原则"。

原告没有作弊这是事实，但却因在同一试场中有人作弊而受到株连，不仅株连到有作弊试场的课程成绩，更甚的是株连到原告其他试场的三门课程成绩。而搞株连是我国法制所不允许的。

两被告的处罚还明显地违背了"合理、合法原则"。第一，同原告一起参加国际法、宪法、中国法制史考试的一些考生，因没有报考"法学基础理论"或不在有作弊的试场考试而顺利地取得了上述三门课的单科合格证书，原告的这三门课程也跟这些考生一起参加考试，但却被取消了成绩。这就是两被告对相同情况作出的不同处理。第二，与原告一起在"法学基础理论"试场内考试的有作弊的考生，两被告对其处罚结果也与原告相同。这就是不同情况的相同处理。假如有法律规定：凡在作弊的试场考试的考生负有连带责任，那么，两被告的处罚也是显失公正的：对作弊者处罚畸轻，对没有作弊者处罚畸重。

被告代理人的主要代理意见：

①本案的事实是三个考场有大面积舞弊，不是仅有雷同卷。这是本案的焦点。被告不是处罚雷同卷，而是因大面积舞弊，所以取消该三个舞弊考场的考生本次所有成绩。

②被告作出处罚是有法律依据的，这就是《中华人民共和国教育法》和七十九条。同时，国家教委在被告请示后于1996年12月9日有一答复：可以宣告考试有作弊的本课目成绩无效，或本次考试无效。

杭州市上城区法院经过审理后作出一审判决，认为被告的具体行政行为适用法律正确、认定事实清楚，因而作出"维持原处罚决定"的判决。原告对此不服，向杭州市中级人民法院提起上诉。

第五节　民事诉讼

高等教育领域内民事诉讼的地位是很重要的，它在实际中的运用也非常普遍。高等学校、教师和学生与社会其他平等主体之间发生的各种民事纠纷，都需要诉诸民事诉讼等民事救济手段。尤其是随着社会主义市场经济体制的确立，高等学校与社会的联系越来越广泛，产生民事纠纷的可能性也越来越大，为了保护自己的合法权益，必须学会运用民事诉讼这一救济形式。在高等学校内部，高等学校与其师生、教师与教师、学生与学生、教师与学生之间均可能产生民事纠纷，民事诉讼也是其中必不可少的解决手段之一。因此，作为高等学校的一员，我们有必要了解民事诉讼。

民事诉讼是三大诉讼之一，又是法律救济的一种重要形式。它是公民、法人为解决民事纠纷，保护自己的合法权益依法向人民法院提起诉讼，由人民法院进行审理并作出判决的制度。民事诉讼制度内容庞大，从诉讼原则、审判制度、诉讼主管与管辖、诉讼当事人、代理人、诉讼证据、诉讼程序一直到诉讼理论、期间与送达等一系列内容，构成一个复杂的体系。我们不是作为法学研究者来研究民事诉讼，而是作为一名高等学校教师来学习民事诉讼的基本知识，学会运用民事诉讼这一法律救济形式保护自己的合法权益，因而此处只介绍民事诉讼的若干内容。

一、民事诉讼与行政诉讼

民事诉讼与行政诉讼都是以诉讼方式解决当事人双方之间各种纠纷，保证当事人的合法权利的诉讼救济方式，二者有许多相似之处。而且行政诉讼法还是不久前才从民事诉讼法当中独立出来，在许多制度方面行政诉讼都是参照民事诉讼的有关规定。但二者还是有显著差别的，具体表现在以下方面：

（1）诉讼主体不同。行政诉讼中的被告必须是行政机关，原告必须是行政管理的相对方，位置不得转化。民事诉讼中的原告与被告则是地位平等的公民、法人。

（2）诉讼客体不同。行政诉讼的客体是行政机关在行政管理活动中的具体行政行为。民事诉讼的客体是主体之间诉讼权利义务所指向的对象。

（3）诉讼的举证责任不同。行政诉讼中被告负举证责任，即行政机关负责提出证据证明自己作出的行政行为合法。民事诉讼中谁主张谁举证，一般由原告承担举证责任，特殊情况下可以倒置。

（4）审理的程序、方式、审判组织不同。行政诉讼没有简易程序，不进行调解，实行合议制。民事诉讼则有简易程序、进行调解，但也实行合议制。

二、民事诉讼的提起

（一）起诉的概念和条件

提起民事诉讼，简称起诉，是指公民、法人因自己的民事权益受到侵犯或者发生争议，向人民法院提出保护请求的诉讼行为。

根据《民事诉讼法》第108条规定，起诉需同时具备以下条件：

（1）原告适格

民事诉讼中的原告必须是与本案有直接利害关系的公民、法人或其他组织。例如在请求返还所有物的诉讼中，与本案有直接利害关系的人是主张自己所有权的人，只有他才能取得民事诉讼当事人的资格。

（2）有明确的被告

这里指的是原告必须明确指出控告的对方当事人及其基本情况和详细地址，否则法院不予受理。

（3）有具体的诉讼请求和事实、理由

此处"具体的诉讼请求"是指原告请求法院通过审判所要解决的具体问题和要达到的目的。"事实"是指原告提出诉讼请求所依据的法律事实和证据事实。而"理由"是指法律根据和案件事实，这些都需由原告提供。

（4）属于人民法院受理民事诉讼的范围

原告请求法院给予司法保护的事项，必须属于法院主管。法院主管是指法院受理和解决一定范围内民事案件的权限。其范围包括：①民法调整的财产关系以及与财产关系相联系的人身关系所引起的争议；②婚姻法调整的婚姻家庭关系引起的争议；③经济法规、劳动法规调整的经济关系、劳动关系引起的争议；④其它法律调整的社会关系引起的纠纷，法律明文规定依照民事诉讼程序审理的案件，如环境污染案件等；⑤由最高人民法院的规范性文件规定的案件，如部分专利纠纷案件，此外还有海事、商事案件等。

（5）属于受诉人民法院管辖

原告提出的诉讼请求不仅要归法院主管，还要归受诉人民法院管辖。我国民事诉讼的管辖分级别管辖、地域管辖和裁定管辖。级别管辖中第一审案件原则上由基层法院管辖。中级、高级、最高人民法院一般管辖本辖区内重大、复杂的案件，其中中级人民法院按最高人民法院的规定还管辖海事、海商案件；专利纠纷案件；涉及港、澳同胞及其企业、组织的经济纠纷案件；诉讼标的大或诉讼单位属于省、自治区、直辖市以上的经济纠纷案件。地域管辖一般采取原告就被告的管辖原则，即由被告所在地人民法院管辖。但在有关合同、保险、票据交通运输、交通事故等方面发生纠纷时，除被告所在地外，还可以由相关人民法院管辖。裁定管辖是以人民法院作出的裁定来确定管辖法院的。包括移送管辖与指定管辖。其具体含义与行政诉讼中的移送、指定管辖相同。

（二）起诉的形式

根据《民事诉讼法》的规定，当事人提起民事诉讼的方式有两种：其一是书面方式，即向法院递交由文字材料形成的起诉状，并按被告人数提供副本；其二是口头起诉，即对于书写起诉状确有困难的，由当事人向法院口述，由审判人员记入笔录，并告知对方当事人。

起诉状是原告指出控告对象，表述诉讼请求和事实根据的一种诉讼文书，它的正确书写对于案件的及时解决很有帮助。

起诉状应包括如下内容：（1）当事人的基本情况，包括原告和被告的姓名、性别、年龄、民族、籍贯、职业、工作单位和住址。（2）诉讼请求和所根据的事实与理由；（3）证据和证据来源、证人姓名和住址。此外还应记明受诉人民法院的名称、起诉时间（年、月、日），最后由起诉人签名或盖章。

当事人的起诉经由法院审查，法院对符合法定条件的予以受理，即进入第一审程序。之后经过审判前的准备和开庭审理达到调解或者判决、裁定。当事人如果对判决、裁定不服，即可在法定期限内（判决为15日，裁决为10日）提起上诉，符合法定条件的上诉经法院审查后予以受理，即进入第二审程序。第二审程序中，法院经过审理前的准备，径行判决或经开庭审理作出判决，与此同时凡是能够用调解方式解决的，进行调解。二审判决是终审判决，对当事人和社会均具有约束力，对二审判决不能提起上诉。

三、案例分析

案例1　薛某诉张某国际互联网络侵犯姓名权案①

1996 年 4 月 9 日下午，薛某收到美国密执安大学教育学院通过国际互联网络发来的为其提供 1.8 万美元奖学金的电子邮件。1996 年 4 月 12 日上午计算机记录时间 10 时 16 分 42 秒，张某在北京大学心理系临床实验室 IP 地址为 162、105、176、204 的网络终端冒用薛某姓名，向密执安大学发去一封电子邮件，谎称薛某已接受其他学校邀请，拒绝了密执安大学，使薛某失去了这次赴美深造的机会。于是，薛某遂诉至北京市海淀区人民法院。

分析：

这是一起高等学校内学生与学生之间发生的民事纠纷。双方地位平等，诉讼客体为张某的侵权行为。由于张某未经薛某同意，盗用薛某姓名向美国密执安大学发拒收奖学金的电子邮件，侵犯了薛某的姓名权。姓名权是我国民法保护的权利，（《民法通则》第 99 条规定："公民享有姓名权，有权决定、使用和依照规定改变自己的姓名，禁止他人干涉、盗用、假冒"。）属于法院主管范围。同时，本案的管辖适用一般地域管辖，由被告所在地人民法院管辖。此外，本案中原告适格，是与案件有直接利益关系的薛某；有明确被告——张某，并有其基本情况和详细住址；有具体的诉讼请求和事实、理由。因而符合起诉条件。

薛某的起诉经审查后由北京市海淀区人民法院受理。在法院的主持调解下，双方当事人自愿达成协议：张某以书面形式向薛某赔礼道歉；张某赔偿薛某精神损害及经济损失共计 12 000 元；案件受理费 80 元，由张某负担。

---

① 案例出自《判例与研究》（季刊），1997 年第 4 期。

中华人民共和国教育法

（1995 年 3 月 18 日第八届全国人民
代表大会第三次会议通过）

第一章　总　　则

第一条　为了发展教育事业，提高全民族的素质，促进社会主义物质文明和精神文明建设，根据宪法，制定本法。

第二条　在中华人民共和国境内的各级各类教育，适用本法。

第三条　国家坚持以马克思列宁主义、毛泽东思想和建设有中国特色社会主义理论为指导，遵循宪法确定的基本原则，发展社会主义的教育事业。

第四条　教育是社会主义现代化建设的基础，国家保障教育事业优先发展。

全社会应当关心和支持教育事业的发展。

全社会应当尊重教师。

第五条　教育必须为社会主义现代化建设服务，必须与生产劳动相结合，培养德、智、体等方面全面发展的社会主义事业的建设者和接班人。

第六条　国家在受教育者中进行爱国主义、集体主义、社会主义的教育，进行理想、道德、纪律、法制、国防和民族团结的教育。

第七条　教育应当继承和弘扬中华民族优秀的历史文化传统，吸收人类文明发展的一切优秀成果。

第八条　教育活动必须符合国家和社会公共利益。

国家实行教育与宗教相分离。任何组织和个人不得利用宗教进行妨碍国家教育制度的活动。

第九条　中华人民共和国公民有受教育的权利和义务。

公民不分民族、种族、性别、职业、财产状况、宗教信仰等，依法享有

344

平等的受教育机会。

第十条 国家根据各少数民族的特点和需要,帮助各少数民族地区发展教育事业。

国家扶持边远贫困地区发展教育事业。

国家扶持和发展残疾人教育事业。

第十一条 国家适应社会主义市场经济发展和社会进步的需要,推进教育改革,促进各级各类教育协调发展,建立和完善终身教育体系。

国家支持、鼓励和组织教育科学研究,推广教育科学研究成果,促进教育质量提高。

第十二条 汉语言文字为学校及其他教育机构的基本教学语言文字。少数民族学生为主的学校及其他教育机构,可以使用本民族或者当地民族通用的语言文字进行教学。

学校及其他教育机构进行教学,应当推广使用全国通用的普通话和规范字。

第十三条 国家对发展教育事业做出突出贡献的组织和个人,给予奖励。

第十四条 国务院和地方各级人民政府根据分级管理、分工负责的原则,领导和管理教育工作。

中等及中等以下教育在国务院领导下,由地方人民政府管理。

高等教育由国务院和省、自治区、直辖市人民政府管理。

第十五条 国务院教育行政部门主管全国教育工作,统筹规划、协调管理全国的教育事业。

县级以上地方各级人民政府教育行政部门主管本行政区域内的教育工作。

县级以上各级人民政府其他有关部门在各自的职责范围内,负责有关的教育工作。

第十六条 国务院和县级以上地方各级人民政府应当向本级人民代表大会或者其常务委员会报告教育工作和教育经费预算、决算情况,接受监督。

第二章　教育基本制度

第十七条　国家实行学前教育、初等教育、中等教育、高等教育的学校教育制度。

国家建立科学的学制系统。学制系统内的学校和其他教育机构的设置、教育形式、修业年限、招生对象、培养目标等，由国务院或者由国务院授权教育行政部门规定。

第十八条　国家实行九年制义务教育制度。

各级人民政府采取各种措施保障适龄儿童、少年就学。

适龄儿童、少年的父母或者其他监护人以及有关社会组织和个人有义务使适龄儿童、少年接受并完成规定年限的义务教育。

第十九条　国家实行职业教育制度和成人教育制度。

各级人民政府、有关行政部门以及企业事业组织应当采取措施，发展并保障公民接受职业学校教育或者各种形式的职业培训。

国家鼓励发展多种形式的成人教育，使公民接受适当形式的政治、经济、文化、科学、技术、业务教育和终身教育。

第二十条　国家实行国家教育考试制度。

国家教育考试由国务院教育行政部门确定种类，并由国家批准的实施教育考试的机构承办。

第二十一条　国家实行学业证书制度。

经国家批准设立或者认可的学校及其他教育机构按照国家有关规定，颁发学历证书或者其他学业证书。

第二十二条　国家实行学位制度。

学位授予单位依法对达到一定学术水平或者专业技术水平的人员授予相应的学位，颁发学位证书。

第二十三条　各级人民政府、基层群众性自治组织和企业事业组织应当采取各种措施，开展扫除文盲的教育工作。

按照国家规定具有接受扫除文盲教育能力的公民，应当接受扫除文盲的教育。

第二十四条 国家实行教育督导制度和学校及其他教育机构教育评估制度。

第三章 学校及其他教育机构

第二十五条 国家制定教育发展规划，并举办学校及其他教育机构。

国家鼓励企业事业组织、社会团体、其他社会组织及公民个人依法举办学校及其他教育机构。

任何组织和个人不得以营利为目的举办学校及其他教育机构。

第二十六条 设立学校及其他教育机构，必须具备下列基本条件：

（一）有组织机构和章程；

（二）有合格的教师；

（三）有符合规定标准的教学场所及设施、设备等；

（四）有必备的办学资金和稳定的经费来源。

第二十七条 学校及其他教育机构的设立、变更和终止，应当按照国家有关规定办理审核、批准、注册或者备案手续。

第二十八条 学校及其他教育机构行使下列权利：

（一）按照章程自主管理；

（二）组织实施教育教学活动；

（三）招收学生或者其他受教育者；

（四）对受教育者进行学籍管理，实施奖励或者处分；

（五）对受教育者颁发相应的学业证书；

（六）聘任教师及其他职工，实施奖励或者处分；

（七）管理、使用本单位的设施和经费；

（八）拒绝任何组织和个人对教育教学活动的非法干涉；

（九）法律、法规规定的其他权利。

国家保护学校及其他教育机构的合法权益不受侵犯。

第二十九条 学校及其他教育机构应当履行下列义务：

（一）遵守法律、法规；

（二）贯彻国家的教育方针，执行国家教育教学标准，保证教育教学质量；

（三）维护受教育者、教师及其他职工的合法权益；

（四）以适当方式为受教育者及其监护人了解受教育者的学业成绩及其他有关情况提供便利；

（五）遵照国家有关规定收取费用并公开收费项目；

（六）依法接受监督。

第三十条　学校及其他教育机构的举办者按照国家有关规定，确定其所举办的学校或者其他教育机构的管理体制。

学校及其他教育机构的校长或者主要行政负责人必须由具有中华人民共和国国籍、在中国境内定居、并具备国家规定任职条件的公民担任，其任免按照国家有关规定办理。学校的教学及其他行政管理，由校长负责。

学校及其他教育机构应当按照国家有关规定，通过以教师为主体的教职工代表大会等组织形式，保障教职工参与民主管理和监督。

第三十一条　学校及其他教育机构具备法人条件的，自批准设立或者登记注册之日起取得法人资格。

学校及其他教育机构在民事活动中依法享有民事权利，承担民事责任。

学校及其他教育机构中的国有资产属于国家所有。

学校及其他教育机构兴办的校办产业独立承担民事责任。

第四章　教师和其他教育工作者

第三十二条　教师享有法律规定的权利，履行法律规定的义务，忠诚于人民的教育事业。

第三十三条　国家保护教师的合法权益，改善教师的工作条件和生活条件，提高教师的社会地位。

教师的工资报酬、福利待遇，依照法律、法规的规定办理。

第三十四条　国家实行教师资格、职务、聘任制度，通过考核、奖励、培养和培训，提高教师素质，加强教师队伍建设。

第三十五条　学校及其他教育机构中的管理人员，实行教育职员制度。

学校及其他教育机构中的教学辅助人员和其他专业技术人员，实行专业技术职务聘任制度。

第五章 受教育者

第三十六条 受教育者在入学、升学、就业等方面依法享有平等权利。

学校和有关行政部门应当按照国家有关规定，保障女子在入学、升学、就业、授予学位、派出留学等方面享有同男子平等的权利。

第三十七条 国家、社会对符合入学条件、家庭经济困难的儿童、少年、青年，提供各种形式的资助。

第三十八条 国家、社会、学校及其他教育机构应当根据残疾人身心特性和需要实施教育，并为其提供帮助和便利。

第三十九条 国家、社会、家庭、学校及其他教育机构应当为有违法犯罪行为的未成年人接受教育创造条件。

第四十条 从业人员有依法接受职业培训和继续教育的权利和义务。

国家机关、企业事业组织和其他社会组织，应当为本单位职工的学习和培训提供条件和便利。

第四十一条 国家鼓励学校及其他教育机构、社会组织采取措施，为公民接受终身教育创造条件。

第四十二条 受教育者享有下列权利：

（一）参加教育教学计划安排的各种活动，使用教育教学设施、设备、图书资料；

（二）按照国家有关规定获得奖学金、贷学金、助学金；

（三）在学业成绩和品行上获得公正评价，完成规定的学业后获得相应的学业证书、学位证书；

（四）对学校给予的处分不服向有关部门提出申诉，对学校、教师侵犯其人身权、财产权等合法权益，提出申诉或者依法提起诉讼；

（五）法律、法规规定的其他权利。

第四十三条 受教育者应当履行下列义务：

（一）遵守法律、法规；

（二）遵守学生行为规范，尊敬师长，养成良好的思想品德和行为习惯；

（三）努力学习，完成规定的学习任务；

（四）遵守所在学校或者其他教育机构的管理制度。

第四十四条 教育、体育、卫生行政部门和学校及其他教育机构应当完善体育、卫生保健设施，保护学生的身心健康。

第六章 教育与社会

第四十五条 国家机关、军队、企业事业组织、社会团体及其他社会组织和个人，应当依法为儿童、少年、青年学生的身心健康成长创造良好的社会环境。

第四十六条 国家鼓励企业事业组织、社会团体及其他社会组织同高等学校、中等职业学校在教学、科研、技术开发和推广等方面进行多种形式的合作。

企业事业组织、社会团体及其他社会组织和个人，可以通过适当形式，支持学校的建设，参与学校管理。

第四十七条 国家机关、军队、企业事业组织及其他社会组织应当为学校组织的学生实习、社会实践活动提供帮助和便利。

第四十八条 学校及其他教育机构在不影响正常教育教学活动的前提下，应当积极参加当地的社会公益活动。

第四十九条 未成年人的父母或者其他监护人应当为其未成年子女或者其他被监护人受教育提供必要条件。

未成年人的父母或者其他监护人应当配合学校及其他教育机构，对其未成年子女或者其他被监护人进行教育。

学校、教师可以对学生家长提供家庭教育指导。

第五十条 图书馆、博物馆、科技馆、文化馆、美术馆、体育馆（场）等社会公共文化体育设施，以及历史文化古迹和革命纪念馆（地），应当对教师、学生实行优待，为受教育者接受教育提供便利。

广播、电视台（站）应当开设教育节目，促进受教育者思想品德、文化和科学技术素质的提高。

第五十一条 国家、社会建立和发展对未成年人进行校外教育的设施。

学校及其他教育机构应当同基层群众性自治组织、企业事业组织、社会团体相互配合，加强对未成年人的校外教育工作。

第五十二条 国家鼓励社会团体、社会文化机构及其他社会组织和个人开展有益于受教育者身心健康的社会文化教育活动。

第七章 教育投入与条件保障

第五十三条 国家建立以财政拨款为主、其他多种渠道筹措教育经费为辅的体制，逐步增加对教育的投入，保证国家举办的学校教育经费的稳定来源。

企业事业组织、社会团体及其他社会组织和个人依法举办的学校及其他教育机构，办学经费由举办者负责筹措，各级人民政府可以给予适当支持。

第五十四条 国家财政性教育经费支出占国民生产总值的比例应当随着国民经济的发展和财政收入的增长逐步提高。具体比例和实施步骤由国务院规定。

全国各级财政支出总额中教育经费所占比例应当随着国民经济的发展逐步提高。

第五十五条 各级人民政府的教育经费支出，按照事权和财权相统一的原则，在财政预算中单独列项。

各级人民政府教育财政拨款的增长应当高于财政经常性收入的增长，并使按在校学生人数平均的教育费用逐步增长，保证教师工资和学生人均公用经费逐步增长。

第五十六条 国务院及县级以上地方各级人民政府应当设立教育专项资金，重点扶持边远贫困地区、少数民族地区实施义务教育。

第五十七条 税务机关依法足额征收教育费附加，由教育行政部门统筹管理，主要用于实施义务教育。

省、自治区、直辖市人民政府根据国务院的有关规定，可以决定开征用于教育的地方附加费，专款专用。

农村乡统筹中的教育费附加，由乡人民政府组织收取，由县级人民政府教育行政部门代为管理或者由乡人民政府管理，用于本乡范围内乡、村两级教育事业。农村教育费附加在乡统筹中所占具体比例和具体管理办法，由省、自治区、直辖市人民政府规定。

第五十八条 国家采取优惠措施,鼓励和扶持学校在不影响正常教育教学的前提下开展勤工俭学和社会服务,兴办校办产业。

第五十九条 经县级人民政府批准,乡、民族乡、镇的人民政府根据自愿、量力的原则,可以在本行政区域内集资办学,用于实施义务教育学校的危房改造和修缮、新建校舍,不得挪作他用。

第六十条 国家鼓励境内、境外社会组织和个人捐资助学。

第六十一条 国家财政性教育经费、社会组织和个人对教育的捐赠,必须用于教育,不得挪用、克扣。

第六十二条 国家鼓励运用金融、信贷手段,支持教育事业的发展。

第六十三条 各级人民政府及其教育行政部门应当加强对学校及其他教育机构教育经费的监督管理,提高教育投资效益。

第六十四条 地方各级人民政府及其有关行政部门必须把学校的基本建设纳入城乡建设规划,统筹安排学校的基本建设用地及所需物资,按照国家有关规定实行优先、优惠政策。

第六十五条 各级人民政府对教科书及教学用图书资料的出版发行,对教学仪器、设备的生产和供应,对用于学校教育教学和科学研究的图书资料、教学仪器、设备的进口,按照国家有关规定实行优先、优惠政策。

第六十六条 县级以上人民政府应当发展卫星电视教育和其他现代化教学手段,有关行政部门应当优先安排,给予扶持。

国家鼓励学校及其他教育机构推广运用现代化教学手段。

第八章 教育对外交流与合作

第六十七条 国家鼓励开展教育对外交流与合作。

教育对外交流与合作坚持独立自主、平等互利、相互尊重的原则,不得违反中国法律,不得损害国家主权、安全和社会公共利益。

第六十八条 中国境内公民出国留学、研究、进行学术交流或者任教,依照国家有关规定办理。

第六十九条 中国境外个人符合国家规定的条件并办理有关手续后,可以进入中国境内学校及其他教育机构学习、研究、进行学术交流或者任教,其合法权益受国家保护。

第七十条 中国对境外教育机构颁发的学位证书、学历证书及其他学业证书的承认,依照中华人民共和国缔结或者加入的国际条约办理,或者按照国家有关规定办理。

第九章 法律责任

第七十一条 违反国家有关规定,不按照预算核拨教育经费的,由同级人民政府限期核拨;情节严重的,对直接负责的主管人员和其他直接责任人员,依法给予行政处分。

违反国家财政制度、财务制度,挪用、克扣教育经费的,由上级机关责令限期归还被挪用、克扣的经费,并对直接负责的主管人员和其他直接责任人员,依法给予行政处分;构成犯罪的,依法追究刑事责任。

第七十二条 结伙斗殴、寻衅滋事,扰乱学校及其他教育机构教育教学秩序或者破坏校舍、场地及其他财产的,由公安机关给予治安管理处罚;构成犯罪的,依法追究刑事责任。

侵占学校及其他教育机构的校舍、场地及其他财产的,依法承担民事责任。

第七十三条 明知校舍或者教育教学设施有危险,而不采取措施,造成人员伤亡或者重大财产损失的,对直接负责的主管人员和其他直接责任人员,依法追究刑事责任。

第七十四条 违反国家有关规定,向学校或者其他教育机构收取费用的,由政府责令退还所收费用;对直接负责的主管人员和其他直接责任人员,依法给予行政处分。

第七十五条 违反国家有关规定,举办学校或者其他教育机构的,由教育行政部门予以撤销;有违法所得的,没收违法所得;对直接负责的主管人员和其他直接责任人员,依法给予行政处分。

第七十六条 违反国家有关规定招收学员的,由教育行政部门责令退回招收的学员,退还所收费用;对直接负责的主管人员和其他直接责任人员,依法给予行政处分。

第七十七条 在招收学生工作中徇私舞弊的,由教育行政部门责令退回招收的人员;对直接负责的主管人员和其他直接责任人员,依法给予行政处分;构成犯罪的,依法追究刑事责任。

第七十八条 学校及其他教育机构违反国家有关规定向受教育者收取费用的,由教育行政部门责令退还所收费用;对直接负责的主管人员和其他直接责任人员,依法给予行政处分。

第七十九条 在国家教育考试中作弊的,由教育行政部门宣布考试无效,对直接负责的主管人员和其他直接责任人员,依法给予行政处分。

非法举办国家教育考试的,由教育行政部门宣布考试无效;有违法所得的,没收违法所得;对直接负责的主管人员和其他直接责任人员,依法给予行政处分。

第八十条 违反本法规定,颁发学位证书、学历证书或者其他学业证书的,由教育行政部门宣布证书无效,责令收回或者予以没收;有违法所得的,没收违法所得;情节严重的,取消其颁发证书的资格。

第八十一条 违反本法规定,侵犯教师、受教育者、学校或者其他教育机构的合法权益,造成损失、损害的,应当依法承担民事责任。

第十章 附 则

第八十二条 军事学校教育由中央军事委员会根据本法的原则规定。

宗教学校教育由国务院另行规定。

第八十三条 境外的组织和个人在中国境内办学和合作办学的办法,由国务院规定。

第八十四条 本法自 1995 年 9 月 1 日起施行。

中华人民共和国高等教育法

(1998 年 8 月 29 日第九届全国人民代表大会
常务委员会第四次会议通过)

第一章 总 则

第一条 为了发展高等教育事业,实施科教兴国战略,促进社会主义物质文明和精神文明建设,根据宪法和教育法,制定本法。

第二条 在中华人民共和国境内从事高等教育活动,适用本法。

本法所称高等教育,是指在完成高级中等教育基础上实施的教育。

第三条 国家坚持以马克思列宁主义、毛泽东思想、邓小平理论为指导,遵循宪法确定的基本原则,发展社会主义的高等教育事业。

第四条 高等教育必须贯彻国家的教育方针,为社会主义现代化建设服务,与生产劳动相结合,使受教育者成为德、智、体等方面全面发展的社会主义事业的建设者和接班人。

第五条 高等教育的任务是培养具有创新精神和实践能力的高级专门人才,发展科学技术文化,促进社会主义现代化建设。

第六条 国家根据经济建设和社会发展的需要,制定高等教育发展规划,举办高等学校,并采取多种形式积极发展高等教育事业。

国家鼓励企业事业组织、社会团体及其他社会组织和公民等社会力量依法举办高等学校,参与和支持高等教育事业的改革和发展。

第七条 国家按照社会主义现代化建设和发展社会主义市场经济的需要,根据不同类型、不同层次高等学校的实际,推进高等教育体制改革和高等教育教学改革,优化高等教育结构和资源配置,提高高等教育的质量和效益。

第八条 国家根据少数民族的特点和需要,帮助和支持少数民族地区发展高等教育事业,为少数民族培养高级专门人才。

第九条 公民依法享有接受高等教育的权利。

国家采取措施，帮助少数民族学生和经济困难的学生接受高等教育。

高等学校必须招收符合国家规定的录取标准的残疾学生入学，不得因其残疾而拒绝招收。

第十条　国家依法保障高等学校中的科学研究，文学艺术创作和其他文化活动的自由。

在高等学校中从事科学研究、文学艺术创作和其他文化活动，应当遵守法律。

第十一条　高等学校应当面向社会，依法自主办学，实行民主管理。

第十二条　国家鼓励高等学校之间、高等学校与科学研究机构以及企业事业组织之间开展协作，实行优势互补，提高教育资源的使用效益。

国家鼓励和支持高等教育事业的国际交流与合作。

第十三条　国务院统一领导和管理全国高等教育事业。

省、自治区、直辖市人民政府统筹协调本行政区域内的高等教育事业，管理主要为地方培养人才和国务院授权管理的高等学校。

第十四条　国务院教育行政部门主管全国高等教育工作，管理由国务院确定的主要为全国培养人才的高等学校。国务院其他有关部门在国务院规定的职责范围内，负责有关的高等教育工作。

第二章　高等教育基本制度

第十五条　高等教育包括学历教育和非学历教育。

高等教育采用全日制和非全日制教育形式。

国家支持采用广播、电视、函授及其他远程教育方式实施高等教育。

第十六条　高等学历教育分为专科教育、本科教育和研究生教育。

高等学历教育应当符合下列学业标准：

（一）专科教育应当使学生掌握本专业必备的基础理论、专门知识，具有从事本专业实际工作的基本技能和初步能力；

（二）本科教育应当使学生比较系统地掌握本学科、专业必需的基础理论、基本知识，掌握本专业必要的基本技能、方法和相关知识，具有从事本专业实际工作和研究工作的初步能力；

（三）硕士研究生教育应当使学生掌握本学科坚实的基础理论、系统的专业知识，掌握相应的技能、方法和相关知识，具有从事本专业实际工作和科学研究工作的能力。博士研究生教育应当使学生掌握本学科坚实宽广的基础理论、系统深入的专业知识、相应的技能和方法，具有独立从事本学科创造性科学研究工作和实际工作的能力。

第十七条　专科教育的基本修业年限为二至三年，本科教育的基本修业年限为四至五年，硕士研究生教育的基本修业年限为二到三年，博士研究生教育的基本修业年限为三至四年。非全日制高等学历教育的修业年限应当适当延长。高等学校根据实际需要，报主管的教育行政部门批准，可以对本学校的修业年限作出调整。

第十八条　高等教育由高等学校和其他高等教育机构实施。

大学、独立设置的学院主要实施本科及本科以上教育。高等专科学校实施专科教育。经国务院教育行政部门批准，科学研究机构可以承担研究生教育的任务。

其他高等教育机构实施非学历高等教育。

第十九条　高级中等教育毕业或者具有同等学力的，经考试合格，由实施相应学历教育的高等学校录取，取得专科生或者本科生入学资格。

本科毕业或者具有同等学力的，经考试合格，由实施相应学历教育的高等学校或者经批准承担研究生教育任务的科学研究机构录取，取得硕士研究生入学资格。

硕士研究生毕业或者具有同等学力的，经考试合格，由实施相应学历教育的高等学校或者经批准承担研究生教育任务的科学研究机构录取，取得博士研究生入学资格。

允许特定学科和专业的本科毕业生直接取得博士研究生入学资格，具体办法由国务院教育行政部门规定。

第二十条　接受高等学历教育的学生，由所在高等学校或者经批准承担研究生教育任务的科学研究机构根据其修业年限、学业成绩等，按照国家有关规定，发给相应的学历证书或者其他学业证书。

接受非学历高等教育的学生，由所在高等学校或者其他高等教育机构发给相应的结业证书。结业证书应当载明修业年限和学业内容。

第二十一条　国家实行高等教育自学考试制度，经考试合格的，发给相应的学历证书或者其他学业证书。

第二十二条 国家实行学位制度。学位分为学士、硕士和博士。

公民通过接受高等教育或者自学，其学业水平达到国家规定的学位标准，可以向学位授予单位申请授予相应的学位。

第二十三条 高等学校和其他高等教育机构应当根据社会需要和自身办学条件，承担实施继续教育的工作。

第三章 高等学校的设立

第二十四条 设立高等学校，应当符合国家高等教育发展规划，符合国家利益和社会公共利益，不得以营利为目的。

第二十五条 设立高等学校，应当具备教育法规定的基本条件。

大学或者独立设置的学院还应当具有较强的教学、科学研究力量，较高的教学、科学研究水平和相应规模，能够实施本科及本科以上教育。大学还必须设有三个以上国家规定的学科门类为主要学科。设立高等学校的具体标准由国务院制定。

设立其他高等教育机构的具体标准，由国务院授权的有关部门或者省、自治区、直辖市人民政府根据国务院规定的原则制定。

第二十六条 设立高等学校，应当根据其层次、类型、所设学科类别、规模、教学和科学研究水平，使用相应的名称。

第二十七条 申请设立高等学校的，应当向审批机关提交下列材料：

（一）申办报告；

（二）可行性论证材料；

（三）章程；

（四）审批机关依照本法规定要求提供的其他材料。

第二十八条 高等学校的章程应当规定以下事项：

（一）学校名称、校址；

（二）办学宗旨；

（三）办学规模；

（四）学科门类的设置；

（五）教育形式；

（六）内部管理体制；

（七）经费来源、财产和财务制度；

（八）举办者与学校之间的权利、义务；

（九）章程修改程序；

（十）其他必须由章程规定的事项。

第二十九条 设立高等学校由国务院教育行政部门审批，其中设立实施专科教育的高等学校，经国务院授权，也可以由省、自治区、直辖市人民政府审批；设立其他高等教育机构，由国务院授权的有关部门或者省、自治区、直辖市人民政府审批。对不符合规定条件审批设立的高等学校和其他高等教育机构，国务院教育行政部门有权予以撤销。

审批高等学校的设立，应当聘请由专家组成的评议机构评议。

高等学校和其他高等教育机构分立、合并、终止，变更名称、类别和其他重要事项，由原审批机关审批；章程的修改，应当报原审批机关核准。

第四章 高等学校的组织和活动

第三十条 高等学校自批准设立之日起取得法人资格。高等学校的校长为高等学校的法定代表人。

高等学校在民事活动中依法享有民事权利，承担民事责任。

第三十一条 高等学校应当以培养人才为中心，开展教学、科学研究和社会服务，保证教育教学质量达到国家规定的标准。

第三十二条 高等学校根据社会需求、办学条件和国家核定的办学规模，制定招生方案，自主调节系科招生比例。

第三十三条 高等学校依法自主设置和调整学科、专业。

第三十四条 高等学校根据教学需要，自主制定教学计划、选编教材、组织实施教学活动。

第三十五条 高等学校根据自身条件，自主开展科学研究、技术开发和社会服务。

国家鼓励高等学校同企业事业组织、社会团体及其他社会组织在科学研究、技术开发和推广等方面进行多种形式的合作。

国家支持具备条件的高等学校成为国家科学研究基地。

第三十六条 高等学校按照国家有关规定,自主开展与境外高等学校之间的科学技术文化交流与合作。

第三十七条 高等学校根据实际需要和精简、效能的原则,自主确定教学、科学研究、行政职能部门等内部组织机构的设置和人员配备;按照国家有关规定,评聘教师和其他专业技术人员的职务,调整津贴及工资分配。

第三十八条 高等学校对举办者提供的财产、国家财政性资助、受捐赠财产依法自主管理和使用。

高等学校不得将用于教学和科学研究活动的财产挪作他用。

第三十九条 国家举办的高等学校实行中国共产党高等学校基层委员会领导下的校长负责制。中国共产党高等学校基层委员会按照中国共产党章程和有关规定,统一领导学校工作,支持校长独立负责地行使职权,其领导职责主要是:执行中国共产党的路线、方针、政策,坚持社会主义办学方向,领导学校的思想政治工作和德育工作,讨论决定学校内部组织机构的设置和内部组织机构负责人的人选,讨论决定学校的改革、发展和基本管理制度等重大事项,保证以培养人才为中心的各项任务的完成。

社会力量举办的高等学校的内部管理体制按照国家有关社会力量办学的规定确定。

第四十条 高等学校的校长,由符合教育法规定的任职条件的公民担任。高等学校的校长、副校长按照国家有关规定任免。

第四十一条 高等学校的校长全面负责本学校的教学、科学研究和其他行政管理工作,行使下列职权:

(一)拟订发展规划,制定具体规章制度和年度工作计划并组织实施;

(二)组织教学活动、科学研究和思想品德教育;

(三)拟订内部组织机构的设置方案,推荐副校长人选,任免内部组织机构的负责人;

(四)聘任与解聘教师以及内部其他工作人员,对学生进行学籍管理并实施奖励或者处分;

(五)拟订和执行年度经费预算方案,保护和管理校产,维护学校的合法权益;

（六）章程规定的其他职权。

高等学校的校长主持校长办公会议或者校务会议，处理前款规定的有关事项。

第四十二条 高等学校设立学术委员会，审议学科、专业的设置，教学、科学研究计划方案，评定教学、科学研究成果等有关学术事项。

第四十三条 高等学校通过以教师为主体的教职工代表大会等组织形式，依法保障教职工参与民主管理和监督，维护教职工合法权益。

第四十四条 高等学校的办学水平、教育质量，接受教育行政部门的监督和由其组织的评估。

第五章　高等学校教师和其他教育工作者

第四十五条 高等学校的教师及其他教育工作者享有法律规定的权利，履行法律规定的义务，忠诚于人民的教育事业。

第四十六条 高等学校实行教师资格制度。中国公民凡遵守宪法和法律，热爱教育事业，具有良好的思想品德，具备研究生或者大学本科毕业学历，有相应的教育教学能力，经认定合格，可以取得高等学校教师资格。不具备研究生或者大学本科毕业学历的公民，学有所长，通过国家教师资格考试，经认定合格，也可以取得高等学校教师资格。

第四十七条 高等学校实行教师职务制度。高等学校教师职务根据学校所承担的教学、科学研究等任务的需要设置。教师职务设助教、讲师、副教授、教授。

高等学校的教师取得前款规定的职务应当具备下列基本条件：

（一）取得高等学校教师资格；

（二）系统地掌握本学科的基础理论；

（三）具备相应职务的教育教学能力和科学研究能力；

（四）承担相应职务的课程的规定课时的教学任务。

教授、副教授除应当具备以上基本任职条件外，还应当对本学科具有系统而坚实的基础理论和比较丰富的教学、科学研究经验，教学成绩显著，论文或者著作达到较高水平或者有突出的教学、科学研究成果。

高等学校教师职务的具体任职条件由国务院规定。

第四十八条 高等学校实行教师聘任制。教师经评定具备任职条件的，由高等学校按照教师职务的职责、条件和任期聘任。

高等学校的教师的聘任，应当遵循双方平等自愿的原则，由高等学校校长与受聘教师签订聘任合同。

第四十九条 高等学校的管理人员，实行教育职员制度。高等学校的教学辅助人员及其他专业技术人员，实行专业技术职务聘任制度。

第五十条 国家保护高等学校教师及其他教育工作者的合法权益，采取措施改善高等学校教师及其他教育工作者的工作条件和生活条件。

第五十一条 高等学校应当为教师参加培训、开展科学研究和进行学术交流提供便利条件。

高等学校应当对教师、管理人员和教学辅助人员及其他专业技术人员的思想政治表现、职业道德、业务水平和工作实绩进行考核，考核结果作为聘任或者解聘、晋升、奖励或者处分的依据。

第五十二条 高等学校的教师、管理人员和教学辅助人员及其他专业技术人员，应当以教学和培养人才为中心做好本职工作。

第六章 高等学校的学生

第五十三条 高等学校的学生应当遵守法律、法规，遵守学生行为规范和学校的各项管理制度，尊敬师长，刻苦学习，增强体质，树立爱国主义、集体主义和社会主义思想，努力学习马克思列宁主义、毛泽东思想、邓小平理论，具有良好的思想品德，掌握较高的科学文化知识和专业技能。

高等学校学生的合法权益，受法律保护。

第五十四条 高等学校的学生应当按照国家规定缴纳学费。

家庭经济困难的学生，可以申请补助或者减免学费。

第五十五条 国家设立奖学金，并鼓励高等学校、企业事业组织、社会团体以及其他社会组织和个人按照国家有关规定设立各种形式的奖学金，对品学兼优的学生、国家规定的专业的学生以及到国家规定的地区工作的学生给予奖励。

国家设立高等学校学生勤工助学基金和贷学金，并鼓励高等学校、企业事业组织、社会团体以及其他社会组织和个人设立各种形式的助学金，对家庭经济困难的学生提供帮助。

获得贷学金及助学金的学生，应当履行相应的义务。

第五十六条　高等学校的学生在课余时间可以参加社会服务和勤工助学活动，但不得影响学业任务的完成。

高等学校应当对学生的社会服务和勤工助学活动给予鼓励和支持，并进行引导和管理。

第五十七条　高等学校的学生，可以在校内组织学生团体。学生团体在法律、法规规定的范围内活动，服从学校的领导和管理。

第五十八条　高等学校的学生思想品德合格，在规定的修业年限内学完规定的课程，成绩合格或者修满相应的学分，准予毕业。

第五十九条　高等学校应当为毕业生、结业生提供就业指导和服务。

国家鼓励高等学校毕业生到边远、艰苦地区工作。

第七章　高等教育投入和条件保障

第六十条　国家建立以财政拨款为主、其他多种渠道筹措高等教育经费为辅的体制，使高等教育事业的发展同经济、社会发展的水平相适应。

国务院和省、自治区、直辖市人民政府依照教育法第五十五条的规定，保证国家举办的高等教育的经费逐步增长。

国家鼓励企业事业组织、社会团体及其他社会组织和个人向高等教育投入。

第六十一条　高等学校的举办者应当保证稳定的办学经费来源，不得抽回其投入的办学资金。

第六十二条　国务院教育行政部门会同国务院其他有关部门根据在校学生年人均教育成本，规定高等学校年经费开支标准和筹措的基本原则；省、自治区、直辖市人民政府教育行政部门会同有关部门制订本行政区域内高等学校年经费开支标准和筹措办法，作为举办者高等学校筹措办学经费的基本依据。

第六十三条 国家对高等学校进口图书资料、教学科研设备以及校办产业实行优惠政策。高等学校所办产业或者转让知识产权以及其他科学技术成果获得的收益，用于高等学校办学。

第六十四条 高等学校收取的学费应当按照国家有关规定管理和使用，其他任何组织和个人不得挪用。

第六十五条 高等学校应当依法建立、健全财务管理制度，合理使用、严格管理教育经费，提高教育投资效益。

高等学校的财务活动应当依法接受监督。

第八章 附　则

第六十六条 对高等教育活动中违反教育法规定的，依照教育法的有关规定给予处罚。

第六十七条 中国境外个人符合国家规定的条件并办理有关手续后，可以进入中国境内高等学校学习、研究、进行学术交流或者任教，其合法权益受国家保护。

第六十八条 本法所称高等学校是指大学、独立设置的学院和高等专科学校，其中包括高等职业学校和成人高等学校。

本法所称其他高等教育机构是指除高等学校和经批准承担研究生教育任务的科学研究机构以外的从事高等教育活动的组织。

本法有关高等学校的规定适用于其他高等教育机构和经批准承担研究生教育任务的科学研究机构，但是对高等学校专门适用的规定除外。

第六十九条 本法自 1999 年 1 月 1 日起施行。

中华人民共和国教师法

（1993 年 10 月 31 日第八届全国人民代表
大会常务委员会第四次会议通过）

第一章 总 则

第一条 为了保障教师的合法权益,建设具有良好思想品德修养和业务素质的教师队伍，促进社会主义教育事业的发展，制定本法。

第二条 本法适用于在各级各类学校和其他教育机构中专门从事教育教学工作的教师。

第三条 教师是履行教育教学职责的专业人员，承担教书育人，培养社会主义事业建设者和接班人、提高民族素质的使命。教师应当忠诚于人民的教育事业。

第四条 各级人民政府应当采取措施,加强教师的思想政治教育和业务培训，改善教师的工作条件和生活条件，保障教师的合法权益，提高教师的社会地位。

全社会都应当尊重教师。

第五条 国务院教育行政部门主管全国的教师工作。

国务院有关部门在各自职权范围内负责有关的教师工作。

学校和其他教育机构根据国家规定，自主进行教师管理工作。

第六条 每年九月十日为教师节。

第二章 权利和义务

第七条 教师享有下列权利：

（一）进行教育教学活动，开展教育教学改革和实验；

（二）从事科学研究、学术交流，参加专业的学术团体，在学术活动中充分发表意见；

（三）指导学生的学习和发展，评定学生的品行和学业成绩；

（四）按时获取工资报酬，享受国家规定的福利待遇以及寒暑假期的带薪休假；

（五）对学校教育教学、管理工作和教育行政部门的工作提出意见和建议，通过教职工代表大会或者其他形式，参与学校的民主管理；

（六）参加进修或者其他方式的培训。

第八条 教师应当履行下列义务：

（一）遵守宪法、法律和职业道德，为人师表；

（二）贯彻国家的教育方针，遵守规章制度，执行学校的教学计划，履行教师聘约，完成教育教学工作任务；

（三）对学生进行宪法所确定的基本原则的教育和爱国主义、民族团结的教育，法制教育以及思想品德、文化、科学技术教育，组织、带领学生开展有益的社会活动；

（四）关心、爱护全体学生，尊重学生人格，促进学生在品德、智力、体质等方面全面发展；

（五）制止有害于学生的行为或者其他侵犯学生合法权益的行为，批评和抵制有害于学生健康成长的现象；

（六）不断提高思想政治觉悟和教育教学业务水平。

第九条 为保障教师完成教育教学任务，各级人民政府、教育行政部门、有关部门、学校和其他教育机构应当履行下列职责：

（一）提供符合国家安全标准的教育教学设施和设备；

（二）提供必需的图书、资料及其他教育教学用品；

（三）对教师在教育教学、科学研究中的创造性工作给以鼓励和帮助；

（四）支持教师制止有害于学生的行为或者其他侵犯学生合法权益的行为。

第三章　资格和任用

第十条 国家实行教师资格制度。

中国公民凡遵守宪法和法律，热爱教育事业，具有良好的思想品德，具备本法规定的学历或者经国家教师资格考试合格，有教育教学能力，经认定合格的，可以取得教师资格。

第十一条 取得教师资格应当具备的相应学历是：

（一）取得幼儿园教师资格，应当具备幼儿师范学校毕业及其以上学历；

（二）取得小学教师资格，应当具备中等师范学校毕业及其以上学历；

（三）取得初级中学教师、初级职业学校文化、专业课教师资格，应当具备高等师范专科学校或者其他大学专科毕业及其以上学历；

（四）取得高级中学教师资格和中等专业学校、技工学校、职业高中文化课、专业课教师资格，应当具备高等师范院校本科或者其他大学本科毕业及其以上学历；取得中等专业学校、技工学校和职业高中学生实习指导教师资格应当具备的学历，由国务院教育行政部门规定；

（五）取得高等学校教师资格，应当具备研究生或者大学本科毕业学历；

（六）取得成人教育教师资格，应当按照成人教育的层次、类别，分别具备高等、中等学校毕业及其以上学历。

不具备本法规定的教师资格学历的公民，申请获取教师资格，必须通过国家教师资格考试。国家教师资格考试制度由国务院规定。

第十二条 本法实施前已经在学校或者其他教育机构中任教的教师，未具备本法规定学历的，由国务院教育行政部门规定教师资格过渡办法。

第十三条 中小学教师资格由县级以上地方人民政府教育行政部门认定。中等专业学校、技工学校的教师资格由县级以上地方人民政府教育行政部门组织有关主管部门认定。普通高等学校的教师资格由国务院或者省、自治区、直辖市教育行政部门或者由其委托的学校认定。

具备本法规定的学历或者经国家教师资格考试合格的公民，要求有关部门认定其教师资格的，有关部门应当依照本法规定的条件予以认定。

取得教师资格的人员首次任教时，应当有试用期。

第十四条 受到剥夺政治权利或者故意犯罪受到有期徒刑以上刑事处罚的，不能取得教师资格；已经取得教师资格的，丧失教师资格。

第十五条 各级师范学校毕业生，应当按照国家有关规定从事教育教学工作。

国家鼓励非师范高等学校毕业生到中小学或者职业学校任教。

第十六条 国家实行教师职务制度,具体办法由国务院规定。

第十七条 学校和其他教育机构应当逐步实行教师聘任制。教师的聘任应当遵循双方地位平等的原则,由学校和教师签订聘任合同,明确规定双方的权利、义务和责任。

实施教师聘任制的步骤、办法由国务院教育行政部门规定。

第四章 培养和培训

第十八条 各级人民政府和有关部门应当办好师范教育,并采取措施,鼓励优秀青年进入各级师范学校学习。各级教师进修学校承担培训中小学教师的任务。

非师范学校应当承担培养和培训中小学教师的任务。

各级师范学校学生享受专业奖学金。

第十九条 各级人民政府教育行政部门、学校主管部门和学校应当制定教师培训规划,对教师进行多种形式的思想政治、业务培训。

第二十条 国家机关、企业事业单位和其他社会组织应当为教师的社会调查和社会实践提供方便,给予协助。

第二十一条 各级人民政府应当采取措施,为少数民族地区和边远贫困地区培养、培训教师。

第五章 考 核

第二十二条 学校或者其他教育机构应当对教师的政治思想、业务水平、工作态度和工作成绩进行考核。

教育行政部门对教师的考核工作进行指导、监督。

第二十三条 考核应当客观、公正、准确、充分听取教师本人、其他教师以及学生的意见。

第二十四条 教师考核结果是受聘任教、晋升工资、实施奖惩的依据。

第六章 待 遇

第二十五条 教师的平均工资水平应当不低于或者高于国家公务员的平均工资水平,并逐步提高。建立正常晋级增薪制度。具体办法由国务院规定。

第二十六条 中小学教师和职业学校教师享受教龄津贴和其他津贴,具体办法由国务院教育行政部门会同有关部门制定。

第二十七条 地方各级人民政府对教师以及具有中专以上学历的毕业生到少数民族地区和边远贫困地区从事教育教学工作的,应当予以补贴。

第二十八条 地方各级人民政府和国务院有关部门,对城市教师住房的建设、租赁、出售实行优先、优惠。

县、乡两级人民政府应当为农村中小学教师解决住房提供方便。

第二十九条 教师的医疗同当地国家公务员享受同等的待遇;定期对教师进行身体健康检查,并因地制宜安排教师进行休养。

医疗机构应当对当地教师的医疗提供方便。

第三十条 教师退休或者退职后,享受国家规定的退休或者退职待遇。

县级以上地方人民政府可以适当提高长期从事教育教学工作的中小学退休教师的退休金比例。

第三十一条 各级人民政府应当采取措施,改善国家补助、集体支付工资的中小学教师的待遇,逐步做到在工资收入上与国家支付工资的教师同工同酬,具体办法由地方各级人民政府根据本地区的实际情况规定。

第三十二条 社会力量所办学校的教师的待遇,由举办者自行确定并予以保障。

第七章 奖 励

第三十三条 教师在教育教学、培养人才、科学研究、教学改革、学校建设、社会服务、勤工俭学等方面成绩优异的,由所在学校予以表彰、奖励。

国务院和地方各级人民政府及其有关部门对有突出贡献的教师,应当予以表彰、奖励。

对有重大贡献的教师，依照国家有关规定授予荣誉称号。

第三十四条　国家支持和鼓励社会组织或者个人向依法成立的奖励教师的基金组织捐助资金，对教师进行奖励。

第八章　法律责任

第三十五条　侮辱、殴打教师的，根据不同情况，分别给予行政处分或者行政处罚；造成损害的，责令赔偿损失；情节严重，构成犯罪的，依法追究刑事责任。

第三十六条　对依法提出申诉、控告、检举的教师进行打击报复的，由其所在单位或者上级机关责令改正；情节严重的，可以根据具体情况给予行政处分。

国家工作人员对教师打击报复构成犯罪的，依照刑法第一百四十六条的规定追究刑事责任。

第三十七条　教师有下列情形之一的，由所在学校、其他教育机构或者教育行政部门给予行政处分或者解聘：

（一）故意不完成教育教学任务给教育教学工作造成损失的；

（二）体罚学生，经教育不改的；

（三）品行不良、侮辱学生，影响恶劣的。

教师有前款第（二）项、第（三）项所列情形之一，情节严重，构成犯罪的，依法追究刑事责任。

第三十八条　地方人民政府对违反本法规定，拖欠教师工资或者侵犯教师其他合法权益的，应当责令其限期改正。

违反国家财政制度、财务制度，挪用国家财政用于教育的经费，严重妨碍教育教学工作，拖欠教师工资，损害教师合法权益的，由上级机关责令限期归还被挪用的经费，并对直接责任人员给予行政处分；情节严重，构成犯罪的，依法追究刑事责任。

第三十九条　教师对学校或者其他教育机构侵犯其合法权益的，或者对学校或者其他教育机构作出的处理不服的，可以向教育行政部门提出申诉，教育行政部门应当在接到申诉的三十日内，作出处理。

教师认为当地人民政府有关行政部门侵犯其根据本法规定享有的权利的，可以向同级人民政府或者上一级人民政府有关部门提出申诉，同级人民政府或者上一级人民政府有关部门应当作出处理。

第九章　附　　则

第四十条　本法下列用语的含义是：

（一）各级各类学校，是指实施学前教育、普通初等教育、普通中等教育、职业教育、普通高等教育以及特殊教育、成人教育的学校。

（二）其他教育机构，是指少年宫以及地方教研室、电化教育机构等。

（三）中小学教师，是指幼儿园、特殊教育机构、普通中小学、成人初等中等教育机构、职业中学以及其他教育机构的教师。

第四十一条　学校和其他教育机构中的教育教学辅助人员，其他类型的学校的教师和教育教学辅助人员，可以根据实际情况参照本法的有关规定执行。

军队所属院校的教师和教育教学辅助人员，由中央军事委员会依照本法制定有关规定。

第四十二条　外籍教师的聘任办法由国务院教育行政部门规定。

第四十三条　本法自一九九四年一月一日起施行。

中华人民共和国职业教育法

（1996 年 5 月 15 日第八届全国人民代表
大会常务委员会第十九次会议通过）

目　　录

第一章　总　　则

第一条　为了实施科教兴国战略，发展职业教育，提高劳动者素质，促进社会主义现代化建设，根据教育法和劳动法，制定本法。

第二条　本法适用于各级各类职业学校教育和各种形式的职业培训。国家机关实施的对国家机关工作人员的专门培训由法律、行政法规另行规定。

第三条　职业教育是国家教育事业的重要组成部分，是促进经济、社会发展和劳动就业的重要途径。

国家发展职业教育，推进职业教育改革，提高职业教育质量，建立、健全适应社会主义市场经济和社会进步需要的职业教育制度。

第四条　实施职业教育必须贯彻国家教育方针，对受教育者进行思想政治教育和职业道德教育，传授职业知识，培养职业技能，进行职业指导，全面提高受教育者的素质。

第五条　公民有依法接受职业教育的权利。

第六条　各级人民政府应当将发展职业教育纳入国民经济和社会发展

规划。

行业组织和企业、事业组织应当依法履行实施职业教育的义务。

第七条 国家采取措施，发展农村职业教育，扶持少数民族地区、边远贫困地区职业教育的发展。

国家采取措施，帮助妇女接受职业教育，组织失业人员接受各种形式的职业教育，扶持残疾人职业教育的发展。

第八条 实施职业教育应当根据实际需要，同国家制定的职业分类和职业等级标准相适应，实行学历证书、培训证书和职业资格证书制度。

国家实行劳动者在就业前或者上岗前接受必要的职业教育的制度。

第九条 国家鼓励并组织职业教育的科学研究。

第十条 国家对在职业教育中作出显著成绩的单位和个人给予奖励。

第十一条 国务院教育行政部门负责职业教育工作的统筹规划、综合协调、宏观管理。

国务院教育行政部门、劳动行政部门和其他有关部门在国务院规定的职责范围内，分别负责有关的职业教育工作。

县级以上地方各级人民政府应当加强对本行政区域内职业教育工作的领导、统筹协调和督导评估。

第二章　职业教育体系

第十二条 国家根据不同地区的经济发展水平和教育普及程度，实施以初中后为重点的不同阶段的教育分流，建立、健全职业学校教育与职业培训并举，并与其他教育相互沟通、协调发展的职业教育体系。

第十三条 职业学校教育分为初等、中等、高等职业学校教育。

初等、中等职业学校教育分别由初等、中等职业学校实施；高等职业学校教育根据需要和条件由高等职业学校实施，或者由普通高等学校实施。其他学校按照教育行政部门的统筹规划，可以实施同层次的职业学校教育。

第十四条 职业培训包括从业前培训、转业培训、学徒培训、在岗培训、转岗培训及其他职业性培训，可以根据实际情况分为初级、中级、高级职业培训。

职业培训分别由相应的职业培训机构、职业学校实施。

其他学校或者教育机构可以根据办学能力，开展面向社会的、多种形式的职业培训。

第十五条 残疾人职业教育除由残疾人教育机构实施外，各级各类职业学校和职业培训机构及其他教育机构应当按照国家有关规定接纳残疾学生。

第十六条 普通中学可以因地制宜地开设职业教育的课程，或者根据实际需要适当增加职业教育的教学内容。

第三章　职业教育的实施

第十七条 县级以上地方各级人民政府应当举办发挥骨干和示范作用的职业学校、职业培训机构，对农村、企业、事业组织、社会团体、其他社会组织及公民个人依法举办的职业学校和职业培训机构给予指导和扶持。

第十八条 县级人民政府应当适应农村经济、科学技术、教育统筹发展的需要，举办多种形式的职业教育，开展实用技术的培训，促进农村职业教育的发展。

第十九条 政府主管部门、行业组织应当举办或者联合举办职业学校、职业培训机构，组织、协调、指导本行业的企业、事业组织举办职业学校、职业培训机构。

国家鼓励运用现代化教学手段，发展职业教育。

第二十条 企业应当根据本单位的实际，有计划地对本单位的职工和准备录用的人员实施职业教育。

企业可以单独举办或者联合举办职业学校、职业培训机构，也可以委托学校、职业培训机构对本单位的职工和准备录用的人员实施职业教育。

从事技术工种的职工，上岗前必须经过培训；从事特种作业的职工必须经过培训，并取得特种作业资格。

第二十一条 国家鼓励事业组织、社会团体、其他社会组织及公民个人按照国家有关规定举办职业学校、职业培训机构。

境外的组织和个人在中国境内举办职业学校、职业培训机构的办法，由国务院规定。

第二十二条 联合举办职业学校、职业培训机构，举办者应当签订联合办学合同。

政府主管部门、行业组织、企业、事业组织委托学校、职业培训机构实施职业教育的，应当签订委托合同。

第二十三条 职业学校、职业培训机构实施职业教育应当实行产教结合，为本地区经济建设服务，与企业密切联系，培养实用人才和熟练劳动者。

职业学校、职业培训机构可以举办与职业教育有关的企业或者实习场所。

第二十四条 职业学校的设立，必须符合下列基本条件：

（一）有组织机构和章程；

（二）有合格的教师；

（三）有符合规定标准的教学场所、与职业教育相适应的设施、设备；

（四）有必备的办学资金和稳定的经费来源。

职业培训机构的设立，必须符合下列基本条件：

（一）有组织机构和管理制度；

（二）有与培训任务相适应的教师和管理人员；

（三）有与进行培训相适应的场所、设施、设备；

（四）有相应的经费。

职业学校和职业培训机构的设立、变更和终止，应当按照国家的有关规定执行。

第二十五条 接受职业学校教育的学生，经学校考核合格，按照国家有关规定，发给学历证书。接受职业培训的学生，经培训的职业学校或者职业培训机构考核合格，按照国家有关规定，发给培训证书。

学历证书、培训证书按照国家有关规定，作为职业学校、职业培训机构的毕业生、结业生从业的凭证。

第四章　职业教育的保障条件

第二十六条 国家鼓励通过多种渠道依法筹集发展职业教育的资金。

第二十七条 省、自治区、直辖市人民政府应当制定本地区职业学校学生人数平均经费标准;国务院有关部门应当会同国务院财政部门制定本部门职业学校学生人数平均经费标准。职业学校举办者应当按照学生人数平均经费标准足额拨付职业教育经费。

各级人民政府、国务院有关部门用于举办职业学校和职业培训机构的财政性经费应当逐步增长。

任何组织和个人不得挪用、克扣职业教育的经费。

第二十八条 企业应当承担对本单位的职工和准备录用的人员进行职业教育的费用,具体办法由国务院有关部门会同国务院财政部门或者由省、自治区、直辖市人民政府依法规定。

第二十九条 企业未按本法第二十条的规定实施职业教育的,县级以上地方人民政府应当责令改正;拒不改正的,可以收取企业应当承担的职业教育经费,用于本地区的职业教育。

第三十条 省、自治区、直辖市人民政府按照教育法的有关规定决定开征的用于教育的地方附加费,可以专项或者安排一定比例用于职业教育。

第三十一条 各级人民政府可以将农村科学技术开发、技术推广的经费,适当用于农村职业培训。

第三十二条 职业学校、职业培训机构可以对接受中等、高等职业学校教育和职业培训的学生适当收取学费,对经济困难的学生和残疾学生应当酌情减免。收费办法由省、自治区、直辖市人民政府规定。

国家支持企业、事业组织、社会团体、其他社会组织及公民个人按照国家有关规定设立职业教育奖学金、贷学金,奖励学习成绩优秀的学生或者资助经济困难的学生。

第三十三条 职业学校、职业培训机构举办企业和从事社会服务的收入应当主要用于发展职业教育。

第三十四条 国家鼓励金融机构运用信贷手段,扶持发展职业教育。

第三十五条 国家鼓励企业、事业组织、社会团体、其他社会组织及公民个人对职业教育捐资助学,鼓励境外的组织和个人对职业教育提供资助和捐赠。提供的资助和捐赠,必须用于职业教育。

第三十六条 县级以上各级人民政府和有关部门应当将职业教育教师的培养和培训工作纳入教师队伍建设规划,保证职业教育教师队伍适应职业教育发展的需要。

职业学校和职业培训机构可以聘请专业技术人员、有特殊技能的人员和其他教育机构的教师担任兼职教师。有关部门和单位应当提供方便。

第三十七条 国务院有关部门、县级以上地方各级人民政府以及举办职业学校、职业培训机构的组织、公民个人，应当加强职业教育生产实习基地的建设。

企业、事业组织应当接纳职业学校和职业培训机构的学生和教师实习；对上岗实习的，应当给予适当的劳动报酬。

第三十八条 县级以上各级人民政府和有关部门应当建立、健全职业教育服务体系，加强职业教育教材的编辑、出版和发行工作。

第五章 附 则

第三十九条 在职业教育活动中违反教育法规定的，应当依照教育法的有关规定给予处罚。

第四十条 本法自 1996 年 9 月 1 日起施行。

中华人民共和国学位条例

（1980 年 2 月 12 日第五届全国人民代表大会常务委员
会第十三次会议通过，1981 年 1 月 1 日起施行）

第一条　为了促进我国科学专门人才的成长，促进各门学科学术水平的提高和教育、科学事业的发展，以适应社会主义现代化建设的需要，特制定本条例。

第二条　凡是拥护中国共产党的领导、拥护社会主义制度，具有一定学术水平的公民，都可以按照本条例的规定申请相应的学位。

第三条　学位分学士、硕士、博士三级。

第四条　高等学校本科毕业生，成绩优良，达到下述学术水平者，授予学士学位：

（一）较好地掌握本门学科的基础理论、专门知识和基本技能；

（二）具有从事科学研究工作或担负专门技术工作的初步能力。

第五条　高等学校和科学研究机构的研究生，或具有研究生毕业同等学历的人员通过硕士学位的课程考试和论文答辩，成绩合格，达到下述学术水平者，授予硕士学位：

（一）在本门学科上掌握坚实的基础理论和系统的专门知识；

（二）具有从事科学研究工作或独立担负专门技术工作的能力。

第六条　高等学校和科学研究机构的研究生，或具有研究生毕业同等学历的人员，通过博士学位的课程考试和论文答辩，成绩合格，达到下述学术水平者，授予博士学位：

（一）在本门学科上掌握坚实宽广的基础理论和系统深入的专门知识；

（二）具有独立从事科学研究工作的能力；

（三）在科学或专门技术上做出创造性的成果。

第七条　国务院设立学位委员会，负责领导全国学位授予工作。学位委员会设主任委员一人，副主任委员和委员若干人。主任委员、副主任委员和委员由国务院任免。

第八条 学士学位，由国务院授权的高等学校授予；硕士学位、博士学位，由国务院授权的高等学校和科学研究机构授予。

授予学位的高等学校和科学研究机构（以下简称学位授予单位）及其可以授予学位的学科名单，由国务院学位委员会提出，经国务院批准公布。

第九条 学位授予单位，应当设立学位评定委员会，并组织有关学科的学位论文答辩委员会。

学位论文答辩委员会必须有外单位的有关专家参加，其组成人员由学位授予单位遴选决定。学位评定委员会组成人员名单，由学位授予单位提出，报主管部门批准。主管部门应将批准的学位评定委员会组成人员名单报国务院学位委员会备案。

第十条 学位论文答辩委员会负责审查硕士和博士学位论文、组织答辩，就是否授予硕士学位或博士学位作出决议。决议以不记名投票方式，经全体成员三分之二以上通过，报学位评定委员会。

学位评定委员会负责审查通过学士学位获得者的名单；负责对学位论文答辩委员会报请授予硕士学位或博士学位的决议，作出是否批准的决定。决定以不记名投票方式，经全体成员过半数通过。决定授予硕士学位或博士学位的名单，报国务院学位委员会备案。

第十一条 学位授予单位，在学位评定委员会作出授予学位的决议后，发给学位获得者相应的学位证书。

第十二条 非学位授予单位应届毕业的研究生，由原单位推荐，可以就近向学位授予单位申请学位。经学位授予单位审查同意，通过论文答辩，达到本条例规定的学术水平者，授予相应的学位。

第十三条 对于在科学或专门技术上有重要的著作、发明、发现或发展者，经有关专家推荐，学位授予单位同意，可以免除考试，直接参加博士学位论文答辩。对于通过论文答辩者，授予博士学位。

第十四条 对于国内外卓越的学者或著名的社会活动家，经学位授予单位提名，国务院学位委员会批准，可以授予名誉博士学位。

第十五条 在我国学习的外国留学生和从事研究工作的外国学者，可以向学位授予单位申请学位。对于具有本条例规定的学术水平者，授予相应的学位。

第十六条 非学位授予单位和学术团体对于授予学位的决议和决定持有不同意见时,可以向学位授予单位或国务院学位委员会提出异议。学位授予单位和国务院学位委员会应当对提出的异议进行研究和处理。

第十七条 学位授予单位对于已经授予的学位,如发现有舞弊作伪等严重违反本条例规定的情况,经学位评定委员会复议,可以撤销。

第十八条 国务院对于已经批准授予学位的单位,在确认其不能保证所授学位的学术水平时,可以停止或撤销其授予学位的资格。

第十九条 本条例的实施办法,由国务院学位委员会制定,报国务院批准。

第二十条 本条例自 1981 年 1 月 1 日起施行。

中华人民共和国残疾人保障法（节录）

（1990 年 12 月 28 日第七届全国人民代表
大会常务委员会第十七次会议通过，
1991 年 5 月 15 日起施行）

第三章 教 育

第十八条 国家保障残疾人受教育的权利。

各级人民政府应当将残疾人教育作为国家教育事业的组成部分，统一规划，加强领导。

国家、社会、学校和家庭对残疾儿童、少年实施义务教育。

国家对接受义务教育的残疾学生免收学费，并根据实际情况减免杂费。国家设立助学金，帮助贫困残疾学生就学。

第十九条 残疾人教育，根据残疾人的身心特性和需要，按照下列要求实施。

（一）在进行思想教育、文化教育的同时，加强身心补偿和职业技术教育；

（二）依据残疾类别和接受能力，采取普通教育方法或者特殊教育方式；

（三）特殊教育的课程设置、教材、教学方法、入学和在校年龄，可以有适度弹性。

第二十条 残疾人教育，实行普及与提高相结合。以普及为重点的方针，着重发展义务教育和职业技术教育，积极开展学前教育，逐步发展高级中等以上教育。

第二十一条 国家举办残疾人教育机构，并鼓励社会力量办学，捐资助学。

第二十二条 普通教育机构对具有接受普通教育能力的残疾人实施教育。

普通小学、初级中等学校，必须招收能适应其学习生活的残疾儿童、少年入学；普通高级中等学校、中等专业学校、技工学校和高等院校，必须招收符合国家规定的录取标准的残疾考生入学，不得因其残疾而拒绝招收；拒绝招收的，当事人或者亲属、监护人可以要求有关部门处理，有关部门应当责令学校招收。

普通幼儿教育机构应当接收能适应其生活的残疾幼儿。

第二十三条 残疾幼儿教育机构、普通幼儿教育机构附设的残疾儿童班、特殊教育学校的学前班、残疾儿童福利机构、残疾儿童家庭，对残疾儿童实施学前教育。

初级中等以下特殊教育学校和普通学校附设的特殊教育班，对不具有接受普通教育能力的残疾儿童、少年实施义务教育。

高级中等以上特殊教育学校、普通学校附设的特殊教育班和残疾人职业技术教育机构，对符合条件的残疾人实施高级中等以上文化教育、职业技术教育。

第二十四条 政府有关部门、残疾人所在单位和社会应当对残疾人开展扫除文盲、职业培训和其他成人教育，鼓励残疾人自学成才。

第二十五条 国家有计划地举办各级各类特殊教育师范院校、专业，在普通师范院校附设特殊教育班（部），培养、培训特殊教育师资。普通师范院校开设特殊教育课程或者讲授有关内容，使普通教师掌握必要的特殊教育知识。

特殊教育教师和手语翻译，享受特殊教育津贴。

第二十六条 政府有关部门应当组织和扶持盲文、手语的研究和应用，特殊教育教材的编写和出版，特殊教育教学用具及其他辅助用品的研制、生产和供应。

教师资格条例

（1995 年 12 月 12 日中华人民共和国国务院令第 188 号发布）

第一章 总 则

第一条 为了提高教师素质，加强教师队伍建设，依据《中华人民共和国教师法》（以下简称教师法），制定本条例。

第二条 中国公民在各级各类学校和其他教育机构中专门从事教育教学工作，应当依法取得教师资格。

第三条 国务院教育行政部门主管全国教师资格工作。

第二章 教师资格分类与适用

第四条 教师资格分为：

（一）幼儿园教师资格；

（二）小学教师资格；

（三）初级中学教师和初级职业学校文化课、专业课教师资格（以下统称初级中学教师资格）；

（四）高级中学教师资格；

（五）中等专业学校、技工学校、职业高级中学文化课、专业课教师资格（以下统称中等职业学校教师资格）；

（六）中等专业学校、技工学校、职业高级中学实习指导教师资格（以下统称中等职业学校实习指导教师资格）；

（七）高等学校教师资格。

成人教育的教师资格，按照成人教育的层次，依照上款规定确定类别。

第五条 取得教师资格的公民，可以在本级及其以下等级的各类学校和其他教育机构担任教师；但是，取得中等职业学校实习指导教师资格的公民只能在中等专业学校、技工学校、职业高级中学或者初级职业学校担任实习指导教师。

高级中学教师资格与中等职业学校教师资格相互通用。

第三章　教师资格条件

第六条　教师资格条件依照教师法第十条第二款的规定执行，其中"有教育教学能力"应当包括符合国家规定的从事教育教学工作的身体条件。

第七条　取得教师资格应当具备的相应学历，依照教师法第十一条的规定执行。

取得中等职业学校实习指导教师资格，应当具备国务院教育行政部门规定的学历，并应当具有相当助理工程师以上专业技术职务或者中级以上工人技术等级。

第四章　教师资格考试

第八条　不具备教师法规定的教师资格学历的公民，申请获得教师资格，应当通过国家举办的或者认可的教师资格考试。

第九条　教师资格考试科目、标准和考试大纲由国务院教育行政部门审定。

教师资格考试试卷的编制、考务工作和考试成绩证明的发放，属于幼儿园、小学、初级中学、高级中学、中等职业学校教师资格考试和中等职业学校实习指导教师资格考试的，由县级以上人民政府教育行政部门组织实施；属于高等学校教师资格考试的，由国务院教育行政部门或省、自治区、直辖市人民政府教育行政部门委托的高等学校组织实施。

第十条　幼儿园、小学、初级中学、高级中学、中等职业学校的教师资格考试和中等职业学校实习指导教师资格考试，每年进行一次。

参加前款所列教师资格考试，考试科目全部及格的，发给教师资格考试合格证明；当年考试不及格的科目，可以在下一年度补考；经补考仍有一门或者一门以上科目不及格的，应当重新参加全部考试科目的考试。

第十一条 高等学校教师资格考试根据需要举行。

申请参加高等学校教师资格考试的，应当学有专长，并有两名相关专业的教授或者副教授推荐。

第五章 教师资格认定

第十二条 具备教师法规定的学历或者经教师资格考试合格的公民，可以依照本条例的规定申请认定其教师资格。

第十三条 幼儿园、小学和初级中学教师资格，由申请人户籍所在地或者申请人任教学校所在地的县级人民政府教育行政部门认定。高级中学教师资格，由申请人户籍所在地或者申请人任教学校所在地的县级人民政府教育行政部门审查后，报上一级教育行政部门认定。中等职业学校教师资格和中等职业学校实习指导教师资格，由申请人户籍所在地或者申请人任教学校所在地的县级人民政府教育行政部门审查后，报上一级教育行政部门认定或者组织有关部门认定。

受国务院教育行政部门或者省、自治区、直辖市人民政府教育行政部门委托的高等学校，负责认定在本校任职的人员和拟聘人员的高等学校教师资格。

在未受国务院教育行政部门或者省、自治区、直辖市人民政府教育行政部门委托的高等学校任职的人员和拟聘人员的高等学校教师资格，按照学校行政隶属关系，由国务院教育行政部门认定或者由学校所在地的省、自治区、直辖市人民政府教育行政部门认定。

第十四条 认定教师资格，应当由本人提出申请。

教育行政部门和受委托的高等学校每年春季、秋季各受理一次教师资格认定申请。具体受理期限由教育行政部门或者受委托的高等学校规定，并以适当形式公布。申请人应当在规定的受理期限内提出申请。

第十五条 申请认定教师资格，应当提交教师资格认定申请表和下列证明或者材料：

（一）身份证明；

（二）学历证书或者教师资格考试合格证明；

（三）教育行政部门或者受委托的高等学校指定的医院出具的体格检查证明；

（四）户籍所在地的街道办事处、乡人民政府或者工作单位、所毕业的学校对其思想品德、有无犯罪记录等方面情况的鉴定及证明材料。

申请人提交的证明或者材料不全的，教育行政部门或者受委托的高等学校应当及时通知申请人于受理期限终止前补齐。

教师资格认定申请表由国务院教育行政部门统一格式。

第十六条　教育行政部门或者受委托的高等学校在接到公民的教师资格认定申请后，应当对申请人的条件进行审查；对符合认定条件的，应当在受理期限终止之日起 30 日内颁发相应的教师资格证书；对不符合认定条件的，应当在受理期限终止之日起 30 日内将认定结论通知本人。

非师范院校毕业或者教师资格考试合格的公民申请认定幼儿园、小学或者其他教师资格的，应当进行面试和试讲，考察其教育教学能力；根据实际情况和需要，教育行政部门或者受委托的高等学校可以要求申请人补修教育学、心理学等课程。

教师资格证书在全国范围内适用。教师资格证书由国务院教育行政部门统一印制。

第十七条　已取得教师资格的公民拟取得更高等级学校或者其他教育机构教师资格的，应当通过相应的教师资格考试或者取得教师法规定的相应学历，并依照本章规定，经认定合格后，由教育行政部门或者受委托的高等学校颁发相应的教师资格证书。

第六章　罚　　则

第十八条　依照教师法第十四条的规定丧失教师资格的，不能重新取得教师资格，其教师资格证书由县级以上人民政府教育行政部门收缴：

第十九条　有下列情形之一的，由县级以上人民政府教育行政部门撤销其教师资格。

（一）弄虚作假、骗取教师资格的；

（二）品行不良、侮辱学生、影响恶劣的。

被撤销教师资格的，自撤销之日起 5 年内不得重新申请认定教师资格，其教师资格证书由县级以上人民政府教育行政部门收缴。

第二十条 参加教师资格考试有作弊行为的，其考试成绩作废，3 年内不得再次参加教师资格考试。

第二十一条 教师资格考试命题人员和其他有关人员违反保密规定，造成试题、参考答案及评分标准泄露的，依法追究法律责任。

第二十二条 在教师资格认定工作中玩忽职守、徇私舞弊，对教师资格认定工作造成损失的，由教育行政部门依法给予行政处分；构成犯罪的，依法追究刑事责任。

第七章 附 则

第二十三条 本条例自发布之日起施行。

后　记

　　本书是教育部人事司委托我主编的，供培训大学教师使用的教材。我国的《高等教育法》已于 1998 年通过并于 1999 年 1 月 1 日起实施，这意味着高等教育领域的法制建设已经进入一个新的阶段。法律是现代社会的一种高度专门化的社会组织形式，是现代教育发展不可缺少的社会调节要素。因此，每一个进入高等学校的教师都不能不了解高等教育的法律法规。本书力图较全面地介绍高等教育法的基本内容，藉以帮助高等学校教师掌握法律，在工作中遵守法律，并依法维护自己的合法权利。本书各章的分工如下：

　　劳凯声：第一、二、四章；喻岳青、劳凯声：第二章；周盛林：第五、六章；申素平：第七、八、十章；王国文：第九章。最后由劳凯声统稿。

　　北师大教育系的靳希斌教授审读了全部书稿，北师大出版社的倪花编辑也为本书的出版付出了大量的心血，在此深表感谢。

　　由于时间仓促，加上我们的水平有限，因此肯定会有许多错误和不足之处，尚希广大读者惠予批评指正。

劳凯声
1999 年 3 月

重 版 后 记

　　本教材已使用一年。根据专家、读者们的批评建议，特对本书进行修订重版。

　　本次修订基本保持了原书的结构。作者对第一章、第三章、第五章作了删改，增删的内容由主编完成。

　　欢迎广大专家、读者继续提出宝贵意见。

作者
2000 年 3 月